兰州大学 211 工程资助项目

甘肃傩文化研究

胡颖 蒲向明 等著

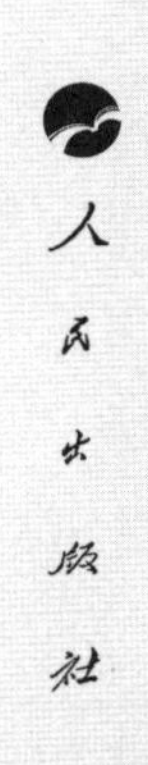

人民出版社

责任编辑:杨美艳　王怡石
装帧设计:薛　磊
责任校对:张杰利

图书在版编目(CIP)数据

甘肃傩文化研究/胡颖　蒲向明等 著. -北京:人民出版社,2012.7
(敦煌西域文明与中国传统文化丛书)
ISBN 978-7-01-010809-4

Ⅰ.①甘…　Ⅱ.①胡…②蒲…　Ⅲ.①傩文化-研究-甘肃省
Ⅳ.①K892.24

中国版本图书馆 CIP 数据核字(2012)第 061192 号

甘肃傩文化研究

GANSU NUO WENHUA YANJIU

胡　颖　蒲向明等 著

人民出版社 出版发行
(100706　北京朝阳门内大街 166 号)

北京市文林印务有限责任公司印刷　新华书店经销

2012 年 7 月第 1 版　2012 年 7 月北京第 1 次印刷
开本:710 毫米×1000 毫米 1/16　印张:19
字数:300 千字　印数:0,001-2,000 册

ISBN 978-7-01-010809-4　定价:45.00 元

邮购地址 100706　北京朝阳门内大街 166 号
人民东方图书销售中心　电话 (010)65250042　65289539

目录

前言

甘肃傩文化在整个中国傩文化中，有着重要的意义。但是这个意义还远未发掘出来。

国内学者对傩文化的认识经历了一个变化过程。起初，不少学者认为傩主要分布甚至产生于中国南方，随着大量文献资料的发掘和田野考察成果的面世，这一认识得到纠正。唐代文献如敦煌卷子伯三五五二号就有“驱傩之法，自昔轩辕”的话语，甚至黄帝的次妃嫫母也曾做过方相氏的记载也被大多数学者认可。从理论上讲，傩是远古时代人们为了驱逐疫鬼而举行的一种祭祀活动，傩的发生应该在远古即人类的童年时期，中华文明发源从过去的一元论到目前的多元论，都向世人昭示着傩文化的产生首先是多地域、多色彩的纵向并进式，之后，到上古、中古时期才有了横向的交叉和渗透。因此，曲六乙先生将全国划分为若干个傩文化圈的做法是现实的、也是科学的。只是究竟应该划分为多少个“圈”，“圈”的范围如何，圈与圈之间以及圈的内部之间有何联系与区别，还有待进一步的商榷和细究，而结论得出的先决条件，首推田野调查所获取的第一手个案形态描摹资料。正是这样的初衷才促成了本书的编写。本书尽可能全面收集傩俗田野调查报告，也是鉴于同一原因。

应该指出的是，本书在调研过程中，发现了这样一个极具普遍性的现象：驱傩活动包含于民间社火中，甚至有些地区的社火形式、内容几乎全是围绕驱鬼逐疫、禳灾纳吉的驱傩活动进行。于是不由我们产生这样的猜测：在民间，大规模、集体性的驱傩活动自古就与社火结下了不解之缘，驱傩是社火的一项主要内容。

作为北方春节期间民间举行的大规模祭祀、杂耍、歌舞等庆典、欢娱活动的社火，一般认为它源于古老的土地与火的崇拜，目前我们常见的甘肃社火一般都要经历请神（祭祖）——走村串户（或游街）驱傩——歌舞、杂耍、唱戏等娱乐活动——送神的过程 ，这一过程完全可以看做是驱傩活动的几个阶段：请神的目的是借助神力来驱傩，走街串户是驱傩的具体方式、手段，娱乐活动是娱神、酬神，最后送神归位。考虑到在以农业为主的中国古代社会的广大农村地区，由于财力、人力、农时所限，全民集体性的大规模祭祀、禳灾、庆典活动举办的次数、频率不可能太多，所以一次活动复合多种功能、动机的可能性极大，尤其社火与傩从发生学的角度考量，其含义、内容本身就有许多相通之处，比如，都有祭神仪式、娱乐活动等。因此，二者结合的可能性更大。

虽然如此，社火与傩之确切的关系——相同或相异之处是什么？如果二者是逐渐相融的，那么这种相融大约肇始于什么时期？以及社火与傩在北方、在甘肃的发生、发展脉络、形态等，都是我们需要继续研究和进一步厘清的问题。本书只是一个开端，还有许多有价值的工作要做，有很多空白点需填补。

这本书虽然是论文集的形式，但仍具整体性、系统性。全书共分两大部分，上编实录篇主要收集了甘肃省部分地区的傩文化调查报告，重在客观、真实的描摹该地区傩文化形态、特色，以期给同行、学者提供第一手资料，为今后甘肃乃至全国的该领域研究做一些基础工作。在地域的选择上，我们力求全面、有代表性，同时避免重复。比如，“地蹦子”这项艺术形式在酒泉市周边的金塔等地区也有，我们仅选酒泉市为个案；一些地区驱傩（社火）形式、内容大同小异，我们只选一个地区加以描述，比如，所选正宁社火实际上代表了一些地区的社火规模、内容。下编是傩文化的研究、理论文章，这些论文虽然涉及的问题比较广泛，但都无一例外地聚焦甘肃，同时将视野放远至全国来研究甘肃傩文化之渊源、历史、特征，既有对活态傩的探索，也有对古代傩文献资料的分析、解读。特别要说明的是附录部分，由于本书上编部分是在实地考察及大量翻检各地方志、民俗等文献资料的基础上完成的，其间或由于目力所限、或由于调查条件等客观因素制约，有些资料内容短小琐碎，不能成文，但笔者以为弥足珍贵，对全面考量甘肃傩文化的形态大有裨益，因此不忍割舍，以附录形式附于书尾，作为实录部分的补充，以供专家学者参考。

该书虽然耗时长，调查报告部分系陆续累积而成，非一蹴而就之作，其间又凝聚了多人心血，但由于田野调研本身不是一件轻而易举之事，加之我们步入傩文化研究领域时间不长、水平有限、实录部分前人研究成果可供借鉴者寥寥，各种主客观原因造成本书错误之处在所难免，望方家多予指正。

胡颖

2011 年 6 月于兰州

永靖傩实录

胡颖

在甘肃临夏回族自治州永靖县，至今仍可见到丰富的古代傩文化遗迹，当地人称“跳会”，是一种典型的傩舞戏。跳会目前主要流传于小积石山一带的杨塔、王台、红泉等乡村。

一、永靖“七月跳会”的渊源及仪式程序

永靖傩渊源：一种说法认为源于古羌、汉两族人民的原始宗教信仰，永靖学者石林生认为，永靖境内考古发现的众多羌族文化遗址，如寺洼文化、辛店文化中的张家嘴类型、姬家川类型、莲花台类型表明，羌族曾是生活在永靖一带的古老民族，他们信奉原始巫教，很早便有了以巫术仪式驱鬼逐疫、祈求狩猎成功、风调雨顺的活动，这种活动以后又与汉民族的信仰、崇拜相结合，

逐渐形成了我们今天看到的“七月跳会”。另一种说法是，据当地老人讲，七月跳会与古时永靖人为防止蕃人麦熟之际抢收麦子而采取的防御行动有关，这种行动的具体内容是：戴上狰狞的面具，打上旗帜，敲锣打鼓，手舞足蹈，蕃人以为天兵降临，慌忙逃逸。据明代嘉靖癸亥年间（1563）修撰的《河州志》记载：“天宝年间，每岁积石军麦熟，辄被吐蕃获之”，及民国时期的《续修导河县志》的说法：“遇丰年，则扮演社火，即乡人傩之遗意”，至迟在唐代，当地人民已用七月跳会的形式来保卫丰收成果。再一种说法是，据笔者考察，永靖今存跳会内容大多与军事有关，属军傩范畴，是明代军事屯田制度的产物，其形式、内容可能受安徽傩影响颇大，甚至有渊源关系。（参见拙作《永靖傩渊源论》）这种认识与上述两种说法并不矛盾，可以肯定永靖“七月跳会”历史悠久，只是我们今天看到的这种表现形式是它发展变化到明代的样式。

七月跳会祭祀仪式过程由请神、献盘、献牲、会首舞、面具舞、赛坛、送神等几部分组成，下面一一分述之。

一是请神（注：当地人称“下庙”）。村里的人们在大总排的领导下，请来当地的法师（一般身着青色长袍，头戴帽子或盘有大辫子），在“会场”上（空旷的打谷场）安顿好供神的毡房等所需用具，在东、南、西、北四处供上需请的神位，点上香灯，做好迎神准备工作。然后，九辖会手聚集起来，前往庙里请神。请神时，法师请卦，会手们给神上香完毕后，村上年轻人将供奉的二郎神、九天圣母娘娘、普天同庆通聚龙王、吧咪宝山金花娘娘等抬上轿，走出庙门，在法师的带领下去各家逐疫。法师手拿姜子牙神鞭，口里默念“上不打天，中不打神，驱打的邪鬼魍魉远离行……”神轿行在中，九辖引领 24 或 12 个手持迎神旗、舞着傩舞器械的会手跟在后，组成浩浩荡荡的仪仗队，敲锣打鼓，按一定的线路，一般首先到总排头家里，走街串巷，除灾驱瘟，而村里各家均焚香点灯，摆上供品，叩首迎送，有的人还将儿童抱在怀里从神轿下穿过，以求孩子平安成长。最后到会场将神轿按座次安放到规定地方，称为“安神”。接下来就是“升大幡”的仪式了。

大幡是手工扎制的一面旗帜。旗杆早已被人立好了。参加活动的众位法师一边敲打着三皇神鼓，一边排成队，有条不紊地行走在场院内。在会场另一边，会首们则在紧张地准备着升大幡的各种用品。当会首们点燃黄表纸的时候，那面大幡也缓缓地升到了旗杆的顶上。

安神之后，是一系列的祭祀仪式，来自各个乡村的乡亲们，按照传统的习俗进行着祭拜。祭拜形式多样，有的“各自为政”，三三两两在不同的神像前焚香叩首，更多的村民围拢着一法师，而法师正在给神“开光度气”：法师在鼓舞伴奏下，用毛笔为神点睛，用火种入气，用毛巾擦骨，用木梳梳发，用镜子照丹田，用鸡血祭奠，用五彩线钢针扎神的七窍，在乡亲们的眼中神也和人一样，需要睁开眼睛，要洗脸，要梳头。法师在进行这系列过程时，围观的妇女们争抢针线。整个会场热闹非凡。

二是献盘。献盘是每个农户献神的大馍，每个馍用面3斤许，俗称酥盘，也叫“盘馍”。全村人陆续拿来用刚收获的新麦面蒸好的“盘馍”，每户至少3个，直径约尺余，其中的一个馍上写上一户人家户主的名字，叫“字盘”。3个在会期大伙分享，剩余的“字盘”要拿回家，视为驱邪之物，家里老小分吃。

三是会首舞。参加祭祀活动的仪仗人员被人们称之为会手。献盘焚香祭祀礼仪进行的同时，开始表演会手舞，又叫踩场、踩四门，是跳会的开场节目。开始时，四大九辖领着牌头位会手跑大场、踩四门，会手们不戴面具，也不化装，头戴红缨鞑帽，身穿黑袍，下着红裤，肩搭三角红布，由三十多人组成，每人手持一杆一丈有余的鸡毛旗帜起舞。步履矫健，迈着雄浑豪放的舞步进入会场，口中不时发出“好——好——”的吆喝声，进入会场后，先在供神的帐房前礼拜，然后身着八卦衣的四大九辖挥舞刀、钺、剑、戟，会手舞旗，队伍时开时合，队形变化多端，有“三回九转”、“跑大圈”、“跳方阵”、“太极八卦”、“旗开得胜”、“乘胜追击”等阵法，同时锣鼓阵阵。舞步和阵法有这样一首口诀：“一上二退三交叉，四上五退转麻花，六卷云花四角转，七变一字长蛇线，走罢云花转大圈，快步小跑跳旗完。”会手舞后，到神前禀说，禀辞主要说一些跳会的根源来历，并许诺献牲。

再有献牲，是祭礼仪式中的重要内容，因病痛、灾难、求子、祈福等祈求神的保佑，向神灵许下愿者，以供品献给神，目的是还愿。人们在会首的带领下，给神上香，烧黄表纸，点蜡烛，叩首后，将早已准备好的“牺牲”

拉到神位前站好，让福神认领。如果“牺牲”是羊的话，人们就要往羊的身上淋水，主要在脊背上，当羊受了冷水的刺激后，就要猛地抖动身体，这说明羊被神灵认领了。假如羊不抖动身体，人们就要不断地给羊淋水、淋酒进行刺激，再向神灵进行祷告，直到羊抖动身体为止。如果“牺牲”是猪，就要用点燃的松柏枝刺激猪，使猪受到烟的刺激用嘴“毁土”，所谓毁土就是猪用嘴拱地上的土。假如猪不拱土，人们就要不断地给予刺激，直到猪拱土为止。福神认领完后，人们就把“牺牲”宰杀了。 宰杀之时，人们用一个衬有黄表纸的碗接上少许鲜血，供奉给福神。然后，把剥洗干净的“牺牲”囫囵下入大锅内煮，待煮到血水刚干的时候，捞出头，在鼻子中插上葱，供奉在福神的前面，同时，还要从“牺牲”身上切下少许肉，切碎后用汤烹煮后，洒在会场四处，以为祭神。献牲过程中一般有占卜活动。待献毛血、献猪头后，老人、会手跪于香案前做祷告，祈求一方平安，并打卦问卜，以预测来年年景的好坏。

还有打卦。永靖的占卜打卦有两种方法，一为羊角，另一为木质八卦。羊角卦是利用一寸长的羊角尖剖为两半进行占卜，算卦时，问卜人先上香、点烛、焚黄纸三叩首，而后用右手撮起羊角卦，垂直抛下，根据卦爻的阴阳，预测吉凶。另一种木质八卦由于简单易行，更适宜普通百姓占卜，方法是截取五寸长木条，削八个平面，每面写上卜辞，如“国泰民安”、“风调雨顺”、“上上大吉”、“同心合意”等内容，相对应的是“风、雨、山、水、天、泽、地、火”八个字，木顶有“先天八卦”四字。问卜时手捧起八卦，伸出双臂，倾斜手掌，滚出八卦，待八卦停止滚动，正上方卜辞便是占卜结果。这种占卜法俗称“八棱滚卦”。

赛坛。坛，即祭祀场地之意。赛坛是迎神赛会上的一个非常重要的内容，每年的农历七月二十三日这天，永靖西山乡的三角、树湾两个地方的 17 个庙的队伍都集中到坛上演出。赛坛既是娱神娱人的重要手段，又好似乡傩活动的比武擂台，客观上对提高各个傩舞队演技起到很大的作用。

还有面具舞。献牲后，便是面具舞表演，开幕戏一般为《二郎神赶祟鬼》，然后一场接一场演，有《单鬼抽肠子》、《关公斩貂蝉》、《笑和尚赶雷雨》、《五将降猴》、《目连僧舅母》等 20 多个节目。永靖民谚云：“松树湾的《武将》、焦家庙的《杀虎将》、三角庙的《独戏》、果园四庙的《四不像》。”

这从一个侧面说明，永靖的傩舞戏表演的剧目丰富，形式多样。

一般演出为三天时间，第一天和第三天因有请神、迎神和送神、踩场等环节，跳的节目一般不多，五至八个，第二天除了开始时踩场外，主要就是傩戏表演，可以把第一天和第三天不跳的所有节目都可以跳，也可以重复演第一天和第三天跳的个别好的傩戏。

送神归庙是最后一天的事情，傩戏表演几场后，根据各庙实际情况确定送神回庙时间，法师请卦，起轿，会手着装手拿舞具尾随其后，等法师手拿神鞭让神轿左旋右转一阵子后送神回庙，会手跟随神轿回庙后再请卦讨吉卸装。后全体村人按户分享所献的羊肉、馍等供品。最后，按照规矩，众人推选出德高望重的人担任大总排，再将羊头交给他，便确定了来年与神庙有关的所有事情全靠他与众人商议定夺。

最后，捎带说说永靖之“福神庙”。从上述仪式过程我们可以看出“庙”在跳会中有着举足轻重的地位。跳会主要在汉族和土族居住区的福神庙举行，福神庙是举行仪式、祭祀神灵、存放面具及乡民祈愿、还愿的场所。当地素有“上七庙，下六庙，川里还有十八庙”之说，所谓的“上七庙”就是指以会坛在树湾的九龙庙、车家庙、五云山庙、朱山庙、坛子庙、红泉庙、董家山庙。“下六庙”是会坛在三角坛的果园四庙、余宋二庙、周何二庙、焦壑庙、三角庙等。“川里还有十八庙”：是指原永靖县城莲花城驻地白塔寺川一带，因刘家峡水库蓄水被淹没，有的后靠，有的迁往三塬、北塬桥寺、先锋等乡村，至今有面具、有“跳会”活动的有三塬镇下塬庙、上金家庙，先锋乡潘家庙、鳌头庙。每座庙里分别供奉着不同的神像。

永靖各乡（镇）所敬之神

<table>
<tr><th colspan="3">地区</th><th>所敬之神</th></tr>
<tr><td rowspan="7">杨塔乡</td><td colspan="2">焦家庙</td><td>二郎神（杨戬）、龙王庙（哪吒）</td></tr>
<tr><td colspan="2">宋家庙</td><td>双位二郎、龙王神、摩劫大王、显身爷</td></tr>
<tr><td colspan="2">余家庙</td><td>九天圣母、高黄二郎、黄衣二郎</td></tr>
<tr><td rowspan="4">果园四庙</td><td>果园庙</td><td>双位二郎、显身大王</td></tr>
<tr><td>杏树嘴庙</td><td>黄衣二郎</td></tr>
<tr><td>赵山庙</td><td>金龙大王</td></tr>
<tr><td>党山庙</td><td>龙王神（哪吒）、白马大王（《西游记》中白龙马）</td></tr>
</table>

续表

地区		所敬之神
王台镇	周家庙	九天圣母、杨戬二郎、川黄二郎、黑池龙王
	何家庙	九天圣母、川黄二郎
红泉镇	吴家庙	王母娘娘、九天圣母、金花娘娘、银花娘娘、杨戬二郎、锁脚龙王、山王土主
	金塬庙	杨戬二郎、白马爷、土主爷
	朱家庙	杨戬二郎、常山锅盖（常显春）、九天圣母
	黄家庙	金花娘娘、三霄娘娘、金童玉女、杨戬二郎
	玉皇庙	杨戬二郎、锁脚龙王
	车家庙	杨戬二郎、摩界代王、常山锅盖（常显春）、山神爷、土地爷
三塬镇	上金家庙	二郎爷、龙王爷、菩萨爷、贾家寺古佛
	下塬庙	二郎爷、龙王爷
三角庙		黄衣二郎神、龙王

其中乘轿子的神像称“坐神”，画在旗帜上的神像称“行神”，当地人将画有神像的旗帜叫“迎神旗”，当山大沟深、行走不便时，迎神旗可代替坐神出动。迎神旗正方形或长方形，各庙都有，长一般在一米到两米不等，宽约八十公分到一米五左右，彩绘，上绘有二郎神和龙神、金花娘娘等形象，最常见的二郎神穿黄袍、骑白马，马前有啸天犬、手持宝剑，后有金马童子和郭大将军；龙神着红袍、骑红马手持神鞭，后面跟随巡海夜叉和波浪之神。

除此以外，庙里还是存放木制的刀、枪、剑、戟等道具及面具的场所。面具（俗称“脸子”）有的庙里 18 副，有的 36 副不等。

二、“跳会”——傩舞戏

跳会正式进行之前的，有系列准备工作，比较重要的是选派“角色”：永靖傩舞队由会首、旗手、锣鼓手等六十多人组成。其中，设一名“总会”（又称“总排”），选 4 名跳会的能手作四大“九辖”，另有 24 名“会手”。之后，个人分头准备，包括服装、台词、动作等。

永靖傩舞戏分类：永靖的傩舞戏在平地上演出，共有二十几个节目，每剧演出时间约一二十分钟。多数剧情和人物动作简单，一招一式显示出粗犷、原始的风貌，即便表现战争题材，也缺乏激烈争斗的场景，而是温而不火，不追求真刀实枪的“逼真”，更多是表现对立双方的胜负结果，至于过程，只是点到即止，重在“表现”、“表演”而非“再现”，这大概是中国传统戏曲表演的萌芽。傩舞戏演出时演员全部戴面具，当地俗称“脸子”。故事通过人物之间的道白及简单唱腔展开，但剧中人物本人并不开口，全部由场外人代为叙述和说唱，而且无论是说还是唱，均是叙事体而非代言体，比如，《川五将》中关羽上场，场外伴唱（或说）：“吕布来到：吕布先来吕布先，骑上白马上青天”，直接指名道姓，而不用第一人称。

永靖傩舞戏根据其功能大致可分为三大类：第一类是孕育萌生于仪式的剧目，这类剧目演出的宗教信仰功能大于审美功能，对仪式活动有很大的依附性与寄生性，往往与驱鬼逐疫、除邪解厄、祈福纳吉及农耕生产有关；第二类在傩戏剧目里被称为“花戏”，它们是与祭祀仪式本身关系不大的历史传说、世俗剧，娱人的功能大于娱神功能，在傩文化发展的链条上，一般来讲，它的出现应晚于第一类；第三类是目连戏。下面简单叙述一下主要剧目之剧情。

属于第一类的有：

变化赶鬼。傩神变化三眼二郎手执神鞭，降伏了红、绿鬼等诸多祟鬼，得胜收场。此剧一般是傩舞戏的开幕戏，具清场之意。

杀虎将。娘子放牛，遇一虎欲吃牛，虎牛相斗，娘子乘机逃下。娘子提着酒葫芦，给杀虎将敬酒，请他降虎。杀虎将带着几分醉意，挥舞双刃剑，与虎搏斗，最终杀死了虎，并剥下虎皮。

庄家老。角色有老者、娘子、牛和马，演老者向娘子传授诸如播种、耕作等劳动技术。

山五将。角色有吕布、张飞、关羽、刘备、曹操，他们手持兵器，在锣鼓伴奏下相继出场，五人时而合时而分，变换出不同的队形，舞姿简单、粗犷。无具体剧情，更像是搬来的五位民众心目中的英雄。

三官三娘子。天官、地官、水官、三个娘子、家人同时出场，三官手摇彩扇，娘子手捧鲜花，家人穿插于众人之间，表演对拜、走太极等动作，相互照应，无具体情节。

笑和尚赶过雨。菩萨端坐莲花台上，笑和尚背一利剑，手握麻鞭绕场一周，然后向菩萨求教何处的过雨（暴雨、冰雹）伤害庄稼，菩萨先做思索状，然后指点方向，笑和尚即扬起麻鞭，东南西北，各打一次。

下西川是傩戏中的最后一个节目。吕布、张飞、关羽、刘备、曹操、黄忠、变化二郎、周仓及二十四面脸子、和事佬、五喇嘛等全部上场，五喇嘛手持锣、鼓、磬、钹、木鱼等敲打并分别朝拜东西南北中五方，二十四位角色分两队交叉十字跳入，围绕和事佬转一圈，结束。

属于第二类的有：

斩貂蝉。三国时，曹操擒杀吕布后，将貂蝉送与关羽，欲以美色拢络之，关羽识破曹操用心，杀死貂蝉。此戏应用细节动作及场外伴唱来表现关羽的内心世界：他洗刀、祭刀，反反复复——既不忍伤害貂蝉，又担心自己的英名因此毁于一旦，最终是不得不杀的复杂心情。

三英战吕布。吕布手握方天戟首先上场，与随后而来的刘备（双股戟）、关羽（青龙偃月刀）、张飞（丈八蛇矛）交战，几个回合之后，吕布请三人入席，敬酒猜拳，至四人皆醉，又怒而再战，首先张、吕二人交锋，几个回合后关羽、刘备先后参战，吕布被三英合围、不敌，朝后退缩，最终吕布倒拖戟逃跑，三英在喊杀声中紧追而下。

出五关的角色有关羽、周仓、曹操、孙乾、许褚、张飞、蔡阳等。内容大致同于《三国演义》第二十七回，演关羽千里走单骑、过五关斩六将，在古城遇见张飞，二人进城商讨寻兄大事。

长坂坡大战情节出自《三国演义》第四十一回，角色有赵子龙、张飞、关羽、曹操、许褚、张辽、甘夫人、糜夫人等。演长坂坡赵云、张飞等遭遇曹军，军民老少俱皆失散，赵云在混战中急找甘夫人、糜夫人和阿斗；糜夫人临难托阿斗于赵云，后关羽调军前来助阵，曹操退兵。

华容道释操情节同于《三国演义》第五十回，角色有赵云、张飞、关羽、曹操、许褚、周仓、关平等。演曹操兵败赤壁，关羽义释曹操之事。

川五将又名《五将降猴》。剧演妖猴偷学五将（吕布、张飞、关羽、刘备、变化二郎）武艺，反被五将降服。五将分别与猴争斗，情节简单，动作重复。

单战即关公战吕布，关公身着绿色战袍，手持青龙偃月刀，吕布身着白色战袍，手拿方天戟。二人挑战、单战，在由慢变快的锣鼓声中，吕布败下。

方四娘源于当地流传的小曲《方四娘》。角色有方四娘和二女伴，三人在竹笛伴奏声中上场，用独舞、三人舞、场外伴唱等方式演绎情节：自幼贤良聪慧的方四娘自打嫁到婆家后，一年四季辛勤劳作，从早到晚不得清闲，却仍旧过着公婆打骂，忍饥挨饿，整日以泪洗面的日子。以致嫁到婆家一年便没了阳寿。

第三类是“目连救母”，角色有佛、目连僧、青提夫人、红绿二鬼及四个小鬼。取材于众所周知的佛经故事，剧情涉及了招魂、赶鬼、超度、祈福等段落。

所有角色均戴面具是永靖“七月跳会”的鲜明特征之一，尤其其中还有部分古代面具。这种原生态特征表明七月跳会是一相对保存完好的傩舞戏，具有比其他地区（比如，只有个别面具或全部进化为脸谱）更高的研究、保护价值。

永靖跳会面具体积较大，属半套头式，佩戴时甚至可覆及后脑，面具眼部留有空隙，便于演员视物。从时间上来讲，可分为两类，一类为古旧面具，如娘子、关羽、三眼二郎、周仓、笑和尚、老者等，约二十幅；另一类是新近制作面具。从扮演角色上来说，又有专用、活用之分，专用者如刘备、张飞、曹操、蔡阳、吕布、貂蝉、李存孝之属，常常用来表现明确的个体，活用的如老汉、娘子、老婆、武士、红绿二鬼之流，用来表现某一类人，可出现在不同的戏剧情境中。如“娘子”既可出现在《五官五娘子》中，也可出现在《杀虎将》等剧目中。永靖面具造型细腻生动，色彩丰富且具有程式性特征，一般均遵循着 “红忠紫孝，黑正粉老 ，水白奸邪，油白狂傲；黄狠灰贪，蓝勇绿暴；神佛精灵，金银普照”的规律。尤其是杨塔乡胜利村焦錾庙的古旧面具，据老人们讲，原有36副，清朝以前就有，是用士兵的衣服制作的，1958年，焦錾庙遭焚毁，村民刘恒录、周兴华（已去世）冒着生命危险，将这些面具抢救出来，四处藏匿，才得以保存了这批珍贵民间文化遗产，老人们功不可没，他们的远见和胆识值得我们铭记。

近二十多年，各村也制作了许多新面具，一般用白土塑泥模，泥模干透后用新白布层层裱糊，最后取出泥胎，用矿物质颜料涂色，然后晾干；面具制成后要在胶水中浸泡，以增加硬度。面具制作中也有一些风俗讲究，如不许妇女插手，做好的面具要在福神前供献几天等。但无论从艺术价值还是文化内涵等方面说，新面具都无法与古旧面具相比，以下是古旧面具的具体形态。

永靖现存古旧面具一览表

序号	面具名称	尺寸	形制
1	娘子	长：38cm；宽：33cm；高：13cm	面相丰满、高髻、弯眉、眼大细长、高鼻小口
2	关羽	长：42cm；宽：30cm；高：14cm	冠帽、赤面、蚕眉凤眼、长耳美髯
3	变化二郎	长：39cm；宽：33cm；高：16cm	冠帽、面相凶煞、额际生眼
4	老者	长：33cm；宽：27cm；高：26cm	额有皱纹、满面笑意、胡须稀疏
5	周仓	长：42cm；宽：34cm；高：18cm	眉目生威、张口怒吼、须髯贲张
6	笑和尚	长：42cm；宽：30cm；高：19cm	笑脸、嘴歪一边
7	缠头	长：34cm；宽：30cm；高：16cm	高鼻深目、卷发、络腮胡、少数民族形象
8	牛	长：30cm；宽：26cm；高：22cm	头生双角、大眼短嘴
9	虎	长：33cm；宽：28cm；高：25cm	巨口暴眼、张牙吐舌、额书“王”字
10	猴	长：33cm；宽：26cm；高：13cm	—
11	马	长：33cm；宽：19cm；高：19cm	—
12	红鬼	长：33cm；宽：30cm；高：26cm	—
13	绿鬼	长：37cm；宽：30cm；高：14cm	—
14	指魄的	长：31cm；宽：27cm；高：14cm	—
15	吕布	长：38cm；宽：32cm；高：16cm	—
16	张飞	长：42cm；宽：29cm；高：15cm	—
17	刘备	长：40cm；宽：34cm；高：15cm	—
18	曹操	长：38cm；宽：48cm；高：15cm	—
19	黄忠	长：38cm；宽：37cm；高：14cm	—
20	李存孝	长：35cm；宽：31cm；高：14cm	—

从整体上看，永靖傩面具线条明晰整饬，手法写实，气韵生动，比如，“娘子”髻堆云，面相丰满，双眉弯如新月，两眼大而细长，高鼻小口，具有雍容华贵的妇女形象，与炳灵寺64龛盛唐时期的菩萨像如出一辙；“关羽”

头戴着冠帽，面色赤红，蚕眉凤眼，长耳美髯，与民间传说中的关羽形象非常吻合，纯红色既象征忠勇、耿直的性格，又体现驱魔、灭邪的身份；“二郎”线条粗犷奔放，色彩大胆强烈，形象浪漫诡奇，气势咄咄逼人；“老者”嘴巴笑得合不上双唇，颔下生着稀疏的胡须，一副慈祥善良的神态；“周仓”双目圆睁，张口怒吼，形象勇武，令人望而生畏等。总之，永靖傩舞戏面具具有自成一体的艺术风格和造型特点，新面具的制作应该建立在对遗存的古旧面具及相关文献资料信息加以研究的基础上，否则永靖傩面具就有可能被异化、湮没在其他傩面具中，失去自身特点及价值。

永靖傩舞戏音乐伴奏简单，主要是打击乐手提鼓、锣、钹和一只笛子。表现两军交战时用锣、鼓、钹助威。其中鼓是核心，整个表演都由鼓点指挥。永靖的鼓非常有特色，是“手提鼓”，面是牛皮，直径约 50 厘米，高 20 厘米，鼓面绘有太极图，鼓身彩绘云纹。在《斩貂蝉》剧中，手提鼓平面放在桌子上，锣立在鼓面上，当敲鼓时锣也响，鼓锣声发出悦耳的声音，起到了独特的艺术效果。

综上所述，永靖傩舞戏因具有保存相对完好、内容丰富、涵盖大量的文化艺术信息量等特点逐渐引起了国内学者及政府的注意，2006 年，永靖县被省民间文艺家协会授予“甘肃傩舞之乡”称号，傩舞戏进入甘肃省第一批非物质文化遗产名录。2007 年永靖县被中国民间文艺家协会命名为“中国傩文化之乡”，2008 年永靖傩舞戏列入国家级非物质文化遗产名录。2009 年永靖成立炳灵石林傩文化艺术团，为傩文化的保护和传承提供了有力保障。近年来，在各级政府的支持下，相继出版了《甘肃永靖傩舞戏》[1]、《永靖傩文化》[2]、《黄河三峡傩文化》[3] 等书，对永靖傩一手资料进行了大量的挖掘、整理工作。但是，永靖傩步入世人目光的时间毕竟还很短，加之“傩文化”研究的历程在中国也不过几十年而已，所以关于永靖傩的许多问题，比如，渊源、产生时间、特点、与其他省（地区）傩的关系以及对民俗、戏剧、舞蹈、美术等学科的价值，等，尚有待进一步的研究和挖掘。

附

一、《跳会禀说词》

两轮日月，两大菩萨，东升西落，空中普照了三千大千世界。

玉皇门下，左右二班丞相，洒雨真人，川蜀真君，白马万天，黄衣二郎老爷，率领了金毛童子、郭大将军；威灵感应、行雨的普天通聚龙王；吧咪宝山金花娘娘、带雨菩萨；贾家寺的古佛一堂；挡雨的金米藏佛爷；各庙的龙神，央央乎，如在其上。

上川下里，河南水北，山塬地方，高亲贵戚，贤士良友，沐手奉香，金驾来临者哩。

川牌地方，众姓乡老，男女老幼人等，齐在会场之中者哩。此今日不禀说两句，远听是锣鸣鼓响，惊天动地，近看是干戈齐扬，耀武扬威。禀说两句，我乃是农家宅留，草木之人，多在山中，少知人间礼仪，肚里无才，口里不来，在生人众目之下，战战兢兢，不敢浪言，请各位父老、众位亲戚们，给我说几句话……你们不说了，我简单地说几句：一日当前，当前一日，天开于子，地辟于丑，人生于寅。盘古王首出数无，三皇以来，五帝为君，若汤若虞，若夏若商。殷纣王横行无道，周武王顺天应人，在孟津河大会了诸侯，成就了八百载，最长最久的王业了。姜子牙上奉了天命，在封神台前，有功者赏功，有劳者赏劳，分毫细明，才有了二位福神的妙像了。东周以降，赢秦绝灭，到了汉宣帝的时候，赵充国造了浮桥，通了西域，治了屯田，养兵才有了河州北乡，川牌地方二位福神的庙宇一座了。

唐宋元朝以后，清朝以前，明代时间，刘督都射猎，遗留了哈拉（乡傩）会事，因为贼盗劫掠，出没无定，无可事则旗帜伞帮，团结跳会，和合人心；有事时，则干戈齐扬，耀武扬威，守望相助的意思。

这哈拉（乡傩）会事，一年一遍，一年一换，遂成了老君的铁帽，流长源远。

如今到了某年某月某日，散了龙袍细衣，某日二位福神迎出庙门，踩了四至，插了干旱。某日某牌的盘龙场上，攒马扎营，鞍马斗将，行起了大会。

在二位福神面前，白锣箪盘，满缸醮奠，清油明灯，细丝宝香，黄蜡宝烛，鲜花净水，还有陪会的绵羊一只。福神们黑笔挥写，红笔表判，愿心得到，神君得喜。人有虔心，神有感应，福临川牌地方：务庄农的弟兄子们，一籽落地，万籽归仓，地头上相顺；做买卖的人（哈）一本万利，财发万金；出门在外的人，空怀出去，满怀进来；念书的学生们，独占鳌头，金榜题名；作战入伍的人，争大功劳，平安回家；看会焚香的亲戚朋友们，年保吉庆，月保平安，想事得到，谋事得成。

今天两位九辖，几位牌头，引领了二十四位会手，踩了个场，丢了个底，众位亲戚？ 笑话，我们对福神磕头者哩！

二、《斩貂蝉》场外伴唱词

上场来月儿正高，出门人好汉心焦，我想家者盼家（者）多、多、多会（者）到了。

我一想起父母者年高，二想起弟兄们同胞，儿女们还小者无、无、无人（哈）靠了。

我大哥云里走马，我三弟马上标枪，投顺了曹营一十八年，推车连保皇嫂，斩良颜刺过了文丑，曹孟德喜眯笑脸，给我寿亭侯的官职，我无、无、无心肠做了。

隔黄河我望见了大哥，我喊一声山高路远。我哭一声眼泪们不干，难、难、难坏了我了。

我向前看，八百里平川；往后看，曹操的兵山，我想变成飞鸟了飞、飞、飞不（者）过了。

中场里月儿正中，我的赤兔马日行（者）千里；偃月刀万将难抵；大红袍我刀尖上斜挑。我要出五关斩六将，古城壕边要斩、斩、斩个蔡阳。

下场外月儿正西，我去时滴水成冰；我来时柳撒青，桃杏花儿开红着满园里照、照、照了。

说吕布谁高谁低，说貂蝉是董卓的前妻；叫周仓抬过了大刀，叫貂蝉掌过了休书；你奸汉的贼妻，我斩、斩、要斩个你哩。

三、《三英战吕布》场外道白

张飞强、张飞强，哪吒城里卖豆腐，人命和杀声。吃酒只吃酒，不可提华雄，哪个提华雄，首级割在手。京涿刘、京涿刘，青龙把的井口上，把的青龙往上长，起鼓三声斩吕布。吕布贤，吕布贤，吕布头带紫金冠……

四、《出五关》场外道白、对白

孙乾：将军，古城已到。

关羽：叫声三弟把话听，快快开关接皇嫂。

张飞：胆大云长在曹营，一十八年不回来，回来还有杀吾心。不开关！不开关！

关羽：不借兵不借将，只借五杆大旗十杆小旗，城头上擂鼓三声战来将。

孙乾：来将何人？

蔡阳：关王生的胆太大，杀吾外甥为什么？今日不把仇来报，恐怕日后放过他。

关羽：关王生的心胸高，手提青龙偃月刀；瞧见曹公不下马，刀尖斜挑大红袍。

蔡阳：蔡阳活了八十八，一把大刀手中拿；瞧见关王不下马，关王眼睛眨一眨。

关羽：关王生得两道眉，青龙偃月手中提；一提提到古城边，古城边上传将令；传起将令斩蔡阳。

五、《川五将》外道白

第一位来的是何人？

吕布来到：

吕布先来吕布先，骑上白马上青天；

青天云里十八年，有的天下由他占。

第二位来的是何人？

张爷来到：

张爷生者两朵梅，扁棒碌礴手中提；

一提提到虎狼关，虎狼关上插黄旗；

插得黄旗不得到，隔过吕布杀曹操。

第三位来的是何人？

关王来到：

关王生者一脸红，头戴蓝天的子龙；

马鞍上看是照猫画虎，马屁股上抽牛子金。

第四位来的是何人？

刘爷来到：

牵住刘来牵住刘，骑上白马上幽州；

幽州城里十八年，有的天下由他占。

第五位来的是何人？

“变化”来到：

三只眼睛三盏灯，口如血盘牙如钉；

大喊一声天地动，千里路上斩妖精。

六、《山五将》场外道白

第一位来的是何人？

张爷来到：

张爷心烦泪路撒，撒的银钱不得道，

跟上吕布杀曹操，牛鼻子老道不用我；

三人打开虎狼关，杀的曹营不周全。

第二位来的是何人？

刘备来到：

贤主刘来贤主刘，骑上大马走东头：

一走走了十八年，有的天下独他占：

人一变来马一换，一对锣鼓上青天。

第三位来的是何人？

吕布来到：

吕布先来吕布先，头戴南山紫金冠；

紫金冠上插黄旗，插的黄旗不得道。

第四位来的是何人？

曹操来到：

曹操活了九十九，一把弓箭不离手；

观见那山兔儿走，一箭射得翻跟头。

第五位来的是何人？

关王来到：

关王生得一脸红，坐似南山的火龙；

马蹄子刨出三尺的黄沙，马口里吐出三尺的火焰；马鞍子雕龙画虎；马屁股抽牛子金。

七、《方四娘》外伴唱

黄河岸，十三乡，出了个贤良方四娘；

七岁跟娘学针线，十二上锁进绣房；

手又巧，拿针广，天上的飞鸟都绣上。

正月里，是新春，正是余家来订亲；

双羊双猪双盒酒，双双媒人不离门。

二月里，龙抬头，四娘梳妆上彩楼；

打开箱子取衣裳，金银镯子带手上；

上穿一件龙凤袄，下穿山河地罗裙。

三月里，亮堂堂，未进绣房泪汪汪；

方四娘，未上床，婆婆叫我绣花样；

心里急，肚里饿，口含剩饭无心咽。

四月里，养蚕忙，手提花篮去采桑；

桑叶稀少采不上，手扶桑树哭一场。

五月里，茶花香，后花园中去游浪；

公公打，婆婆骂，尕小姑过来拔头发；
人家公婆多贤良，我家的公婆赛阎王。
六月里，热难当，一日三餐下厨房；
四娘推磨又抱柴，东方发白日上来；
上河担水路又远，下河担水脚不干；
三楞子扁担尖子桶，担上清水不叫我停。
七月里，两黄忙，大麦不黄小麦黄；
方四娘，难道长，白天晚夕想无常。
八月里，秋风凉，打开窗子泪汪汪。
九月里，九月九，三问楼上喝米酒；
人家喝的醉醺醺，四娘心中怒冲冲。
十月里，十月一，家家户户送寒衣；
人家寒衣送坟上，四娘送在半路上。
十一月里冷寒天，麻麸冰推得两河沿；
余郎余郎开门来，屈死冤魂活人来。
十二月里一年满，四娘英灵到西天；
公婆骂她阳寿短，不知四娘成神仙。

本文是在两次赴永靖进行实地考察、观摩的基础上写成，参见石林生的《甘肃永靖傩舞戏》（贵州民族出版社 2005 年版）一书完成的，在此致谢！

注释

[1] 石林生著，贵州民族出版社 2005 年版。

[2] 徐建群等主编，敦煌文艺出版社 2010 年版。

[3] 石林生、徐建群编著，甘肃文化出版社 2010 年版。

宕昌藏寨的凶猛舞与禳庄习俗

胡颖

宕昌县位于甘肃陇南地区西北部，历史文化积淀十分丰厚。悠远的古石器文化、西周羌人文化、三国蜀道文化都曾在这里留下了历史的投影。

时至今日，这里还居住着一支信仰苯教的“木家”藏族人，他们的生活方式和宗教习俗都保持着一种相对原始的状态，具有鲜明的特色。其间，衍生出了诸多驱傩活动，其中以凶猛舞及禳庄风俗最具代表性。

一、凶猛舞

（一）凶猛舞的由来及表演内容

有关宕昌的历史，梳理相关的史料，大致可以描摹出这样一个脉络：新石器时代，宕昌就有人类繁衍。西周时期为羌人居住地，三国时邓艾伐蜀过境。西晋永嘉元年(307 年)，羌族首领梁勤建立宕昌国，直到公元 566 年被北周所灭，历时 259 年。北周田弘灭宕昌国改为宕州。隋炀帝大业三年，改宕州为宕昌郡，唐天宝元年改为怀道郡，唐代宗广德元年（763 年），吐蕃占领宕州，由其鲁黎部大酋木令征统治，故称“木家”蕃人，北宋时收复置宕州。明清时期由土司统治，长达 561 年。悠久的历史为宕昌留下了许多宝贵的早在文化遗产。宕昌“木家”藏族就是南北朝时宕昌羌族的后裔。

联系到距此地不远的白马藏人，这里的木家藏人实际上在某种程度上与白马藏族人有着相同的族源关系，即都为古羌族人的后裔。从民族族属的角度讲，之所以将这两支部族划在了藏族族属之内，而没有单独划出，或者归到羌族之内，这说明其在文化形态上，与藏民族的关联更为突出，藏民族的特征也更为明显。据当今民族学界的学者研究，藏民族及西南的一些民族，都与古羌族有着千丝万缕的联系，这也符合自古以来就一直存在的民族融合、民族迁徙的基本事实和规律，所以，“木家”藏人的文化形态保存着藏族、羌族等多种民族的属性和传统也就不足为怪了。

古代“木家”藏人居住在山大沟深的偏远地带，交通极不发达，曾经一度生活在刀耕火种、以狩猎为主的原始状态，经常受到疾病、死亡的威胁及野兽的侵袭。因其文化传统的古老，所以他们在信仰方面还保留着较为鲜明的苯教色彩。

众所周知，在藏传佛教传入吐蕃之前，整个的藏民族均信仰苯教。《新唐书·吐蕃传》载：“其俗，重鬼右巫，事羱羝为大神。”《西藏王统记》载：“为生者除障，死者安葬，幼者驱鬼，上观天象，下降地魔。”在苯教中，巫师叫“苯波”，这与“木家”藏人所称巫师为“苯苯”在读音上十分相似，恐为“苯波”的变音。这也说明“木家”藏人在文化根系中与古藏族的密切联系。

为了禳灾纳福，“木家”藏人族里的苯苯便组织起来施行法术，祈求神灵保佑，于是就产生了带有浓厚宗教色彩的“凶猛舞”。苯苯是当地木家藏族村落的巫师或法师，是宗教祭祀活动的组织者和领导者。从这一角度讲，凶猛舞在组织形式上与古藏族十分相似，但由于宕昌交通不便，文化落后，加之宕昌羌人的后裔居住在深山林海，所以虽经历代的变革，这里仍留有古代羌族的大部习俗，从而使得凶猛舞又带有了强烈的羌族血脉，成为一种多民族文化形态兼容的傩俗。

“凶猛舞”主要流传在宕昌岷迭山下城关镇官鹅藏族和新城子藏族乡的三十多个村寨，又叫雄猛舞，古称羌巴舞，俗称脑后吼、牛头马面舞，是宕昌木家藏族的一种男性舞蹈。

“凶猛舞”是建立在苯教文化信仰的基础上的，时至今日，宕昌县木家藏族居住的村寨，只要有“苯苯”的，或多或少都有“凶猛舞”的一班人马，其中以官鹅藏族居住地区的立界山村、鹿仁村、阴坪村和新城子藏族新坪村为代表，尤以鹿仁村首屈一指，规模繁盛。这里，每逢羌藏民族传统节日或重大宗教祭祀活动，苯苯们就成群结队跳起了“凶猛舞”，行法祈佑族民平安健康，风调雨顺，来年五谷丰登，六畜兴旺。

“凶猛舞”一般由十五人组成，其中乐队五人，“跳舞”者十人。领舞者的属相必须与当年的属相相同。“舞蹈”的队形排列按人物顺序分两排，前排领舞者五人，分别是老大名“贡巴”，此人头戴熊皮帽，帽上插有锦鸡羽翎，身穿黑色长袍，胸前戴一串玛瑙项链，左手拿翻天印，右手持拨云剑；老二名“苟巴苯苯”，他头戴毡帽，身穿蓝色大襟长袍衫，右手拿拨浪鼓，左手拿铜质碟铃；老三、老四、老五各戴“五方佛冠”，上绘制着五方神灵，手拿骨卦、碟铃和牛角喇叭。后排五人分别戴上牛头、马面面具，反穿皮袄，腰间系一颗大铜铃，双手持木刀。此十人组成的队伍，随着乐队的节拍，双手持刀，上身前俯，双腿屈膝成半蹲状，并不时地抬脚转身，向前行进。凶猛舞以腿部运动为主，队伍时而围成一圈（有时是围绕点燃的篝火），时而变成一列，如此循环往复，动作单调，节奏简单，显示出原始、古朴、粗犷、雄浑的特征。

跳舞时所用的道具有木质大刀等兵器多件，五官佛像面具五套。服装为熊皮、雕铃帽两顶，锦鸡羽毛装饰的毡帽两顶；皮袄五件，绸缎长衫两件。乐器主要是鼓、喇叭，具体是大小不等的皮鼓共三个，牛角喇叭三只，铜乐器三个。

宕昌凶猛舞因地域偏僻，文化落后，交通不便，信息不畅，纯属家传，并无历史文字资料记载。据当地政府多方调查，不少老艺人已相继谢世。以下是具有代表性的鹿仁村、阴坪村传承人的资料信息：

1. 苗有狗泥，男，生于 1900 年 3 月，宕昌县城关镇鹿仁村人。

2. 苗古林代，男，生于 1938 年 10 月，宕昌县城关镇鹿仁村人。

3. 苗五生保，男，生于 1956 年 10 月，1976 年学艺，宕昌县城关镇鹿仁村人。

4. 苗永青，男，生于 1957 年 2 月，1976 年学艺，宕昌县城关镇阴坪村人。

5. 苗海珍，男，生于 1958 年 7 月，1976 年学艺，宕昌县城关镇阴坪村人。

6. 苗赵生义，男，生于 1965 年 5 月，1985 年学艺，宕昌县城关镇鹿仁村人。

7. 苗七家顺，男，生于 1971 年 3 月，1990 年学艺，宕昌县城关镇鹿仁村人。

8. 毛月青，男，生于 1972 年 5 月，1990 年学艺，宕昌县城关镇仁村人。

其中代表性人物为苗赵生义。

（二）宕昌羌裔的苯教信仰

从凶猛舞的来历、跳凶猛舞时所持道具以及其他方面的形式内容，都说明它与宕昌人信仰的苯教有关，这又与羌人的信仰有着直接的关联。

关于宕昌羌人的历史，《魏书》和《北史》均有较详的记述。

《魏书·卷一百一·列传第八十九·宕昌羌》（齐·魏收撰）及《北史·卷九十六·列传第八十四·宕昌》（唐·李延寿撰）均载："宕昌羌者，其先盖三苗之胤。周时与庸、蜀、微、庐 等八国从武王灭商。汉有先零、烧当等，世为边患。其地东接中华，西通西域，南北数千里。姓别自为部落，酋帅皆有地分，不相统摄。宕昌即其一也。俗皆土著，居有屋宇。其屋织牦牛尾及羖羊毛覆之。国无法令，又无徭赋。唯战伐之时，乃相屯聚，不然则各事生业，不相往来。"其服饰及生活习俗为："皆衣裘褐。收养牦牛、羊、豕，以供其食。父子、伯叔、兄弟死者，即以继母世叔母及嫂、弟妇等为妻。俗无文字，但候草木荣落，记其岁时，三年一相聚，杀牛羊以祭天"。[1]

宕昌羌人信奉苯教。这里的苯教主持多种民事、民俗活动，比如，为死者安葬，为幼者驱鬼，或“上观天象，下地降魔”，社会上所有红白喜事，无一不有苯教者参与。早期的苯教只有一个简单的祭坛，祭祀时用动物做牺牲，每三年大祭时要宰杀马、牛、驴祭祀天地，这和宕昌羌人后裔三年聚会进行祭天是非常吻合的。

《宕昌史话》云：在鹿仁村，苯苯教分为武苯教和文苯教。武苯教是母教，文苯教是从武苯教中分离出来的，由此产生了许多文苯教分支，所有执掌文苯教的苯苯们把武苯教称为娘家。目前武苯教的继承人就是凶猛舞传承人的代表苗赵生义。武苯头戴黑熊皮帽，帽顶插两根黑鹰（老雕）羽瓴。帽子的前额处缀一面寸余大的青铜镜，俗称照妖镜。胸前佩戴铜链咒语盒，红铜镶有野猪牙呈月牙形的牌饰，自称为猪牙，代表护神，猪牙的边缘刻有六字真经符号，分别代表天空、大地、地下三界境。左手执掌铜质小钹，其柄拴着五色布条，行步时钹朝上。右手握着三棱刃、长把顶端铸有面向三个方位的神像，当地藏语农家话称“突”，汉人师家则称拨云剑。武苯作法行咒时，头上戴五尊神冠，此五尊神分别为五方五帝，脸色为青红皂黄黑。

武苯家藏一部三百多页的经文，经文上下用木刻板夹护，顶板刻有藏文。用自制毛带子缠绕捆扎，不遇急事不能打开经文。若遇急事，除苯苯亲自打开经文外，其他人不能碰经板，更不能私自打开经文，否则会招致不测之祸。除上述法器而外，尚有一面拨朗鼓和一个传世很久的大牛角号，据说是海牛角，表面非常光滑。苗赵生义武苯苯除娴熟苯教作法之外，又会制作木质面具，所做面具龇牙咧嘴，面容可怖。

鹿仁村里同样有两户文苯传人，一户为苗五生保，另一户为毛家。苗五生保家祖传一部苯经和一部羊皮护封的看日子算吉祥的历书，历书总共有四五十页，经文总计有二百多页。家中存放经文木质架匣，和一个插着锦鸡的礼帽式毡帽，法器有猪牙、拨朗鼓，牛角号等。

以上文、武两苯教经文据有关专家鉴定，为唐末至十四世纪的文本。上写的文字形似藏文，又不同于藏文，母语较多，发音多变，诵唱之音又不同于藏语，非常独特，实属罕见。此经文保存完整，是国家级的孤本，也是非常罕见的苯教经文。

苯教将宇宙分为三部分：天上、地上、地下。天上神叫“脑”，即凤凰山神，是最高统治神。早期的苯教（称朵尔称）和《史记》所记载夏商时代（公元前2140至公元前1066年）的原始巫教相似，苯教信仰巫术，崇拜万物之灵，对象包括天、地、日、月、星辰、雷电、冰雹、山川、土石、草木、禽兽等，而鹿仁的苯苯又把上述万物之象统称为凤凰山神的将官，因此苯教经文每章封面均绘画着凤凰山神，口里噙着一条五彩斑斓的蛇，苯教称它是天神。据苯苯介绍，凤凰山神是坐落在最高山上的大神，名叫脑，口里的五色蛇称“勒儿”，统称为“脑勒儿”，脑者，是凤凰山神，“勒儿”是凤凰山神的妻子，被封为水神。苯教神经中记载：相传在远古时，宕昌羌人居住地洪水泛滥，瘟疫流行，危害人类，凤凰山神镇妖治理洪水时，从凶浪滔天的大水中抓起一条五色大蛇，凤凰山神本想斩杀除妖，但见此蛇容貌非常俊秀，姿色可人，于是收获为妻，封为掌管各地的水神。在《宕昌县志》里，也记载了一段关于宕昌羌先祖“凤凰山神”的传说：远古时，勒梅（女）和吉苏（男）开天辟地，繁衍人类，创造万物。时大水茫茫，有水怪兴风作浪，危害人类，勒梅、吉苏决意除妖救民。一日，他们将东、南、西、北、中五方土神招来，指着足前一青石说：“能搬动此巨石者，可灭水妖。”东方土神上前搬之，巨石未动，而脸色被挣得发青；南方土神搬之，巨石未动，脸色被挣得发红；西方土神搬之，巨石未动，脸色被挣得发白；北方土神搬之，巨石未动，脸色被挣得发黑；中央土神搬之，巨石未动，脸色被挣得发黄。这时，天空飞来一凤凰，见此情景大笑不已。勒梅、吉苏因问曰：“你能搬动此巨石吗？”凤凰点点头，只见它冲天而起，既而歙翼俯飞，其翅煽动，狂风骤至。勒梅、吉苏眨眼的瞬间，凤凰一爪掀动了大青石，又煽数下，风驰电掣，波涛汹涌，倒海翻江，水怪藏身不住，伸出头来正要张望时，被凤凰神一把抓出生擒，水怪乃一蟒蛇。此后，风平浪静，人间安宁。凤凰神也成为当地斩妖除魔，保护人民安宁的重要天神。今天的官鹅沟鹿仁有一座小寺，寺门上方画有凤凰山神像，藏民以凤凰山神为天神，种种活动均祈祷之。

除凤凰山神外，在苯教经文的每章封页上，还绘有各种动物、亭台楼阁，花草树木，意为不管是飞禽走兽，还是亭台楼阁，花草树木，只要有灵气，全是凤凰山神的大将，就连行云流水也是他的将官，天上、地下，都教受凤凰山神的管辖。

相对于鹿仁村，大河坝新坪村的苯苯经文封页绘画具有很大的综合性，总图上绘着凤凰山神，山神之下绘日、月，日月之下绘流云，流云之下绘牦牛和黑虎。意为天上、地上、地下三界。凤凰在天空的最上边，身下是日、月，日月之下的流云代表半空，半空以下的牦牛和黑虎表示地上，牦牛代表日、黑虎代表月，牦牛和黑虎在空中值时，形同日、月；在地下值时，形同牦牛和黑虎。

总之，宕昌鹿仁村、新坪村等处流传的经文不仅给我们提供了这个民族悠久的历史文化传统、信仰、习俗的诸多信息，同时对活跃在这里的凶猛舞之发生、服装、道具等都做了一个很好的诠释。

二、禳庄风俗

每年农历正月十五日，鹿仁木家藏民家家点灯笼，户户搭火把，集聚在一起，点亮万盏火把，进行禳庄。由苯苯领头，召集一些年轻人排起长队手拿火把，齐声呐喊，每喊一声，扔掉一捆火把，步步前进。人们肩扛烂背篼，手举火把，怀抱小石子，从庄头挨家挨户往门窗上打石沙子，一直打到庄尾，出庄后，在规定的地方，把烂背篼连同火把一齐烧掉。同时对天地、山神许愿，发誓赌咒，其意是由天地、山神帮他们扫除人世间一年中害人的鬼、邪、精气、恶魔，祝愿在新的一年人们平安吉祥。人们许愿发誓之后，再由苯苯代表全村人对天地发誓赌咒。苯苯发完誓后，年轻人由庄尾返回庄头，反穿皮袄，向每家每户要肉、菜包子，口喊“阿婆给些”，据说是向天神婆婆要一年的五谷粮食。此时，每家主妇都必须拿出好肉、包子给他们。要来的食物，大家平均分食，所剩食物不得拿回家，全部焚烧。

注释

[1]《二十五史》，上海古籍出版社、上海书店 1986 年版，第 3231 页。

参考文献

1.《宕昌史话》，甘肃文化出版社 2006 年版。

2.《甘肃省级非物质文化遗产项目文图录》，甘肃省文化厅、甘肃省非物质文化遗产保护中心 2009 年版。

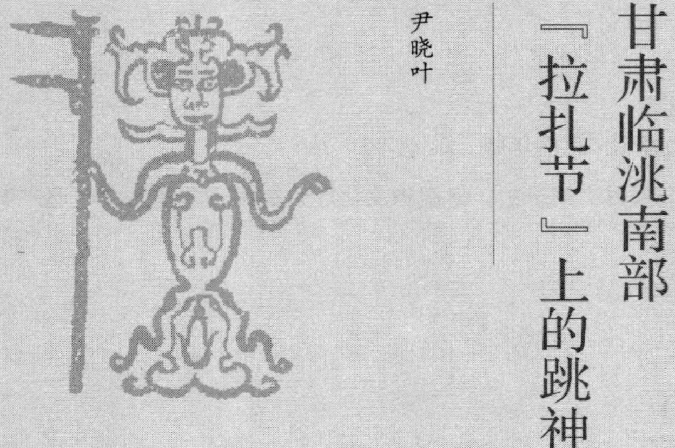

甘肃临洮南部『拉扎节』上的跳神

尹晓叶

在甘肃省临洮县南部的衙下集镇、玉井镇、南屏镇以及相邻的渭源、康乐一带，每年都要过一个历时两个多月、盛况可与春节相媲美的传统节日——拉扎节。从农历七月十五开始，当地相连相邻的村庄，或一日一村，或一日数村，轮流过节，直到十月初一“送寒衣”结束，其中八月十五中秋节和九月初九重阳节这两天，过拉扎节的村庄和农户最多。

“拉扎”一词来自藏语，历史上的古洮南长期处于汉藏杂居的状态，著名的赵氏藏族土司绵延近千年，长期居住在临洮、渭源一带地区。历代文人之笔在描述记载临洮倩影的同时也为我们留下了丝丝民族杂居的痕迹，唐代的王昌龄《从军行》之五：“大漠风尘日色昏，红旗半卷出辕门。前军夜战洮河北，已报生擒吐谷浑。”[1] 明代嘉靖年间的著名谏臣杨继盛，被贬谪此地时，“县有煤山为番人所据，民仰薪二百里外，继盛召番人谕之，咸服。”[2] 清代临洮诗人吴镇《我忆临洮好》之九：“我忆临洮好，灵踪足胜游……花儿饶比兴，番女亦风流。”[3] 可见，这一带长期以来多民族杂居，风俗互染。

“拉扎”是从藏语山神这个词汇的拟音“拉即”、“拉则”音译而来的，在当地汉语方言中有两个含义，一是指人跟人之间有共同语言，能和睦相处；一是当地人望文生义按汉语解释为“丰收后将庄稼拉扎（陇中汉语方言，聚集之意）堆放”，乃是丰收之意，因此“拉扎节”是汉藏杂居地区汉族人们祭祀山神、庆贺丰收，并进而祈求来年风调雨顺、五谷丰登的民俗活动。在过去生产力不太发达的条件下，农民基本都是靠天吃饭，老天爷的喜怒哀乐在一定程度上决定着人们的生死存亡，因此为了确保庄稼丰收，当地农民在地理位置比较险要的山头请寺院的高僧（一般均是喇嘛）“插拉扎”——将咒语埋压在石头堆下，插上树枝，同时请寺院高僧诵经念佛——这便是山神的牌位与庙宇了，因插拉扎的山头地势较为险要，烧香供奉不太方便，故有的村庄还在距离较近的半山腰上建立山神庙，庙门必须朝向插拉扎的山头，庙中再挂上山神的画像即“唐卡”，在逢年过节或特定的日子，尤其是农历四五月份庄稼快要成熟的时候，当地村民都要去山神庙上香进供，在“师公”（当地人对法师的称呼）的主持下牵羊献祭山神，“师公”三到五人，头戴五方佛冠，上身不着法衣，而在肩头斜搭一条缀有许多铃铛和装有 12 个神符的带子，腰系由一串小手帕组成的裙子，打着羊皮鼓，口中念念有词，伴以粗犷的舞蹈，取悦山神，以祈求无洪水、无冰雹等自然灾害，从而能够风调雨顺、六畜兴旺、五谷丰登。因此，拉扎节的诞生与祈求酬谢山神的祭祀活动有着密不可分的关系，然而现在衙下集和南屏镇地区拉扎节上的跳神活动中并不见对山神的祭祀，据当地人介绍，这是在长期流传过程中，逐渐将对山神的酬谢分化出来进而合并到了对家神的祈酬中来。由于祭祀山神的活动主要是在庄稼将熟的农历四五月份的农忙季节，人力物力有限，不适合大规模地持续两三天进行这一仪式，而农历七月十五以后是农闲时节，已将庄稼收入粮仓，有充裕的时间和财力来庆祝丰收，酬谢神灵，招待亲朋，亲戚朋友之间互赠用新麦面制作的大馍馍这一行为便准确地传达了庆贺丰收的含义。同时，因为家神也具有驱逐自然灾害、呼唤风调雨顺的职能，对保护神的祭祀便逐渐集聚到了“家神”一身，故而现在这一地区的跳神活动中只剩下了对家神的祭祀与酬谢，实际上这是人们所崇拜的多个神灵职责功能渐趋分化与合并的结果。

过“拉扎节”的习俗广泛流行于临洮南部的衙下集镇、玉井镇、和南屏镇的各个村庄，其情况大体相同，但细节处又各有差异，为叙述完整起见，我们以南屏镇的光明村为例来描述，以求管窥全豹。南屏镇位于临洮县最南部，东邻渭源县上湾乡、麻家集镇，北接衙下镇，南连渭源县峡城乡，西与康乐县景古乡接壤。洮河纵贯南北，浇灌着千顷良田，滋润着一方百姓。光明村位于南屏镇的北部，紧靠着衙下集镇，这里过拉扎节的时间是每年的农历八月初六。

跳神一般是一年一小跳，三年一大跳，小跳是指规模较小的跳神活动，一般只有一到两个法师参与，持续时间也只有一天或一天一夜，其目的主要是表达当地村民对保护神的虔诚的敬意和感谢，并祈求神灵对来年的保佑。大跳则分三天进行，从拉扎节前一天的中午开始，直到拉扎节第二天晚上结束，参与法师人数多达十几个。具体过程为：

第一天叫“揽坛神”，即设坛请神，一般将坛设在村庙开阔的院地上，各村庄所祭之神名称不一，有的称谓来自藏语，但均是地方保护神，由于以姓氏为基准，基本上一村一神，统称为“家神”或“护神”，其主要职责是保佑该地区大小事宜、人畜平安、庄稼丰收，由村中各户按年份轮流供奉，供奉者被称为“神头”。较早时候，这些家神一般都设有雕像和画像两种，近年来，随着跳神活动仪式的日趋简化，有些地方便只剩下张挂方便的画像了。光明村的神像是雕像，形状与平时所见供奉在寺庙中的神像不同，整体为圆形木质，呈小木桶状，底座直径约一尺，高约一尺五。据当地人介绍，神像是祖辈留传下来的，名为藏语，百姓一般都直接称其为“家神”。

设坛完毕后，由二至五个师公到该年的“神头”家中焚香进语，说明来意，将神像从神位请下，放入院中准备好的专用轿子中（也有不用轿子，直接用手捧着的），八名村民抬着，打旗扬幡，在羊皮鼓声中来到神坛，接着，庄子上负责组织相关活动、熟悉整个祭祀过程的村民将猪头、油饼、花馍馍（饼子的一种，圆形，直径10—30厘米不等，厚度2—3厘米，因表面上做有花纹而得名）等祭品献上，燃香点烛毕，师公身穿神衣，即花布制作的无袖长衫，上面黑身红边，前后心均有形状拙朴、带有獠牙的虎头，下摆为碎布拼成的花裙子；头扎“麻头”，即用麻编成、长约尺许、形状似蛇的小摆头；左手执羊皮鼓，右手拿击鼓条，一面击鼓，一面口中颂念经文，随着鼓点的节奏，麻头频频转动，师公们或走直线，或围成圆圈，或前后错动，不断地变换着队形，欢快而严肃地扭步、舞蹈，动作古朴庄重，配以押韵流畅的古经文，颇有远古先人进行祭祀的遗风。

第二天为“正神”，即祭神，首先是在设好的祭坛上摆好祭祀品，然后师公们如前一日般左手持鼓，右手持鞭，不同的是其所念诵的除了古经文之外，还有关于三国故事的提问与回答，有的是师公之间的相互问答，有的是一个师公的自问自答，曲词流畅，兴味盎然，在念经悦神以期获得神灵庇护保佑的同时，也给围观的群众增加了许多乐趣。傍晚要进行接泉神的活动，原始宗教思维支配下的人们相信万物有灵。水，既是孕育生命、延续生命的灵物，又有着令人敬畏的毁灭性力量，因此人们崇信水神、泉神。祭祀一般在天色将黑时进行，师公和村民们来到村庄的泉水边，点起香烛。泉神没有常设的神位，仪式开始，师公边舞边从泉中舀来清水以示泉神到位，然后便对其诵念经文，击鼓而舞以求来年风调雨顺、五谷丰登。

第三天是跳护神、跳黑神，护神即家神，师公在击鼓的同时，诵念一些较为含蓄的送客词，意在请神灵享受过香火祭祀后，归回其位。接着，要在神坛前面杀掉一只没有任何疾病或残疾的公鸡，将其血滴到地上的土壤里，这一仪式既是对土地之神的祭祀，也包含着用新鲜的血液来使刚丰产过的土地获得“重生”的原始思维，意在对土地实施巫术来使其促进万物的生长，蕴涵着对来年继续丰收的祈祷。跳黑神时师公用油彩将脸涂黑，头戴五方佛冠（或麻头），口含两颗长獠牙，形象狰狞凶恶，边唱边舞，并乘机将脸上的黑墨抹到围观群众的脸上，被抹者亦不躲避，有些抱小孩的甚至专门让抹一下以求吉祥。到了晚上，各家各户将事先用麦草等易燃的农作物秸秆扎制成的丈余长、碗口粗的火把，在自家院落中点燃，先在家中里里外外绕上一圈，表示把瘟疫疾病等不洁之物统统驱逐出去，然后再绕村而行一齐会聚到神坛处，师公对着预先制作好、代表着“瘟神”的纸人念语作法、敲打诅咒，群众也用点燃的火把对其进行一番追打，最后将这个代表着集所有邪恶于一身的“瘟神”烧掉，从而也就意味着把整个庄子上的瘟疫疾病等害人的东西全部都一起烧掉，名曰“送瘟神”，这样跳神活动便宣告结束。“烧毁”如果可以称得上是一个仪式，那么它广泛地存在于几乎所有的祭祀活动中，“火”崇拜是一种古老而原始的崇拜，人类对火的发现和掌握是一件转折性的大事，恩格斯指出：“就世界性的解放作用而言，摩擦生火还是超过了蒸汽机，因为摩擦生火第一次使人支配了一种自然力，从而最终把人同动物界分开。”火本身所具有的毁灭性威力和它在人类生活中的重要地位使人们对它既恐惧又崇拜，在崇信原始宗教的先民心里，火具有诅咒性的毁灭功能，可以烧毁祛除一切秽气、邪恶和鬼蜮，在几乎所有的祭祀活动中都可以看到它的身影，它承担着驱除不祥，保佑人们不受瘟疫、邪恶侵害的重要责任。

羊皮鼓是整个跳神活动中的主要法器，也是唯一的伴奏乐器。羊皮鼓是用羯羊皮（阉割过的公羊）剃毛熟韧后，绷在铁鼓圈上而制成的，铁手柄下带有上下相连的三个铁环，每个铁环上又各缀有三个可活动的小铁环，当击鼓摇动时，这些铁环相互撞击而铮然作响。它携带方便，调节音量的办法是喷水或火烤，用特制的轻便的皮鞭击打，声音特别高亮清越，传播力和表现力都是无与伦比的。

光明村上所供奉的家神，名为藏语，据当地人说是祖上留传下来的，已不知其源，我们在翻阅相关史籍方志过程中发现，从宋代开始封于渭源会川镇的赵氏土司，与南屏镇、衙下集这一带地区有着千丝万缕的联系，据《狄道州志》记载，临洮南部这一地区原有藏族土司设立的衙门，有大衙、二衙、三衙（现在衙下集镇仍有大衙坪、二衙坪村庄），每年每月农历的一、四、七日群众自发在这三座衙门脚下进行物资交流，据说衙下集这一地名即源于此。关于这一地区的吐蕃族，根据满如天先生的《会川赵土司》一文考，约在一千两百多年前，西藏王业尺赞普后裔一喜达吉率领部落东下放牧，先至四川若尔盖地区，后经岷山来到了甘肃白龙江上游，而后又游牧到上下早格、洮河中游一带。《新唐书》载：唐代“安史之乱”后，西北吐蕃大举东迁进入陇右，现在可考的最早在甘肃建立吐蕃政权的是唃厮啰，他本名欺南陵温逋，主要活动于宋真宗、仁宗年间，与当朝有着较好的关系，受封为宁元大将军。从他嫡孙木征开始被宋朝赐姓为“赵”，之后其子孙顺应各朝代的更迭变迁及时归顺于当朝者，诸土司中因功得到封赏的层出不穷，官秩多在二品、三品之间，明代的会川伯赵安，更是不但得到爵位，还被赐予“免死铁券”，可谓是显赫非常。赵氏家族历经宋元明清直至民国时期，世代雄踞着陇右临洮、渭源诸地，疆场驰骋、戎马征战，为西北边境的稳定和发展贡献着力量。据此我们大胆推测，历史上曾经真实存在过的地方保护神与现在人们信仰中的村庄保护神——“家神”或许有着一定的对应关系，因资料缺乏，不能草率得出结论，聊备一说。

拉扎节上的跳神活动具体起源于何时，已无从可考。现在主要的传承人有庞学忠、张进孝和康希明等，由于种种原因，他们的具体资料现在还不详。

这一与当地生活密切关联的民俗活动尚未彻底泯灭，但也很大程度上受到“十年浩劫”的破坏和现代文明生活的冲击，尤其是近年来人们的娱乐方式日益多元化，思想观念也逐渐向发展经济方面转移。目前从事跳神演出的多为中老年人，并且很多人因健康状况、经济收入等原因弃之，人民群众，特别是青年一代，对传统节日的兴趣也与日俱减，拉扎节的跳神活动从准备至结束历时近百天，并且昼夜均有活动，需要消耗较多的时间和精力，在社会飞速发展的今天，相当一部分青壮年都出外打工挣钱，不愿意把太多的精力花在这些上。拉扎节的民族文化的传承出现危机，跳神的演唱等艺术较以前简单粗糙。可喜的是 2006 年 9 月，“拉扎节”被列于“第一批甘肃省非物质文化遗产名录”之中，地方性的抢救工作一直在坚持开展，然而与此同时，人为的补救方案因缺少了原始的自发的信仰而失掉了跳神这一活动的精神内涵，仪式可以延续，自内而外的对神灵的仰视却仍然不可挽回地日趋淡薄。

注释

[1] 临洮县志编纂委员会：《临洮县志》，甘肃人民出版社 2001 年版，第 652 页。

[2]（清）呼延华国纂修：《中国地方志丛书·狄道州志》，清乾隆二十八年修官报书局影印本，成文出版有限公司 1970 年版，第 494 页。

[3] 临洮县志编纂委员会：《临洮县志》，甘肃人民出版社 2001 年版，第 659 页。

本文实录部分主要走访了临洮县南屏镇光明村的乔举平，乔先生任职于临洮县文联。

武威社火中的驱傩活动

胡颖

流行于武威一带的社火，形式独特，队伍庞大，装扮典雅，表演明显地保留着古典西凉乐舞的痕迹。而其中的“天公天母”、“和尚队”以及“膏药匠”和串庄子风俗明显是古代驱傩风俗的现代遗存。尤为值得注意的是，在河西诸多社火中，武威社火在驱傩、腊祭、娱神、娱人等多重目的中，驱傩色彩显得尤为突出和引人注目。

一、武威社火的渊源

关于社火的渊源，武威不同地域有着不同的传说。黄羊、永昌及西南乡一带，每逢闹社火，则以表纸写一“供奉苗庄王之神位”的牌位，供之。传说苗庄王很爱护老百姓，有一年冬天打仗，被敌方围困城内很长时间难以突围；幸逢新春元宵节，老百姓为其出谋划策，急中生智，让庄王假扮傻公子，王妃假装为丑婆子混入社火队伍中。傻公子在冰雪里钓鱼儿，逗人嬉笑，乐呵不止；丑婆子在寒风中摇扇子，扭扭捏捏，泼辣调情，口吐俚言俗语。如此鱼目混珠，二人在社火掩护之下逃出了虎口，之后苗庄王得胜复国，为纪念这一重大事件，庄王召令地方，每逢元旦、元宵节要大闹社火；并且在社火队里，必须有傻公子和丑婆子这两个角色。

而武威大河、下双乡一带和民勤，据传社火由楚庄王始创。他们闹社火时，牌位上写的是“供奉楚庄王之神位”。当地盛传在春秋战国时期，楚庄王与齐国开战，被围困在一座城里。此时正值春节，楚庄王遂计上心来，将自己装扮成“春官老爷”，随从侍卫扮成跟班执事衙役，御林军扮成鼓子匠，三宫六院、宫娥彩女等扮成蜡花女，文臣武将扮成十八罗汉和八大金刚，随后是各色臣民百姓，最后由御医掠阵。扮完后，他命令大开城门，大模大样敲锣打鼓出城。围军以为是天神下凡，纷纷跪伏膜拜，楚庄王得以顺利突围。从此，闹社火的习俗就兴起了。

在武威的有些地方，也有闹社火的习俗源于薛仁贵征西的传说。据说薛仁贵西征锁阳城时，误中敌人诡计，被困在沙漠中的一小片绿洲上。那时正是春节期间，但沙漠中的气候很反常，能见度非常低。薛仁贵大军被困沙海，内无粮草，外无援军，眼看就要全军覆没。薛仁贵终日苦思退敌之策，不知不觉沉沉睡去。梦中，薛仁贵得遇仙人，向他传授了一道妙计。薛仁贵一梦方醒后，就依着仙人的指点，将帐下军士召集起来，装扮成天兵天将的模样，敲锣打鼓列阵而出。在弥漫的黄沙中，敌人一见，果然惊为神兵下凡相助薛仁贵，大为惊骇，于是主动撤围，退兵 30 里，薛仁贵遂得以解围，为了纪念这个日子，闹社火的风俗便开始了。

从这些传说分析，武威社火的起源应该早于传说中提及的时间，比如第一条“苗庄王”的传说，百姓让苗庄王混入社火队伍得以突围，明显之前已有了社火。不过我们依然可以对上述传说加以研究，用以探究武威社火蕴涵的文化、历史讯息。

二、武威社火的形式、内容

武威民间闹社火，一般从正月初六日开始，历时约十天左右；如果春耕尚早，则闹的日子要更长些。闹社火前和闹社火后，要分别进行“妆身子”和“卸身子”的仪式：点燃一堆堆麦草火，放鞭炮，所有参与者从火上迈过以示驱邪；会长（闹社火的组织、指挥者）致辞，代表乡亲祭天、地、神灵，并宣告闹社火开始或结束。

武威民间传统社火队伍一般由七个部分组成。

第一部分为社火队的前导部分，打头的叫“春官”，俗称“春官老爷”，是社火队的领队。按照民间的传统习俗，“春官老爷”必须由当地辈分最大、年高德劭者担任，而被选上的人，也是一生中之幸事，一份难得的殊荣。从礼仪上讲，“春官老爷”是整个社火队里的代表性人物，是“元首”。在组社火队之前，社火会的会长和其他重要人物要备上厚礼，专程诚挚地请这位老人任“春官老爷”，只有“春官老爷”的人选确定了，才能部署社火队的其他角色。“春官老爷”象征着春的来临，代表着“春神”行使职权，在社火队里有着至高无上的权威。每天早晨，社火队的其他成员装扮完毕后，都要敲锣打鼓专程上门请“春官老爷”，而春宫老爷此时此刻总是迟迟不肯出府，直到最后社火队将锣鼓擂得更加铿锵有力，膏药匠反复唱请：

高高山上一棵柳，
柳树上蹲的个花斑鸠；
斑鸠啊斑鸠啊三点头，
老爷请上哟头里走。

春官老爷此时才在众人的前簇后拥下威风凛凛地走马上任。按照民间的传统习惯，正在行进中的“春官老爷”，文官见了必须落轿，武官见了必须下马，恭敬地为“春官老爷”让路。闹完一天后再将“春官老爷”敲锣打鼓送回家。

“春官老爷”的装扮也有一定的讲究。其官服，在宋元以前穿六部春官制服；明代春官则戴乌纱帽，着青色或者大红蟒袍，鼻架墨镜，手持羽毛或竹签扇子，以象征掌春发的东方青帝，荣坐四抬大轿。至清季，则为顶帽补褂，改坐七品官轿。入民国，穿长袍，外套蓝衫，头冠礼帽，乘鞍辔讲究的大骡骏马，轿马前有杏黄色锯牙三角旗旄导引；全副仪仗执事，牌上大书“回避”、“肃静”及“国泰民安、风调雨顺、四季平安、五谷丰登”等吉祥字句。尚有陪老爷两个，其次于春官，穿袍子马褂，手拿羽毛扇，多是地方绅士等所扮演，左右前后尚有道锣，探马、报子、门子，或穿青衣的春姐及戴牛吃水帽、手拿无情棒的皂役前呼后拥。其中有两个英姿飒爽的武士，肩头交叉斜挂两串鏁子，手持三角红黄旗，腰系战裙，足蹬军靴，在春官的前方左右走八字步或跳跃舞蹈，随着鼓点的旋律，鏁子发出和谐的音响！

第二部分是鼓乐队。该队由大鼓、大锣、大钹、长号、唢呐及管弦乐组成。行进时，4 人抬大鼓，1 名鼓手司鼓；另 4 人各执锣、钹、小锣等。行进表演时，锣鼓音乐奏，声震霄汉，气势威严；且又扭摆踏步，左右摇晃，十分热闹和谐。

第三部分是天公、天母队。“天公”的装扮酷似一位农夫，“天母”则像农妇。在社火队里，“天公”肩扛锄头或手执木锨；“天母”一手提篮，一手执帚。当地人说“天公天母”代表着“耕作之神”，象征着勤劳与智慧，凡是他们行进之地，本年度一定能风调雨顺，五谷丰登。表演时，“天公”挥锄耕作，握锨扬麦；“天母”撒种扫地，送茶送饭。二人边舞边唱秧歌，活脱脱一副“夫唱妇随”状。

第四部分是腰鼓、蜡花队。腰鼓队也叫鼓子队，打鼓人称为“鼓子匠”。鼓子匠一般为古代武士打扮，身穿双排扣黑色武士装，灯笼裤，足蹬长筒靴，头戴黑色英雄巾，头上插有两根鸡毛及以表纸折叠而成的扇形英雄花，如公鸡冠子，以象征驱邪之意。他们背一面羊皮鼓，双手执鼓棰，边行进边击鼓表演，进二退一，大开大合，动作粗犷有力。鼓子队的人数为 8 至 16 人，最多为 24 人。

蜡花队人数与腰鼓队相同，队员身穿彩色女袄裙，左手执小手锣，右手执锣捶，锣捶上系一条长长的彩绸，头戴年轻女式帽，左右插花枝，前额亦插表纸折叠的英雄花，以象征迎春、催春、万物生机之意。蜡花队员传统一般为“男扮女装”，近几年来，亦有妇女参加。表演时，敲起小锣，踏着舞步，步法同鼓子匠基本相同。腰鼓队和蜡花队的前面，有“傻公子”和“丑婆子”领头表演，“傻公子”是鼓子队的领班，“丑婆子”是蜡花队的头领。“傻公子”和“丑婆子”的装扮和表演都非常滑稽：前者是一副官宦富贵人家的公子哥儿打扮——油头粉面，身穿公子服，头戴公子帽，手摇竹签扇子，无拘无束，走月牙式自由步、转大圈，他时而装聋卖傻，时而兴高采烈，口中或唱四六曲子，或同蜡花嬉戏调情，或专门围绕着“丑婆子”出各种洋相，目的都是引观众发笑。后者穿宽长袄，头顶青手帕，耳戴大耳环或红辣椒，一手摇扇子，一手拿手巾，扮相奇丑无比，凹胸凸腹，却又涂脂抹粉，故作妖媚之状：表演时，二人相对扭舞打诨，为社火队的表演平添了许多笑料。

第五部分是和尚队，也叫“大头队’，由十八罗汉和八大金刚组成。和尚队的队员一般穿僧衣僧帽，也有戴笑和尚面具的，俗称“大头和尚”，脸上涂画有各种罗汉形象。金刚一般穿武士装，戴头盔，执降魔杵、钢鞭、画戟等兵器。表演时，十八罗汉模仿各种神态的罗汉舞蹈，金刚则做武术表演。

第六部分是百色队。百色队是社火里最随便也是内容最丰富的一队。这一队由三教九流七十二行各色人物组成，有的还装扮成各类戏剧故事中的人物，如《白蛇传》、《唐僧取经》、《桃园结义》等。这一队的人数也最多，约有数十人至上百人。表演时，百色队在紧锣密鼓中跑大场，有四门斗敌、八阵图、九穿梭、十面埋伏、八角茴香、蒜瓣子、双龙会等很多花样。

最后一个是贯穿全队、活跃全局的人物，叫“膏药匠”。“膏药匠”一身游方郎中的装扮，一手执蝇拂，一手摇串铃。表面上看起来，“膏药匠”的主要职责是协调指挥各队表演，并随时随地制止乱挤乱闹的观众人群，起着照料演出和维护秩序的双重作用。在新到一个表演场所，或在各项表演间隙，“膏药匠”能即景生情地现编现唱“社火词”，内容多为贺春、颂太平、祝福长寿、恭喜发财等，但要唱得切合实际，具体生动，诙谐有趣。长于此道的人，往往妙语连珠，好词连台，博得观众齐声喝彩。事实上，社火队中“膏药匠”这个人物的出现，有它重要的意义和讲究。膏药在武威民间被视为中药里的万应灵药，又名“八面风”。“膏药匠”又是古代武威人对医生的俗称，因此，这个角色及其表演象征着驱瘟散疫、平安健康的良好祝愿。同时，让这个角色联络社火队伍全局，恰恰体现了武威社火的主要目的即是驱鬼逐疫，这正是傩的核心任务。

在武威有些乡镇的社火队伍中，除“膏药匠”外，还有与之相对应的“瘟神”角色。“瘟神”反穿破旧的羊皮短袄，一身褴褛，畏畏缩缩地尾随在社火队的最后面，每当“膏药匠”摇响串铃，“瘟神”就作出惊慌失措的模样，唯恐躲避不及。

三、社火队伍的“串庄子”风俗

社火队在公众场所表演完毕，还有一项重要的内容——“串庄子”，即到各家各户的院子里进行旨在驱邪的表演。每到一家，主人便鸣放鞭炮迎接，同时跪请“春官老爷”，嘴上说：“接‘老爷’着哩！”将“春官”老爷请到上房烧香赐福，春官老爷在鞭炮声中走向上房门首桌边燃香化表，以吉庆诗句向主人拜年祝福：

社火进财门，四季保平安；

人畜都兴旺，富贵万万年！

此时主人备下酒菜予以盛情款待。膏药匠引领社火队在院中跑完大场，并唱四句曲子：

社火进了你庄院，鼓锣一震风脉转；

一年复始多快乐，万事如意瘟疫消散！

与此同时，社火队全体成员也会一一品尝主人家的美酒佳肴。在吃喝的间歇，“膏药匠”会指挥社火队闹上一番，同时唱社火“秧歌子”，内容多是根据主人家的实际状况，予以略加夸张的赞誉及祝福，如：“这一家（来）

实在好看，出廊房子（哟）盖两面；子又孝（来）妻又贤，欢欢乐乐（哟）过个新年（呀）——膏药哎！”再如：“这一家（来）占地好，前有河（呀）后有庙；请来了‘老爷’上了（呀）香，儿孙长大能当（呀）状元郎——膏药哎！”一般来说，社火队在谁家闹得欢，闹得时间长，说明这一家在地方上的威望高，人缘也好。待到闹得差不多了，“膏药匠”会在主人家上房门口摇响串铃，高喊“请‘老爷’着哩！”社火队告辞时，春官老爷又祝福主人道：

东起东成，西起西应；
百病不生，瘟疫消散；
贼来迷路，狼来封口；
恭喜发财，五谷丰登；
万事如意，大吉大利！

最后“春官老爷”一干人等就步出屋门，带领社火队走向下一家。

由于社火队是以村庄为单位组成的，所以在“闹”的过程中，有时几队社火会相遇在一起，武威人称之为“会社火”。“会社火”时，各自的主要角色会双双出面对舞，如“春官老爷”、“傻公子丑婆子”、“膏药匠”等；“会”得欢乐时，这些角色还要相互“扛架子”，即在对舞错步擦肩而过时，双方肩膀相撞，以示友好；“膏药匠”同时唱起“秧歌子”，相互送上最美好的祝福。

虽然武威社火因地域不同内容也小有差别，但整体说来上述这些以驱邪、娱人、迎春为目的的社火项目因典型地代表了武威社火的特色，因而遍布各区各乡，非常引人注目。除此以外，在有些地区芯子、耍龙、高跷、跑船、跑驴、跑竹马等形式也常出现在社火队伍中，形式、内容与甘肃大部分地区类似，此不赘述。

值得一体的是，在 20 世纪 50 年代之前，武威社火中还有“草花子”，现已消失，这里一并列出，供研究者参考。

草花子，民勤称“亡背”、“讨吃”，武威称为“摸锅子”，就是我们平日所说的乞丐。表演时，将脸上抹得五花六道，身穿翻毛皮旧褂子，腰勒根断草绳子，是社火队伍里非常重要的一个角色，一般在社火后尾，扭来舞去。每至一户门前，总要先说些吉庆话，诸如“东走东成，财源广盛；西起西应，五谷丰登”、“人畜两旺，万事顺心”之类。他还可以身兼多职，时而为渔翁，时而又耍熊。草花子，还有个雅号称“体面讨吃”——当耍完社火后揭去假面具露出本面目时，就去摸馍馍：每到人家耍完社火，必到主人家厨房里去摸锅子，而主人会事前在锅里放下一白一黑两个馍馍；若摸走了白馍，说庄稼一般；摸走了黑馍，说明今年的麦子长得黑洞洞；全摸走更好，预示来年五谷丰登。这种傩俗，应该与许多地区驱傩活动中的打卦、占卜具有同样的性质和色彩，只是它的来源、形式颇具特色，很值得做进一步的考察和研究。

附：凉州社火曲辞选录

膏药匠唱词：

七仙女坐云头回眼观看，阳世上闹社火瘟疫消散；
杨柳枝净水瓶常青不断，白鹦鸽口口唱国泰民安。
天有道，下的清风细雨；地有道，出的五谷粮食；
朝有道，出的忠臣良将；家有道，出的贤孙孝子。
玉皇爷打开南天门，细细啊观细细啊看：
国政啊天星啊顺，官清啊民自啊安。
王母娘娘说一声：人间瘟疫都扫清；
庄稼丰收人安康，万国和睦无战争。
酒色财气四道墙，人人都在里边藏；
谁能跳出这个墙，不是神仙也寿长。

官赐福云头上站，刘海过来撒金钱。
一撒金来二撒银，三撒元宝滚进门；

财源茂盛好地方，子子孙孙出能人。

（在多病者或者不顺者的人家唱道）：
进了财门往里观，春官老爷降香来；
三炷明香朝玉皇，百病瘟疫都禳散。

这个地方好地方（呀），赛过当年卧龙岗：
高呀高三丈（呀），　新打的庄子好景象（啊）！
打得这么响来闹得这么欢，社火给你们禳灾难：
禳了灾难保平安，老爷请上往前转，
十月冬腊月雪漫漫，庄稼人苦了一年才消闲；
腊月二十三祭了灶，欢欢乐乐过新年！

这家的门儿朝南开，一台社火请进来，
社火不为别的事，活一活地脉财门开。

（龙王庙唱道）：
锣鼓咚咚把龙王敬，龙不行云天不阴，
雨不润田粮难成，盼个风调雨顺的好年景！
五月初三到十三，天降甘霖保庄田，
秋后五谷丰登日，高烧长香谢龙天。

（到关帝庙唱道）：
正月里来正月正，桃园结义四弟兄，
要问弟兄名和姓，刘备关张赵子龙。

参考文献

1. 王仲保、胡国兴主编：《甘肃民俗总览》，民族出版社 2006 年版。

2.《凉州社火俚曲楹联钩沉》，《西凉文学》专号 2006 年第 1—2 期。

甘肃静宁傩文化考察报告

胡颖

地处甘肃东部的静宁，是最早的成纪故城之遗址，新石器时代就有人类在这里生息、繁衍，相传始画八卦，肇启文明的伏羲氏和“炼石补天”的女娲氏就诞生于静宁县。至今，这里仍然可以见到许多古老的民俗文化遗迹，曹务乡张屲村的“烧社火”风俗及伴随它演出的戏剧——“喊牛腔”就是其中之一。

张屲村每年腊月至二月二期间表演的传统社火，蕴涵着驱傩风俗，尤其是每年二月二的烧社火仪式，也称“断（音，方言，意为撵、赶跑）瘟神”，是一种典型的驱傩活动。

一、社火仪式程序及内容

张屲村的社火活动由发放“断瘟”条子、敬神、唱戏、断瘟、烧社火等程序构成。

首先，由扮作灵官的人给每家每户送一个“瘟神条子”，通知每家每户把灶神、家神等敬上，以备断瘟神。接到条子后，家家户户都将此条用熟鸡蛋压在灶台上（熟鸡蛋作为给灶王爷的献礼），并在灶上放一把扫帚，做好迎接社火的准备工作。然后，每家一人，手打灯笼或执火把，跟着早已装扮好的社火队伍（内有简单化过妆的演员及赵、王、周、马等二至四位灵官）参加“断瘟神”活动。“断瘟”之前先去庙上敬神，张屲村在山神庙中供奉之神为“五圣君”，当地人认为他们分别是：山神爷、土地爷、牛王爷、马王爷、水草代王，但是当地人对于五圣君的来历并不十分清楚，也没有特别的传说。笔者以为这可能与静宁是一个以农耕为主的地区，其地形多丘陵沟壑，且气候常常干旱缺水有关，所敬的山神、土地、牛、马、水草正是农业赖以生存的自然、物质基础。

敬完神后，在庙上演“喊牛腔”。一般地说，骑在马上的灵官也只有在敬过神之后才能戴髯口，其余角色和小神可以提前戴髯口，但戴上髯口的神灵便不再讲话，以示神的威严。

演完戏后，所有社火队的成员（演员、灵官）及群众都要挨家挨户去断瘟神。社火队由一个提桶的老汉带领，众人执火把或灯笼，灵官紧随其后，至每家门前，先舞狮吹打，杂耍一番，然后吆喊着冲进人家大门，跑遍院四角，边跑边在火把上撒炒熟的黄米面，燃起一团一团火焰，当地人认为这样做便可驱使瘟神和贫穷远离人家。此后，队伍中的灵官，手拿马棒，到此家各角落挥舞、打耍一遍（包括厕所）。打完后，灵官去灶房拿走条子、鸡蛋、扫帚，主人将各房清扫一遍，并将早已备好的药水（由药渣、桃树尖等熬成），洒一部分在院中，然后将剩下的一部分倒入老汉的桶内，被老汉洒向村路。家人同时洒在地上的还有黄米面。至此，该户人家断瘟完毕，全体社火队成员转入另一家，直至全村每户居民全部转完。最后，社火队全体成员敲锣打

鼓、吹吹打打，庄内百姓一手举火把，一手不停地扬撒米面，同时口中高喊着“瘟神爷断出门了”的口号，将想象中的瘟神一直赶到村外最荒凉、人迹罕至的地方去。

每年社火表演结束后，在张屲村还要进行隆重的“烧社火”仪式，大概这项仪式在社火活动中至关重要，以致当地人有时将自己的社火活动称为“烧社火”风俗，其过程一般为：社火队伍仍由提桶老汉带领，吹吹打打，连喊带闹，走到最近的河边，将耍社火的用具（纸狮、纸花、纸条、灵官的面具等）由一个装扮成“瘟部天官”的烧掉。烧社火仪式到此宣告结束，此时全体成员收锣息鼓，不再发出任何喧嚣声，悄然回庄。

另外，张屲村社火中还有一种被称为“喊春官”的仪式也值得注意。其演出形式是由一个反穿皮袄、手持折扇的所谓“春官”，每到人家门口都说一些吉利的话语，中间不乏笑话、戏谑之类，其内容则根据各家情况而定，因为这种随机性，所以春官这一角色一般总是由口齿伶俐、反应敏捷的人担任，说完后，这家主人一定要给春官一些钱物作为赏赐。春官，一般是在表演社火之前，走在队伍的最前面的人，春官，很受人尊敬，直到社火正式演出，祭神开始，他的重要地位才为灵官和天官所取代。

二、“喊牛腔”

喊牛腔是烧社火之前在庙上演唱的一种戏剧形式。其名来历，据当地人讲，是由于其唱腔粗直、乐器简单，使得它的声腔像庄户人吆喝赶牛的调子一样，单调而不优美，故名。

现在的喊牛腔仅由静宁县曹务乡张山村的张家戏班独家演出。据“文化大革命”前张氏家谱（已于“文化大革命”被毁）及祭祖上坟的情况来看：这个家族原系山西大同人，后迁至甘肃秦安，大约在同治年间由秦安县移至庄浪县扬川乡张家湾村，最后定居静宁县张山村。现知最早演唱喊牛腔的张家戏班的演员，大约生活在光绪年间。他们的技艺都靠口传身授，代代相传。

目前代表性的传承人有：张作良，男，73 岁；张作彪，男，73 岁；张金弟，男，72 岁；张殿仓，男，73 岁；张思理，男，66 岁；张有良，男，66 岁，他们都是当地农民。

喊牛腔现存的社火剧目，可完整演出的仅有《杨满堂搬兵》、《八郎捎书》、《五鸣车》三种，另外还残存《匡胤送妹》及《李逵夺鱼》，前者仅遗存一段唱词，后者遗存了一段武打表演。其余剧目均仅存目而无法演出，如《截江救主》、《李三娘研磨》、《孟良挨火棍》等。从这些剧本内容来看，大多取材于历史故事和历史小说，包括忠君报国、忠奸斗争、劝善勉学、杀伐征战、草莽英豪等题材，剧情简单，甚至不太完整。一般一出戏的演出时间在十分钟左右。一出戏伴奏和演唱者各二三人不等。每次演出都以《天官赐福》开场，说些吉利赐福的话语。所有剧目演完后，演员唱一段道谢曲，全部演出到此为止。

喊牛腔所用乐器非常简单，仅有锣、鼓、钹等打击乐器，无文乐伴奏。一般在每句唱完后，伴以打击乐，遵循着一句唱词—打击乐伴奏—下一句唱词—打击乐伴奏……的规律。服装与化妆也很简单，服装多半因陋就简，就地取材，各式各样的生活服装均可登台。据说过去演喊牛腔时戴面具，现改为画脸，较早敬神时灵官等也是戴面具的，现也改为画脸。化妆之初，男的用清油涂脸，以黑烟墨画脸和眉，女的（由男子扮演）用石膏粉抹脸，脸蛋则用红纸的颜色代胭脂。随着生活水平的提高，现在化妆条件大大改善了。

喊牛腔演出有一定的习俗与忌讳。一般人家，正月里有喜事才可以演。如果有人死了，本庄则不能接外庄社火，不能演戏。喊牛腔还可在平日演出，但也与祈福纳祥有关，不同于一般的娱乐演出。如还愿，则演《香山寺还愿》，迎亲，则演《拣柴》、《杨秋莲》，而且一般要演吉庆的剧目，《三回头》不演，《二亲家打架》不演，《周文送女》也不演。戏班子里的人还有讲究，即喊牛腔绝不唱秦腔戏。

在演出过程中，还有给唱得好的演员挂红的讲究。演员唱得好，观众可随时给钱送礼，站在最前面的社火队领头人接过这些钱物时，口中高喊："某老爷的赏！"表示对赠物者的感激。

从喊牛腔的演出方式及其演出习俗中可以看出它是伴随着张岻村驱傩活动发展起来的一种祭鬼娱人的形式——傩舞（戏）。联系古代傩戏发展的历史，我们会更明确这一认识。

傩祭的发展史，是一部由单纯的宗教活动逐步转向娱乐活动与宗教活动相结合的历史。傩戏的出现，正是这种转化的必然结果。

作为一种文化现象，古代的傩包含傩仪（傩祭）、傩舞、傩戏等内容。而在这几项内容中，傩祭与傩舞又较傩戏早一步产生。巫是古代傩祭活动的组织者和设计者，其于产生之日起，就与“舞”结下了不解之缘（这一点在甲骨文、卜辞、王国维《宋元戏曲考》中都有论证，其中卜辞中“巫”与“舞”同为一字）。傩祭和傩舞密不可分，只是最初，巫舞并不具有娱人的成分，仅是傩祭的辅助手段而已。但是，演变到后世，“舞”有了很大发展，出现了方相氏的“独舞”：“方相氏，黄金四月……执戈持盾，率百隶及童子以时傩，以逐恶鬼于禁中。”（《礼乐志》）而且也出现了十二兽的“群舞”：“因作方相氏与十二兽舞，欢呼周遍，前后省三过，门外五营骑士传弃雒水中。”（见《后汉书·仪礼志》）可见，驱傩风俗衍变到汉魏南北朝，内容已很多彩，规模越来越大，已发展到跳扮兽舞和戴面具舞蹈的阶段，只是这时，傩舞与傩祭联系还较密切。到了唐代，这种驱傩活动的场面已相当壮观，《新唐书·礼乐志》载：“大傩之礼，选人年十二以上，十六以下为侲子，假面、赤布裤褶。二十四人为一队，六人为列，执事十二人，赤帻、赤衣、麻鞭；其一人方相氏，假面，黄金四目……其一人为唱师，假面、皮衣、执棒；鼓角各十，合为一队。队别鼓令一人，太卜令一人，各监所部。巫师二人，以逐恶鬼于禁中。”已经出现了舞蹈、伴奏、唱歌队。伴随着驱傩活动的舞蹈及音乐，到唐几乎达到极盛。

从远古驱傩之始至近代，驱傩时表演的形式、规模在逐渐丰富、扩大。而且音乐、舞蹈呈现一种由简单到复杂，由粗陋到较为优美的发展趋势，这种趋势发展到一定程度，终于出现了表现民间劳动生活和扮演民间传说故事的倾向。这样，在北宋第一次出现了有故事内容的傩戏。《东京梦华录》卷七《架登宝津楼诸军呈百戏》条中记载着一段“哑杂剧”，即用表演的形式，来再现钟馗等驱鬼逐疫的故事。

从以上这些历史记载，我们可以得出这样的结论，傩戏是驱傩活动与娱乐庆典共同孕育出的产儿，它在驱傩活动中的娱人成分逐渐增强，其产生时间晚于傩仪、傩舞、傩歌。而静宁张厂村的喊牛腔表演形态应该介于傩舞与傩戏之间，而且其现存的剧本形态也明显具有不同时代的特征，比如，《杨满堂搬兵》语言粗陋，情节简单，原生态特征显著，其插科打诨的风格更像金院本的艳段之类，与后世成熟戏剧距离颇大。而《两亲家打架》虽然情节也很简单，但语言却讲究了许多，唱腔也相对成熟，产生时间应该较前者晚，而且《两亲家打架》剧亦见于河西宝卷等说唱艺术中，其渊源、流传情况也颇值得研究。

附

天官赐福[1]

出场人物 赵王二帅——王灵官、赵灵官（天官随从）
天官
刘海（弘道帝君）

（赵王二帅上）

王灵官：混沌初分没接年，先有吾道后有天；
浑眼一睁天黑暗，西北角上连前（音）砍；
足踏火轮高万丈，左手掌砖右掌鞭；
金砖打恶不打善，监察御史王灵官。

赵灵官：生吾道天地黑暗，将吾道星斗未全；
初世的神鬼作乱，苦修行峨眉宝山；
闻太师将咱相劝，跨黑虎离了仙山；
进阵去和子牙鏖战，七箭书被吾当（音）一命归天。

（白）黑虎宣坛昭

王灵官：天官登台！

赵灵官：吾下伺候！

（天官上）

迎（音）[2]天官

盘古赐福谁为头，五帝为君记千秋；

禹王治水分八卦，吾当回报如意钩。

（白）吾上元一品天官紫微代帝，只因此方人等善心皆大，香烟纷纷，冲开了南天斗口，玉帝心系，命吾在吉庆台前，赐福赐禄，待吾驾起祥 云，奔走吉庆台前：

脑后鲜花朵朵开，天官赐福下阳台；

赵王二帅来开道，吉庆台前走一遭。

赵王二帅：（白）来到吉庆台前

天官：来到吉庆台前，吾当喜而不尽。待吾当（音）展开喜庆条子，赐福上来：

一赐福堆金积玉，

二赐福富贵满堂，

三赐福人口发旺，

四赐福四季安康。

赐福已毕，这时二帅东南角红云飘绕，不知哪家大仙来也。

（刘海上）

刘海：家住周至聚宝村，时运不来将财行；

观音菩萨来指点，梅狐与咱送仙丹；

石佛洞中得大道，东海岸上炼金钱；

玉皇大帝亲口封，封咱刘海活财神。

（白）活财神刘海，天官发谕相诏，驾起五色祥云，奔走吉庆台前。

天官二帅请了。

天官：弘道帝君请了。奉玉帝法旨，已在吉庆台前赐福赐禄，弘道帝君为何一步来迟？

刘海：已在东海岸上喜蟾炼钱一步来迟。

天官：练就了多少？

刘海：练就了一十万贯有余。

天官：哪里所带？

刘海：左背葫芦所带。

天官：来在了宝庄的吉庆台前，何不撒些上来？

刘海：说撒便撒：

一撒风调雨顺，

二撒国泰民安，

三撒三元及第，

四撒四季平安，

五撒五谷丰登，

六撒子儿高升，

七撒妻生贵子，

八撒八方太平，

九撒九盏灯，

十撒十太平。

（白）吾当（音）撒钱已毕，待吾抓笔留诗一首。请听，正是：

刘海本是一大仙，行走步步撒金钱；

金钱落在八宝地，撒个荣华富贵万万年。

（刘海下）

天官：好个“金钱落在八宝地，撒个荣华富贵万万年”！吾当喜而不尽，吾当留诗一首，请听正是：

此庄修得顺风流，周公卜就鲁班修；

修在八卦乾字口，辈辈儿孙出王侯。

留诗已毕，这时赵王二帅搭话说伺候天官。

天官：将此庄的庄前庄后，庄左庄右瘟癀、染疾、官司、口舌细细搜查。

二帅：搜查已毕。

天官：搜查已毕，遮在吾的袍襟，揷进吾的袍袖，待上三十三天，压在斗牛宫中永不能复生。保佑此方人等，大人无难，小人无灾。牛羊上山得宝草，下山得乐水，低头吃草抬头长膘。狼来了缩口，贼来了迷路，将这恶风暴雨豁在深山旷野，将秋风细雨撒在吾各田苗。请听正是：

淡热舒心绕见章，仙风吹开玉炉香；

时辰故里通明殿，一朵红云捧玉皇。

（天官下）

王灵官：咱离了寸脚之地，

赵灵官：莫可怠慢瑶池。

王灵官：驾起五色祥云，

赵灵官：早报神王得知。

（赵王二帅下）

一、杨满堂搬兵[3]

人物　高旺（净）

　　　高来娃（丑）

　　　杨满堂（武旦）

（高旺手持蝇刷上）

高：（念）家住德顺在陇干，

习就文武保江山。

可恨宋王无主见，

黑风洞里来修仙。

（白）贫道高旺，从前在宋王驾前为臣，官封我为总兵之职，镇守德顺陇干，北抗胡儿。只因我主昏庸，听信谗言，朝事不理，致使胡儿屡犯中原。我连上数本力主抵抗，圣上不准，无奈，对天发下宏愿，永不为官，来在黑风洞中修仙。清晨一早，出得洞来，风闻便知，掠风便晓，杨贤妹要在我处搬兵，这如何是好？（思忖）有了！高来娃多谋多计，唤得前来，为我寻得一计。这是高来娃走来！

（高来娃上）

娃：我的名字叫高来娃，靸的帽子戴的鞋。耳听爷爷唤，不挤一股就出来，站在爷爷围胯儿，爷爷有何屁放！

高：就说有何事讲！

娃：娃是个秃舌子，说话不真，你唤娃到来，吃咋吗喝咋？

高：嗯——常吃常喝不行。

娃：不吃不喝，唤娃到来有何话说？

高：你杨婆婆今儿定在我处搬兵，快为我寻得一计。

娃：爷爷如何得知？

高：我闻风便知，掠风便晓。

娃：待娃我也闻得一闻，（闻状）禀爷爷，我闻见天爷刮臭风着呢，怕下屎咋。

高：蛮奴才，不要胡说，快与爷谋得一计。

娃：计儿计儿多着呢，一肚子两肋巴，洞里放下几疙瘩。用得一个有一个，取得一个添十个。

高：好计只用一个。

娃：用着一缸油、一匹布、一簸箕灰、一头牛。

高：要它何用？娃把爷爷用布缠了，油醮了，灰黏了，把外老牛拉得顺顺得……

高：那是什么计？

娃：那叫老牛钻沟计！

高：那不成计。你杨婆婆在我处搬兵，你将洞门好好把守，爷爷在后山去玩牛魔王大赛。

娃：爷爷你何时回洞？

高：三载也不知。

娃：爷爷你到底何时回来？

高：四载也不晓！

娃：爷爷你到底何时回洞？

高：笨骨头奴才，打一杯清茶，爷爷在后洞躺觉。（下）

娃：爷爷后洞躺觉，我在洞门口躺觉。

（高来娃睡觉状，杨满堂上）

杨：（唱）人心急来马腿慢，

杨满堂马上紧加鞭。

正奔跑来举目看，

黑风洞不远在眼前。

来到洞门，待我下马，（下马状），高来娃，在门口打盹，这是高来娃醒得！高来娃速醒！这娃脸浅皮薄，给你一个包儿……

娃：（猛地醒）我的！我的！（抢包状）海！原是杨婆婆到了，到此何故？

杨：我且问你，你爷爷哪里去了？

娃：到山后玩牛魔王大赛去了！

杨：何时得来？

娃：三载不知！

杨：到底何时得来？

娃：四载不晓！

杨：到底何时得来？

娃：笨骨头奴才，打一杯清茶，你爷爷在后洞睡觉，我在这儿睡着哩！

杨：你将爷爷唤出洞来，我给你一个“耽搁娃”！

娃：你站在椿杨柳树背后，不要瞅了不要探了。你若瞅了探了，爷爷唤不出来，我的“耽搁娃”还要哩！（向内）禀爷！

（内应：“禀叫何事？”）

娃：羊地里拉住了一只麦！

（内应：“想必是麦地里拉住了一只羊，闪开待爷观看。”）

（高旺上，杨满堂，高旺相互参拜）

杨：仁兄，见礼了！

高：贤妹，见礼了！

高：请在洞内。

（二人进洞落座）

高：贤妹你不在两军阵前，来到黑风洞中有得何干？

杨：仁兄，我两军阵前兵不取胜，搬仁兄与我协力助阵。

高：哎呀贤妹，我在朱家山打了一仗，奸贼断粮，兵不能取胜，故对天发下弘誓，再不动兵，只身在黑风洞修真养性。

娃：禀爷，马不吃草了！

高：将料倒给！

娃：油饼，果子端上都不吃了！

高：它是何意？

娃：它想在两军阵前捉几个胡娃。

高：你说是它！嘿嘿！哈哈！（同笑）

娃：禀爷！

高：讲！

娃：大将钢鞭惊得腾儿腾儿地要出阵哩！

高：你将它匣了进去！

娃：匣进去出来了，匣进去出来了！

高：它是何意？

娃：它想在两军阵前拿几个胡娃。

高：你说是它！嘿嘿！哈哈！（同笑）

高：照这样讲说，高来娃洞前备马，爷爷我在后洞换衣。

娃：（备马）请爷上马！

高：高来娃好好看守洞口，爷爷两军阵前回来。给你带来一个女娘儿！

娃：爷爷要带上三个！

高：要那么多何用？

娃：铺一个，盖一个，眼前看一个！

高：这是高来娃，闲话休说，马来！

（杨满堂、高旺一同上马）

杨：（唱）杨满堂在马上哈哈大笑，

我今儿搬动了泰山一座。

高：（接唱）杨贤妹你不必哈哈大笑，

眼前有模糊关怎样来过。（二人抖马下）

二、两亲家打架[4]

人物　张氏（妖旦）

汪氏（妖旦）

五姐娃（花旦）

乡爷（老生）

地方（小丑）

（张氏上）

张：（念）娃娃多了真琐烦，

五男五女扯心肝。（坐）

（白）人说我有福哩，我说我常哭哩！养的儿女多，操的闲心多。一个娃就扯娘一条心。今天我又想看二女子去，不免收拾情行，我要走了！

（唱月调）

夏景儿天好一个树叶圆，

我这个老婆生得周全，

所生下五女并五男。

（转银纽丝）老头子去世好有几年，

只觉得光阴不到先前。

大儿子不成器，

二娃子爱耍钱，

三娃子好吃懒做怕动弹，

把家里全都不照管。

唯有老五好，爱吃鸦片烟，

每一夜八遍剜了个鸡叫唤。

（尖尖花）五个媳妇真稀罕，

论他们的人才可不敢言。

大媳妇是个白瞪眼，
看人就把白眼仁翻。
二媳妇是个中等汉，
一对子金莲尺二三。
三媳妇是个歪歪子嘴，
两嘴角涎水淌不干。
四媳妇是个背锅汉，
说话喔哩喔啦团蛋蛋。
只有五媳妇人才好，
脸上麻子有万千。
先后伙里顶能干，
她说起话来没个完。
（转五更）心想齐齐把女子看，
和几个亲家都闹了个酸。
倒不如看小女走一番，
粳米装升半，
再拿两把干挂面，
肥肉一方十几颗咸鸭蛋，
样样准备好放竹篮。
梳头我忙洗脸，
脚把新鞋穿。
出得门来我把门扇掩，
门上锁钥匙我别腰间。
（转尖尖花调）出门我没对媳妇言，
手提上篮篮到了庄前。
歇一歇，缓一缓，
汪家塬不远在目前。
正行走，抬头看，不觉来到我女娃门前。

（白）这是女娃子走来！

（五姐娃上）

姐：（唱银纽丝）正在小房纺棉线，

忽听得门外有人言。

开门我用目观，

我娘站面前。

见得母亲拿礼参，

尊得母亲细听儿言。

我哥嫂他们都团圆，

我的婆母娘她问你安。

（汪氏上）

汪：（接唱）听得亲家母把我看，

手提个棍棍把狗拦。

（白）打狗！打狗！

上前我接竹篮，

见到亲家拿礼参。

尊一声亲家听我言，

你一家都平安。

张：（接唱）我的亲家母，

劳你多挂念。

姐：（接唱）五姐娃上前拿礼见，

和言善语把婆母唤。

今日里做啥饭？

我的婆母娘给儿说一番。

汪：（接唱）你的外娘，

我半年未见面。

炒两颗鸡蛋先把酒添，

然后擀细面。

吩咐牢牢记，

火锅子往上端。

（五姐下复上）

姐：（接唱）五姐娃听言莫怠慢，

急急忙忙到厨前。

锅儿里把水添，

细面擀上一案板，

火锅子端桌面。

汪：（接唱）请亲家坐上边，

我今天没招呼好你休嫌。

你我吃酒不热闹，

如不然咱二人划上几拳。

（唱紧诉）说划拳来便划拳，

五星魁首六个连，

四喜发财你喝干，

杯杯你把盅底见。

劝亲家你再多吃几盅，

酒足饭饱咱拉闲谈，

要闲谈咱先抽一袋烟，

亲家休怪我拉谈，

我的女还要你照管。

汪：（接唱）提起你女可不敢言，

在我家已经二年半，

粗活细活都不贪，

我也曾教她去纺线，

四两花纺了七八十天。

我说一声她把脸变，

她骂我老婆子太不贤。

又哭又闹去吸洋烟，
见一个学生她罚毛踢毽，
见一个放羊娃她搬土垒山。
（转尖尖花）亲家你把女儿管，
我当这婆婆实在难。

张：（唱紧诉）亲家对我讲一遍，
我脸上好似巴掌扇。
转面来我把女娃子唤，
（白）女娃子过来！
你婆婆讲的这都是实言，
你在咱家啥都能干，
却怎么在婆家懒务针线。
你哥嫂吸洋烟你常解劝，
到如今你却怎么倒往里钻。
讲着讲着生怒气，
踢一脚送你鬼门关。（踢五姐娃）

姐：（唱软西京）母亲不要把儿怨，
听儿把话说心间。
你的儿过门三天未满，
儿问她做啥饭她没言传。
她言说炒碗豆一人半碗，
吃渴了喝凉水顶一顿早饭。
拔青草喂牲口啥活都揽，
在晚间纺棉花直到鸡叫唤，
纺得你女儿心焦目烂，
她骂儿唱小曲又喊乱弹。
把冤屈对母亲讲说一遍，
儿死后望母亲给儿伸冤。

张：（白）我儿你回小房去吧！

（五姐娃下）

（唱紧诉）女儿对我讲一遍，

我看你老妖精厉害一般。

把我女儿当苦工使唤，

留下了你的儿好装水烟。

汪：（接唱）亲家你讲话把屁办，

你骂我多半天我没言传。

你的女既然不要人管，

你就该留在自家使唤。

张：（接唱）亲家你讲话太过欠，

谁家养女不嫁男？

任凭你老妖精口巧舌辩，

打你就在眼目前。（欲打）

汪：（接唱）观见她手拿砖，

我跑厨房取火钳。（下复上）

张：（接唱）迎头上去着一砖，

汪：（接唱）回身就是一火钳。

张：（接唱）我一砖，你一钳，

张　汪：（合唱）打的贱人怪叫唤：

剜的贱人直叫唤！

张　汪：（齐唱）张：头上的帕儿齐打散，

汪：裤裆扯了个大圈圈。

（齐喊）乡爷、地方，你来啊！打死人啦！

（乡爷、地方同上）

乡：（白）乡爷，乡爷一乡之爷，人家有事——

地：我给他戳破！

乡：哎！咱给她解和！

乡：（地同唱诉紧诉）来了乡爷叫胡贤，进得门来高声喊，哪一家不听我拿绳拴！（上前欲绑）

张　汪：（齐白）听我说！

（唱长城）

张：我今天来把我女儿看，
亲家剜我一火钳。

汪：（接唱）亲家进门骂恶言，
裤裆叫她扯了个烂。

张：（唱长城）
进门来把女儿看，
亲家骂我八十辈子老祖先，
我闭嘴一句没言传。

乡：（接唱）两个亲家乱扯淡，
打人骂人都罚钱。
你三个，她二个半，
拿来我去好告官。

张　汪：（点头应允）是！是！我照办！
全当给你帮盘缠！（掏钱）
（乡爷、地方接钱下）

张： 出了钱，心不甘，过上几天还把女儿看！

汪： 管了一顿饭，出了骂人钱，
补了烂裤裆，媳妇还得管！
（同下）

三、五名驹[5]

人物 杨　同（老生）
杨姑娘（旦）
党伯雄（净、和尚）

（杨同上）

杨同：（念）

站在檐沿下，

怎敢把头抬。

（白）老奴杨同，自有严嵩老贼专权，害死我家焦三侯满门家眷。我心想保我家姑娘海通天下逃走，不知姑娘意下如何？有请姑娘！

（内应：“老哥哥讲说什么？”）

杨同：我有心保你海通天下逃走，不知你意下如何？

（内应：“定在老哥哥！”）

杨同：敢这样。姑娘已在绣阁换衣，老奴备马。（匹马介）有请姑娘上马！

（姑娘上，骑马）

杨同、姑：（同唱）

我老汉自幼没出门，

这东南西北辨不清。

火星头提出香棉袄，

滚水锅里把冰捞。

打开玉笼飞彩凤，

扭断金锁走蛟龙。

进得深山用目瞧，

这巧手单剪兰花苗。

弯弯曲曲水流到，

坡坡沟沟长荒蒿。

裙边刷的路旁草，

把青丝缠在杨柳梢。

锦鸡不住地窜林跑，

石猴玩耍古树梢。

打柴的樵夫高声叫，

放羊的牧童往回吆，

趁早不寻安乐店，

这日落西山哪里安。

姑：（白）哎呀老哥哥，你看天色已晚，哪里住宿？

杨同：姑娘不必忧愁，随着老奴来。

（二人下，党伯雄上）

党：（念）

杀掉春天志未酬，

日多怀恨在心头。

若要我把愁眉展，

灭了严嵩才罢休。

（白）和尚党伯雄，以在湖北口任参将之职。严嵩老贼在朝上挟天子，下压文武，害死我焦三侯满门家眷，是我心中不服。我上得殿去，辱骂了几句，老贼怀恨在心中；上殿动本，将我问成死罪，押在刑部狱中，锁在木笼。那日解在路上，我打开木笼，扭断金锁，将这解役杀了，就是这样哗啦啦好逃。逃逃逃，走走走，走在了青石峡将这寺里和尚赶的赶了，贬的贬了。在这里我练就了五百铁膀僧人，不灭严嵩我誓不为人！昨夜晚上灯花冒蕊，清晨一起，喜鹊檐前，必有什么贵客。这般时候待我打座山门，等候。

（杨同、杨姑娘上）

姑：哎呀老哥哥，天色连晚，你和我哪里投宿？

杨同：姑娘不必忧愁，远看一村庄，近取一寺院，山门打座一老师傅，我上前施礼。这是老师傅我这里有礼！

党：稽首稽首，天长地久，如来佛从来就有。二位到此投宿？投宿就是站店，站店就是投宿，请进！上有韦驮殿，下有歇马店，左有玉皇阁，右有小僧房，请在僧房歇缓。

杨同：我二人足程，硬要小心。

党：交在某家手中，还怕什么！此马拉在我的手里。气不休休。不知此马贵在哪里？我山后有四十里走马趟，不免试它一回。（抖马）哎呀好马！

哎呀好马！过山如过平川。不知此马贵处，待我打灯观看。前身一朵花，后身花两朵，中间一枝梅，项口掉的牌。牌上有字，待我看来。（看状）哎呀五名驹。我想五名驹是我家焦三侯爷脚程，、如何得到他的手中？不是他偷去，便是他盗来。让我赶上僧房问个明白！

注释

[1] 此文系根据采访对象张殿仓（静宁县张岘乡人，73 岁）口述整理。

[2] 因口述者操当地方言，其间个别字词根据读音标字。下同。

[3] 王知三、席荣整理：《成纪曲子》，三秦出版社 1999 年版，第 97 页。

[4] 同上书，第 118 页。

[5] 同上书，第 102 页。

秦安羊皮鼓

宋素乾

秦安古称“成纪”，是负有盛名的我国新石器早期原始农耕部落遗址——“大地湾文化”的诞生地。传说，始画八卦，教民田渔的伏羲和炼石补天、抟土造人的女娲均生活于此。秦安羊皮鼓舞就是在这素有“羲里娲乡”之称的秦安流传发展起来的一种民间祭祀舞蹈。2001年版的《秦安县志》记载：“羊皮鼓舞也叫单鼓或扇鼓舞。是民间社火的传统剧目，流行王窑、千户乡一带……新中国成立前，羊皮鼓多用于祭祀师公跳神等活动。新中国成立后，经过去芜存菁的革新，赋予了健康内容，用以表现劳动人民欢快喜悦的心情。”

一、秦安羊皮鼓的分布及起源

秦安羊皮鼓舞也叫扇鼓舞，是流传至今最原始的民间舞蹈之一。主要分布于秦安的千户、王窑、郭嘉、莲花等乡镇。一般用于酬神、祈雨、祛邪以及公众场合的社火演出。秦安县莲花镇每年从农历七月十几开始到七月二十七八结束，各个村庄都要举行迎“高山大爷”活动。农历七月二十一至二十二，这两天举行的规模比较宏大，仪式较为隆重。一些头戴假长发单辫子，身穿红马褂和大裆裤，腰间系一短裙的“司公”，或二三人或三四人就会在莲花镇下面各村庄挨个地转。他们一手拿羊皮鼓，一手拿鼓鞭，边走边敲，嘴里念念有词，有时一手拿三叉，一手拿黄纸。鼓声和铁环叩击声夹杂呼应，场面热闹而又神秘。“羊皮鼓”顾名思义，是以羊皮蒙面而制成的鼓具，通常分为大、小号，大号鼓的直径约60厘米。手柄下的钢环上套有9个小铁圈，叫“九页环”。因其形状呈扁圆形，团扇形等，故又有“扇鼓”等不同的称谓。另外还有一个击打鼓面的鼓鞭，长约40厘米，鞭杆用布条或藤条缠裹，手柄部分粗，击鼓部分略细，形似龙蛇，敲击时不会损伤鼓面。鼓鞭的尾端缀有彩色布条组成的穗，主要是为了美观，起装饰作用。

关于羊皮鼓舞的起源有着较多的民间口头传说。据秦安县千户乡的王来有老艺人介绍，他们跳羊皮鼓的来源有三：其一，为纪念伏羲发明“钻木取火”的伟大功绩。每年农历的正月十六（相传这一天是伏羲的诞辰日），人们跳起羊皮鼓，来庆祝他的这一伟大贡献；其二，愉悦神灵，驱灾避难。历史上的秦安千户，经常遭到冰雹和干旱的侵袭。每年的端午前后，正值秦安农忙时节，也是冰雹和狂风暴雨最多的时候，村民们通过羊皮鼓的舞动祈求雷神不要有突发雷电，引发冰雹和狂风暴雨。羊皮鼓声洪亮浑厚，动人心魄，其隆隆的声音一定能到达神祇们所居住的天庭，使神得到愉悦。同时，也希望通过羊皮鼓巨大的声响，驱散天上随时都可能弥漫的乌云，从而使他们有个好收成；其三，感谢神恩，祈神降福。阴历的八月中旬，羊皮鼓舞作为“传神”活动中的一项，村民们要举行为期三天的请神、喜神、曳（方言，意为拉、牵引）神、迎水火等的活动。所谓：“一打风调雨顺，二打五谷丰登，三打国泰民安。”通过洪亮的鼓声来感谢本地神在过去一年里保佑这里的人畜安康、五谷丰登。

二、娱神娱人的秦安羊皮鼓

秦安羊皮鼓在祭祀活动中“司公”们扮演不同的角色，一为师公，一为师婆。师公头裹红色包头巾，上身着黑色对襟上衣，领口、袖口均镶有红边。腰系黑色或红色绸带，下身着黑色灯笼裤。脚穿黑色布鞋。师婆身着红马褂，腰间系一红色短裙，脚穿黑色布鞋。师婆的头饰当地人又称龙马头，用彩色细绳编制的网状帽子，后面缀有一条长长的辫子。他们左手握扇形环佩羊皮鼓，右手握藤条鞭，鼓鞭敲击鼓面时震动手臂上环佩咚嚓作响。鼓声雄壮激昂，表现出当地人强悍、粗犷、刚毅与豪放的品格。主要表演形式有单鼓、双鼓、走阵、耍香、打板子、打水火等。有武术中的棍术、对打，还有戏剧中的翻“筋斗”技巧。

以“传神”[1]为名的秦安羊皮鼓舞自明代形成以来，代代相传，流传至今。所谓“传神”既可理解为传唤神灵，代神向人间传达旨意，也可理解为代人向神传达美好祈求和愿望。以秦安的千户乡为代表，羊皮鼓在各乡、村的具体活动时间略有不同，但每年三次活动是一定的，分别是农历正月，端午节前后和农历八月的农闲时节。

每年农历八月十七至十九日，秦安县千户乡王咀村都要进行为期三天的“传神”活动，这也是一年三次活动中最为隆重的一次。整个“传神”仪式过程复杂，但程序的安排又井然有序，共有 16 项内容，始终有歌、舞、乐相伴随。第一天的日程有请神、喜神、掖神、迎水火、耍香火、话香、背鼓、滚灯、坐坛、劝灶十项内容；第二天有开坛、供神、割保状、炸山、私家请神还愿；第三天是最后的散神仪式。在整个祭神活动中，羊皮鼓作为主要的法器，发挥着巨大的作用。

尽管羊皮鼓表演贯穿于整个祭神活动的始终，但大多数时间起着伴奏或烘托气氛的作用，其中最具有观赏性的是“喜神”和“背鼓”的环节。在“喜神”过程中，鼓手们使出浑身的解数，尽其所能地使神得到愉悦。这时鼓手们左手执羊皮鼓柄，右手执鼓鞭，在场院内扭起舞步，敲打着轻快活泼的鼓点或晃动鼓环，时而欢腾跳跃，时而旋转，击鼓动作花样翻新。随着鼓点声的变化，他们不停地变化队形，有圆形，“S”形、双“S”形、走八卦、龙摆尾、二龙吐须、旋四角、剪子股等。其鼓声雄浑有力，让观看者眼花缭乱，目不暇接。

在“背鼓”过程中，师公开始时手持一面鼓，后逐渐由两面、四面、八面慢慢地往上增加，直到十二面鼓悬挂身上。从第一面鼓到十二面鼓全部背在身上，用时非常短暂，刹那间十二面鼓整齐有序地悬挂全身。腰悬四面，两只胳膊各挂三面，嘴衔两面，这时也看不清被鼓围在中间的人，只看见十二面鼓在不停地转动，并相继作出各种旋转、跳跃等高难度的动作。随后，鼓手又按刚才的程序，两个、两个地取掉，每取掉一对，舞者的动作则显得更加的灵活、自如。此时的表演，虽带有神奇、肃穆的色彩，但师公动作之灵活，舞姿之优美，不禁让人叫绝。

在祭神仪式中，根据内容需要，在不同阶段羊皮鼓都有相对应的表演内容。除了羊皮鼓的表演外，还贯穿着鼓词说唱，在适当的时候会领唱当地的民谣小调。众鼓手们也时而和之。内容从“盘古开天”到“三皇五帝”，从中国古典四大名著人物情节到民风民俗。鼓词内容丰富多彩，活泼健康，富有乡土风味和生活情趣。

三、羊皮鼓艺人同时又充当驱傩活动中的“方相氏”，为人们镇妖驱邪

在羊皮鼓表演之余，羊皮鼓艺人还去别的村庄参加驱鬼辟邪活动，在当代也称“跳神人”。每年正月，人们认为，经过这些“跳神人”扮神进行驱赶，恐吓，本村就干净了，不会有鬼疫前来作怪，从而保佑本村的人畜平安，五谷丰登，日子越过越红火。一般由本村的会长等人负责联系这些人员。因为会长主要管理本村跳神、阴阳事物，并负责保管驱鬼活动中所需的服装、器具等。

这种驱鬼逐疫、酬神纳吉活动一般有三人组成，分别为判官（专门管理阴司事务的，又称“阎罗王”）、小鬼、王大灵官。除王大灵官的帅冠由这些专门扮演人员自备外，他们的服装由活动村提供，村与村提供的服装可能

略有一些差异。判官画花脸，身穿青色道袍，一手拿书，一手拿笔，后面跟着一个手拿狼牙棒的小鬼。王大灵官一手拿剑，一手拿麻鞭。小鬼和王大灵官也画脸，衣服很随便，朴素、大方即可。一般由扮判官的徒弟扮演，但如果没带徒弟或人手不够，也可以由本村会长指定人扮演，他们默不作声，挨家挨户地转，直到把整个村庄转完。

当然也有例外，有些人不信这些，拒绝让他们来自己家，这种情况下可以绕过不去。有钱的而且笃信羊皮鼓的人会提前说一下，当判官他们转到他们家时会多待一会儿，事后这家会赠很多礼物，比如，砂糖、点心、红绸缎等。而这种活动又具有历代延续下来的驱傩的性质。

羊皮鼓不仅能祀神娱神，人们还相信羊皮鼓有辟邪气、驱鬼魅的作用。比如有些人得了奇怪的病会邀请“司公”来为他们举行驱鬼除魅仪式。人们认为是鬼祟在身体里作怪，通过羊皮鼓洪亮的声音可以威吓和驱赶鬼怪。

四、秦安羊皮鼓舞的传承及其发展

秦安羊皮鼓舞作为古老的民间舞蹈形态，它是靠家族世代相传得以流传至今（只传男，不传女）。由于它是由当地的司公来表演的，而这些人既通阴阳，又负责祭祀，所以人们很容易把羊皮鼓表演和迷信联系在一起。因此，20 世纪五六十年代曾遭受重创，焚烧文本资料，禁止演出。也许是处于对这种表演的喜爱，也许是对祖先传下来技艺的敬重，这一古老的民间技艺仍被一些老艺人铭记在心，默默坚守。改革开放以来，随着国家对民间文化的解禁，而且这些老艺人还健在，这种古老的民间舞蹈又一次重放异彩，走入了大众视野。但因严守口传身授，不向外传的规矩，所以羊皮鼓表演在某些地方濒临失传。如秦安县莲花镇有一个姓蒋的人家，专门跳神，同时负责羊皮鼓表演，传了两三代，老的去世了，年轻的出去打工，现在已不再以此为生。羊皮鼓舞的传承是家族内的活动，若本家族不再演出，外面人又不了解，这一技艺的流传就成了问题。

与此同时，一些羊皮鼓艺人注意到了这个问题，在羊皮鼓舞传承过程中开始接受外姓，希望把这一古老的技艺发扬光大，世代流传下去。如在秦安县王窑乡有一支羊皮鼓队伍。第四代传人姚国义是主要的负责人和组织者。他的太爷姚立志，爷爷姚招顺，父亲姚福生都是羊皮鼓表演方面大的班主。当羊皮鼓技艺传到他这一代时，家族内竞争非常激烈，表演者良莠不齐，而真正演出比较好的人却被排挤得无法生存。为了壮大自己的势力，在竞争中保持优势，更为了让这一技艺更好地传承下去。他在招收第五代传人时开始接纳外姓。他现在有杨让忠等二十多个徒弟，如今的他们行走民间，传承和表演着这一古老的民间舞蹈，每年的天水祭祖和文艺演出，在喧天的锣鼓声中都可以看到他们随节而舞的身影。

羊皮鼓表演者都是十几岁开始学艺的，如姚国义十三岁开始学习羊皮鼓表演，他的徒弟杨让忠十四岁开始学艺。他们现在每次进行羊皮鼓表演和驱鬼活动都是集娱乐和商业活动为一体。结束后他们要收取一定的报酬，但报酬很少，每人就几十块钱，所以现在很少有人参加。作为第五代传人的杨让忠以后还收不收徒弟，他至今还不太确定，因为人们不太相信，认为是迷信，更何况不挣钱人们不乐意学。

现在作为领导者和组织者的姚国义正在准备把民间艺人组织起来，减少活动中的中介人，以提高参加者的福利，使羊皮鼓演出顺利、健康发展，同时也使这样古老的民间技艺和活动在民间世世代代流传下去。

五、结语

“羊皮鼓舞”积淀了久远的历史，承载着生活于这里的人民的传统与文化。每年的不同时节，当地人敲起羊皮鼓，进行庄严、肃穆的民间祭祀活动。那一刻的俯首叩拜正是乡民们朴实无华的信仰在天地间自然的流露。人们由隆隆的鼓声传达他们虔诚的心灵，表达他们美好的心愿。

历经几百年的羊皮鼓舞蕴涵着祖先的某种崇拜和信仰，同时也是一门精美绝伦的技艺。它是祖先留给我们的无形财富，也是我们传给子孙的宝贵财产。羊皮鼓舞这一古老的民间舞蹈顽强地生存着，却又时时面临灭绝的可能。需要国家有关部门对这门民间技艺高度重视，给予政策上和经济上的倾斜，保护优待老艺人，鼓励人们学习，让这一民间艺术奇葩永远健康地流传下去。

注释

[1] 传神：是甘肃天水、定西等地民间对于羊皮鼓祭祀歌舞活动的统称。

参考文献

1. 秦安县志编纂委员会：《秦安县志》上下卷，甘肃人民出版社 2001 年版。

2. 邓小娟：《甘肃秦安羊皮鼓祭礼舞蹈的文化解读》，中国艺术研究院、中国优秀硕士学位论文，2005 年。

3. 邓小娟：《甘肃秦安羊皮鼓祭礼舞蹈的遗存》，《北京舞蹈学院学报》2008 年第 4 期。

4. 徐富平：《天水羊皮鼓乐舞文化研究》，西北师范大学、中国优秀硕士学位论文，2009 年。

5. 朱恒夫：《鼓与傩》，《江苏教育学院学报》1999 年第 3 期。

6. 海和平编：《甘肃鼓文化探考》，甘肃文化出版社 2008 年版。

在此调查活动中非常感谢秦安县王窑乡杨何村的杨让忠及其师傅姚国义给予的真诚帮助和支持，即使后来的电话联系，他们也不厌其烦地给我们答疑解惑，提供了很多有价值的信息，从而使本调查得以顺利完成。

甘肃武山旋鼓和断瘟仪式

宋素乾

一、武山旋鼓

武山旋鼓史称鼙鼓，俗称“羊皮鼓”或“扇鼓”。旋鼓其形如一面大葵扇，四周以铁圈铸成，蒙以精致的羊皮，鼓面直径一般在 30 厘米左右，厚度仅 1 毫米，上面绘有图案，多是八卦图。鼓柄处有大小三个钢环，钢环上套有九个小钢圈，俗称“九连环”或“九页环”。鼓槌由藤条或羊（牛）皮编织而成。每当敲击旋鼓时，振动下面的小钢圈刷拉作响，既清脆又响亮，极具有音乐的节奏感。武山旋鼓主要流传在甘肃省天水市武山县的滩歌镇、龙泉乡、山丹乡等地。旧时主要用于祭祀、酬神、祈雨、赛社等宗教活动，而今宗教色彩越来越淡，人们主要是把它当成一种娱乐活动。

目前关于旋鼓的起源有几种不同的说法：一是来源于“牧童赶狼”说。这是当地关于旋鼓起源中最为普遍的说法。相传，很早以前，在今天的天水市武山县一带有个“放牛娃”，他常在荒山野岭中放牧，其羊群经常遭到恶狼的袭击。为了避免自己的羊群再遭狼的侵害，机智的牧童便用被狼吞食所剩的羊皮，自制了一面“羊皮鼓”，经常带在身边。每当遇到恶狼等野兽，他便在山间点燃篝火，敲起羊皮鼓，绕着火堆旋转起舞，以此方式驱赶或震死恶狼。二是军事起源说，一种说法认为，历史上甘肃、青海一带的羌民族在迁徙和走向民族融合的过程中，饱受无数次的战争之苦，人们用鼓声来传递军情信号，以防外敌。另一种说法认为，旋鼓源于军事生活中的“武”舞。“旋”可理解为凯“旋”之意，主要是为了欢迎凯旋的将士，营造胜利喜悦的气氛而发明的鼓乐。三是祭祀起源说，旋鼓舞源于原始部落的图腾舞或“傩舞”，带有浓厚的原始信仰色彩。上古之时凡“祀”必舞，其舞翩翩，而这种舞就是原始的“巫”舞，巫舞中又多操鼓而舞，即鼓之舞之，这些舞的主要目的是娱神。古人称天为旋或玄，旋鼓即天鼓，所以在旋鼓鼓面上常绘有太极图。伏羲是传说中的三皇之首，人面蛇身，被中华民族敬奉为人文始祖。闻一多先生在《伏羲考》中描述了图腾祖先的祭祀场面：鼓手脑后束辫正是人面蛇身的扮相，舞步、队行、呼啸是对蛇的举动的模仿，以期获得祖宗的认同和庇护。旋鼓表演时鼓手的行走路线是模仿蛇行之“禹”步，队形变化为游蛇蜿蜒，从另一方面印证了学者的观点。所以说，旋鼓起源于祭祀活动也是有一定道理的。

据旋鼓诞生地滩歌、龙泉相传，旋鼓是由羌族人发明的。粗犷豪放，气势磅礴的武山旋鼓舞是羌族人民在长期的农牧生活和民间习俗中形成的以舞蹈、祭祀为载体，以娱神、娱人为目的的民间舞蹈。武山古称獂道，在夏、商、周及春秋时期，为戎、羌部落所属。羌族是中国最古老的民族之一，起源于上古史前时期。在中国古老的历史传说资料中有许多关于羌人的记载。许慎在《说文解字》中说：“羌，西戎牧羊人也。从人，从羊。”古代文献都把“羌”作为从事畜牧业且以养羊为特色的一个民族。历史上它是以养羊著称于世的民族，至今，在羌族聚居地，仍保留着供奉“羊神”的习俗。羊神的职能是保佑羊儿不遗失、不致瘟疫。由于羌人和羊有着非常密切的联系和对羊有极强的崇拜心理，所以，羌族人发明“旋鼓”也是顺理成章的。

旋鼓表演时少则十几人，多则上百人或上千人，以男性青壮年为主。鼓手们头戴草帽，穿米黄色的对襟上衣和中式裤，套黑色镶大红边的坎肩，系红绸腰带，穿麻鞋，鞋前扎红绒球。他们左手执鼓，右手执鞭，边舞边击鼓面，鼓上下晃动，同时振动下面的铁环刷拉刷拉作响。舞姿活泼潇洒，鼓点清脆响亮，舞蹈动作粗犷豪放。

旋鼓舞表演基本动作包括纵跳、横跨、马步、踮步，上、下、左、右击鼓，转身击鼓，翻鼓，摇鼓槌等。队形变化包括圆形、“十”字形、“8”字形、“S”形、正方形等。他们在总结前人经验的基础上根据自己的实践，创造出许多打击旋鼓的套路。各个套路的击鼓声点、节拍和步伐不同，有“蛇退皮”、“二龙戏珠”、“狮子滚绣球”、“白马分鬃”、“太子游四门”等。随着套路的变化，步伐也随着变化，有时纵跳，有时横跨，有时左右踮步。旋鼓表演粗犷豪放、剽悍威武，鼓声雄浑有力，气势磅礴，场面非常壮观。

每年春末夏初，从农历四月开始，先由儿童敲起，到五月初五端午节达到高潮，端午节晚上“点高山”后便息鼓，以待来年了。活动持续约一个月。活动期间一般以庄为单位，聚集几十人甚至上百人，人手一鼓，组成鼓队。端午节，规模宏大的鼓队从四面八方涌进各地域的中心赛鼓联欢，犹若滚雷，声震山谷。他们或敲鼓心，或敲鼓边，鼓点变化多端。舞蹈粗犷豪放，队形穿插自如，鼓声质朴雄浑，充分显示了武山人民刚健豪迈，乐观向上的精神风貌。到夜晚，各村进行“点高山”也称“迎高山”活动，就是把端午节全村人准备好的柴堆得很高，全村老少兴高采烈地围在“高山”周围，由一人反穿皮袄扮成羊倌的模样，领着同伴烧香许愿，祭奠山神，祈求神灵驱邪除魅，保佑来年五谷丰登。然后由村上德高望重的老人点燃“高山”，鼓手们绕着火堆表演旋鼓舞，往火堆中投“高山馍”，直到“高山”燃尽。由于最初是在山顶举行此活动，所以称“点高山”或“迎高山”。

武山旋鼓舞步质朴优美，简练易操作，很受人们喜爱。当地男性乡民中，无论老少，能敲旋鼓舞者甚众。作为主要乐器和道具的羊皮鼓，他们平时妥善收藏，每年临近端午时拿出来，敲起羊皮鼓，大家载舞联欢，表达他们愉悦的心情。

另外，旋鼓舞也在庙会和春节期间作为一种娱乐活动进行演出，这时的场面热烈而又喜庆，毫无祭祀活动中那种神秘、肃穆的气氛。

在历史上武山是个战略要地，素有“秦陇噤喉，巴蜀锁钥，屯戎要塞”之称谓，武山人崇武尚武之风盛行。《武山旧志丛编》中不同朝代的县志版本都曾记载：人尚争战，而武艺精。（《威远楼记》）从武山旋鼓粗犷、热烈的表演风格中即可展现出他们勇猛与强悍的个性品质。

武山旋鼓舞历经千百年，脉传谱系十分复杂。其传承是非家族性的，在传承的过程中以自愿为原则，多具有社会松散性，因此，旋鼓舞艺人也常是师出多门。

作为鼓文化的一种，武山旋鼓以其粗犷豪放、剽悍威武、浑厚雄壮、气势磅礴的独特风格，已发展成为可以与兰州太平鼓相媲美的又一朵民间艺术奇葩。武山旋鼓是先民们智慧的产物，反映出在与自然界斗争中乐观向上的精神。同时，它也是西北汉子剽悍和豪迈的个性特点在艺术方面的展现，代表着一种团结奋进的力量。作为一笔尚流传在民间的极其可贵的艺术遗产，武山旋鼓值的我们去保护，更需要我们把它发扬光大。

二、武山社火中的断瘟仪式

武山县地处甘肃省东南部，天水市西北部，渭河上游南岸。县境内大部分为黄土高原沟壑区，沟谷交错。由于这里的地理环境独特，文化变迁缓慢，一些习俗至今保留相对完整。从甘肃省武山县韦庄村和清池村正月的“断瘟”仪式（当地也称“送喜神”）中仍可看出古代驱傩的遗迹。

（一）清池村的“断瘟仪式”

清池村的“断瘟”仪式（当地也称“送喜神”）规模很宏大、隆重。每年的正月十八夜里十二点，祭坛仪式在锣鼓声中，在人们的精心筹划中开始了。

正月十八晚一吃过晚饭，人们就来到本村广场做筹备工作。南北或东西正对着设两个坛，至于坛的设置，就是放一张桌子，上面点上蜡烛，桌子后面放一把高高的椅子，桌子上和椅子上都铺有红色的绒布。村里年长的人在坛前上香磕头。同时，两坛中间要点两堆柏火。在十一点左右，开始击鼓，当击第三次时（这时大约十二点），24 个神纷纷来到广场（在这之前是不在场的）。他们分别是马元帅、赵元帅、温元帅、杜元帅、邓元帅、辛元帅、张元帅、陶元帅、庞元帅、刘元帅、苟元帅、毕元帅、二郎神、哪吒、雷震子、龙须虎、周护法、韩湘子、王龙官、孙悟空、土地爷等。上场后，坛后椅子上各坐一位神，其中一位是韩湘子，其他神则站在围坛的长条凳子上，化好妆的神是不能和人说话的，以示神的威严。这些神根据各自的特征，画不同的脸谱，穿不同的服装。戴白手套，拿不同的兵器。以前是不让女性参加祭坛的，现在没那么严格了，男的女的，老的少的都可以来观看祭坛仪式。无论天气多么寒冷，很多人都来观看。有些是外村人，为了看此活动提前赶到，看完再回去，或寄住在本村亲戚或朋友家。里三层外三层的人把祭坛仪式密密地围起来。他们表情严肃，表现出对神的恭敬。

韩湘子开始一个一个地点兵。每点一个兵，此神要到两坛之间做一些程式化的动作，然后来到韩湘子面前拜见，并陈述一席话（由于说话语速比较快，加上方言所致，声嘶力竭，听不清说话的内容）。此时咚咚的锣鼓声响个不停。这时要放一些烟火以增强气氛。每点一次兵都要击一阵鼓，喧天的锣鼓声造成了热闹的氛围和宏大的气势，整个活动充满了神秘的色彩。被点过的神回到原地后由背对群众转为正对群众。

倒数第二个点的神为王龙官，由于他的官位在诸神中最大请不来，所以要三请王龙官。最后一个是土地，土地说一些对其他元帅不满的话，这时点兵结束，这些元帅开始追赶土地。（点完神，即意味着诸神皆已到位，断瘟仪式便正式开始）围观的人们这时纷纷离开，迅速跑到自己家里，等着神的到来。由于土地曾在韩湘子面前说过其他神的坏话，为躲避其他神的惩罚，这时土地要找一个房子藏起来，尽量不让别的神找到，直到断瘟仪式结束才从房子里出来和其他神一块去卸妆。

清池村比较大，这些神要分开去各家转，目的是把每家都转到。这时每家每户屋里屋外灯火通明，敞开门，等着神的到来。村子里锣鼓喧天，热闹非凡，这种场面不亚于除夕夜守岁。有些人家为了照亮道路，吸引诸神来自己家，还要在大门前燃一堆篝火。这些神转到家中遇到女性，用手中的武器轻轻打一下，遇到男性则不打，因为人们认为女性是不能见神灵的。这些神威风凛凛，他们挨户地转以达到驱逐疫鬼、送福上门的目的。

到午夜二点多的时候，村内锣鼓声渐息，这些神几乎每家都转到了。此后到风水先生预先看好的喜神离开的地方点起一堆熊熊大火，当场所有的人都要从火堆上跳过。在当地人看来，经过火的“洗礼”，可以除晦气，避灾难，来年交好运。这时宣布一年的“断瘟”仪式（送喜神活动）结束。

以前清池村每年正月初十左右还要唱戏，主要是秦腔，现在唱戏活动取消了，但仪式隆重，规模宏大的送喜神即断瘟神仪式在每年的正月十八晚上还照常进行。至于此活动的起源，当地人告诉我们，相传韩湘子来到凡间后发现这里的疾病很多，就带领 24 个神驱除疾病，所以这个活动就在本村流传下来了。

（二）韦庄村的“断瘟”仪式

武山县韦庄村正月举行的“断瘟”仪式（送喜神活动），对于它的起源人们说法不一。有人认为是 20 世纪 50 年代从清池村借鉴来的，借鉴来时就是直接化妆的。也有人认为此活动是从朝廷中传来的。但大多数人认同借鉴清池村的说法。规模比较庞大，活动比较完整的只有两次。20 世纪 60 年代一次，80 年代一次，后来举行的比较简略，省去了祭坛仪式，人们直接化妆，挨家挨户地转。

正月初九把喜神请来，所谓“喜神”是指当地人用天干地支推理出来的吉祥的方位，拜“喜神”意味着祈求吉祥。然后，进行为期一周的社火活动。正月十六七傍晚时候，开始举行送喜神活动，当地也称“断（方言，意为撵、赶跑）瘟神”或“送瘟神”。所谓“断瘟身子”一般由三人组成，他们是龙官、黑虎、土地。实际上“断瘟”是一种傩仪，一种驱赶恶鬼、瘟疫、灾难的活动。因为当地人认为闹腾了一场社火，在迎春纳福的同时，也可能招灾引鬼，所以社火结束时，进行祛灾驱鬼的“送瘟神”仪式，祈求在新的一年里保佑全村人的平安。

龙官身穿红衣服，化红脸，身后插帅旗，手拿金印，相当于照妖镜。黑虎一般身材魁梧高大的人扮演，黑衣服、黑脸，头戴黑色五佛冠的帽子，手拿马鞭，用于鞭打妖魔鬼怪，总体造型很有威慑力和震撼力。土地则白胡子，身穿白色长袍，用白粉把脸涂成白色，手拿拐棍。由于土地对当地人家比较了解，所以由土地带路，黑虎跟在后面边走边说“庄前庄后，庄左庄右，一鞭扫出”。

每家每户都要准备水果、水、糖放到桌子上。屋子里灯火通明，门敞开，人们在院子里等着。土地先进门，蹲在墙角，黑虎、龙官随后，黑虎进屋后要大喊一声，用鞭子在空中甩一下，龙官手托金印，驱赶想象中的恶鬼。他们在屋里转一圈后离开。若家里有病人在床上躺着或坐着，黑虎用马鞭在病人身上轻轻打一下，认为这样可以驱走疾病，使病人早日康复。由于土地神位小，所以他与黑虎、龙官不能碰面，先逃离，然后黑虎、龙官再离开。

晚上十二点以前把全村挨家转一遍，然后到被风水先生看好的，喜神离开的地方送喜神。此后和清池村的活动一样，人们燃一堆火，烧掉断瘟活动中的垃圾，在场人跳火，宣布断瘟仪式结束。

韦庄村不是每年都举行的。一般要根据经济情况，人们是否有时间来定。“断瘟神”活动由村民自愿组织，有时也轮流承担。当组织人确定后，他就开始筹措经费，准备活动的各项事务。村民们也很乐意出这份钱来保佑全村乃至自家的平安。本村当年是否有活动，只有在正月初九才知道。

另外，需要指出的是，韦庄村和清池村信奉的是武神，举办“断瘟”或“送瘟神”仪式。武山县的韩川村、周家庄村、令川村等都信奉文神，则没这种活动。每年闹完社火后，这些信奉文神的村庄在正月十六或十七晚上，有一人化装为土地，后一人举灯笼，最后面几人举小灯笼，挨家挨户地转，这些都是男性年轻人。与信奉武神的村庄相比，他们对人力，财力的要求低，举办比较容易。

（三）结语

驱傩信仰产生于周代，而萌发于新石器晚期，敦煌遗书 P3552 载：“除夜驱傩之法，出自轩辕”，与岩画傩舞相吻合。《周礼·夏官·方相氏》记载：“方相氏掌蒙熊皮，黄金四目，玄衣朱裳，执戈扬盾，帅百隶而时傩，以索室驱疫。”到了宋代，民间已经盛行“打夜胡”风俗。《东京梦华录》卷十“十二月”条载：“自入此月，即有贫者三五人为一伙，装妇人神鬼、敲锣击鼓、巡门乞钱，俗呼为‘打夜胡’。亦驱祟之道也。”在《梦粱录》中对此有较详细的表述，该书卷“十二月”条云：“自入此月，街市有贫丐者三五人为一队，装鬼神、判官、钟馗、小妹等形，敲锣击鼓，沿门乞钱，俗呼为‘打夜胡’。亦驱傩之意也。”从历代典籍对驱傩的记载中可看出其都具有索室驱疫的性质，一般也都走家串户。

武山县清池村和韦庄村的断瘟仪式（送喜神活动）在甘肃的陇中地区普遍存在，只是驱鬼者略有变化。而且，在陕西的陇县，史称陇州，有“黑虎”、“灵官”、“关公”、“秦琼”这样的保护神。他们取代了历代驱傩活动中的方相氏，在社火演出后挨家挨户地除晦气、逐鬼疫，同时给人们带来福祉。但他们和古代驱傩活动中的方相氏性质是一样的。清池村和韦庄村的断瘟仪式（送喜神）可以说是与古代驱傩活动是一脉相承的。

另外需要指出的是，韦庄村和清池村的“断瘟神”活动与古代的鬼神崇拜有关。在久远的古代，由于生产力不发达，人们的认识水平有限，面对四季的更迭，草木的枯荣，他们很是惊奇。古代人们认为，事物都是有灵性的，天地间存在各种神灵。面对善神，他们欢快地迎接，虔诚地祭拜；面对恶神，则是威吓、驱赶。每年春节，既是辞旧迎新的日子，又是人们闲暇的时候，人们常常放鞭炮，闹社火。武山县韦庄村和清池村社火后的送喜神、断瘟神活动体现了人们的鬼神信仰。人们把恶神撵跑，愉悦善神，希望在来年里交好运，毕竟祈福纳吉是人们共同的心愿。

韦庄村和清池村的驱傩活动虽然与历史上的驱傩相比有了一些变化，如不再那么复杂，仪式有些简单，渗入了更多的娱乐成分等。但驱傩的内核没变即通过挨家驱疫鬼，断瘟神活动来达到求平安，送吉祥的目的。这是千百年来驱傩活动的共同意义所在，所以说韦庄村和清池村的“断瘟”或“送瘟神”活动与驱傩有着千丝万缕的联系，是驱傩的遗迹。

参考文献

1. 海和平编：《天水旋鼓》，甘肃民族出版社 2004 年版。

2. 海和平编：《甘肃鼓文化探考》，甘肃文化出版社 2008 年版。

3. 中国民族民间舞蹈集成编辑部编：《中国民族民间舞蹈集成·甘肃卷 》，中国 ISBN 中心 1998 年版。

4. 张建龙：《荡漾在古丝路上的武山旋鼓》，《丝绸之路》2003 年第 1 期。

5. 臧耀成：《武山旋鼓》，《档案》2007 年第 3 期。

6. 张建龙：《浅述武山旋鼓及其民俗文化内涵》，《丝绸之路》2009 年第 22 期。

7. 钱茀：《傩俗史》，广西民族出版社、上海文艺出版社 2000 年版。

8. 陈跃红、徐新建、钱荫榆：《中国傩文化》，新华出版社 1991 年版。

9. 李建宗：《仪式与功能：文化人类学视野下的陇中社火》，《黑龙江民族丛刊》2008 年第 4 期。

10. 曲六乙、钱茀：《东方傩文化概论》，山西教育出版社 2006 年版。

11. 武文：《甘肃民俗》，甘肃人民出版社 2003 年版。

12. 陈蜀玉主编：《羌族文化》，西南交通大学出版社 2008 年版。

非常感谢韦庄村村民张奋生、杨八盖对此次调查给予的热情帮助和提供的大量有价值信息。

异彩纷呈的苦水社火

胡颖

苦水，是位于兰州西部的永登县城东南部的一个镇。据《甘肃通志》载：“其地产硝，水味稍苦得苦水地名。”这里每年都要举行以“驱瘟迎春”为主要内容的“二月二，龙抬头”社火表演。

早在西汉元狩二年（公元前121年），汉王朝派骠骑大将军霍去病率万骑，出陇西，渡黄河，北却匈奴，西逐诸羌，遂使河西走廊纳入中央王朝的版图，同时在今永登县境建立令居塞。明朝洪武年间建成苦水堡。在历史上，苦水镇是河西走廊的南部门户，过黄河出西域的要塞，发挥过重要的军事作用，也曾经是东西方文化交流、商贾往来、军旅住息、茶马互市、丝绸运输的重要通道。同时，苦水又是多民族文化交流相融兼蓄，相得益彰的地域。目前全镇七千多户，约三万二千多人，除极少数回族、藏族、满族外，其余均为汉族。

据苦水街村村民，原苦水中学校长，现年七十多岁的巨崇昭老人介绍，苦水镇以前是以羌族为主的众多少数民族聚居的地方。元末明初，陕西、南京、天津的汉民迁入本地，因此这里的社火具有多地域融合的特征。苦水街村是苦水镇较大的村子之一，分南街和北街，这两个地方的社火在苦水镇尤具代表性，并呈现出一定的规模。

之所以在二月二耍社火，一方面是因为“二月二，龙抬头”是流传在民间的一个古老的传说，是百虫之长“龙”苏醒、升腾上天的日子；另一方面，苦水二月二闹社火也和当地的农事活动密切相关。苦水一带，每年春耕播种从正月初七八甚至更早的春节前就开始了，到了二月二播种已经基本完成，农时较闲，正是闹社火的好时节。再者，“二月二，龙抬头”社火也是整个苦水人期待的每年春节期间的重大活动，按照当地人的说法，过年的终结不是正月十五，而是二月二，过了二月二，春节才算过完了，新的一年也将由此开始，因此闹社火不仅可以娱乐，更寄托着当地人希望来年农业风调雨顺、五谷丰登的美好愿望。

一、苦水社火的渊源和程序

苦水社火的渊源有两种说法。其一，相传自古以来苦水良田沃壤，风调雨顺，百姓生活富足。在苦水街村东，有一座山叫长山岭，状似一条巨龙。在明代以前，这里山清水秀，绿树成荫。明朝开国皇帝朱元璋的大军师刘伯温途经苦水街村，发现长山岭是一道龙脉，当即拔刀斩断龙身，赶走龙魂，至今长山岭还有“斩龙岘”的地名。此举造成连年大旱，长山岭和整个庄浪河流域的绿树就逐渐枯萎了，最后完全变成了荒山秃岭。为了祈求甘霖，当地百姓扎起纸龙，在锣鼓伴奏声中舞龙行祭，果然，老天降起了喜雨，大地丰收，农民重新过上了好日子，从此以后，苦水百姓在惊蛰节气前后的二月二，舞大龙，闹社火，延续至今。其二，相传在远古时代，苦水堡的人们过着非常贫穷的生活。后来堡的东面长山岭上来了一条黄龙，堡的西面青土山来了一条青龙。二龙吐珠赐给苦水堡，让这里的人过上了好日子。可好日子没过多久，有一年，来了一名妖道，要斩杀这两条神龙。此事被苦水堡南北街的智者知晓，他们便装扮成天神天将与妖道厮杀，最终斩杀了妖道。人们为了纪念这件事便在每年正月底二月初，北街、南街民众扎起黄龙、青龙，敲锣打鼓扭秧歌闹社火，既赞颂黄龙、青龙的功绩，又祈求好日子能够永驻人间。这种说法在当地人尤其是老年人中广为流传。

苦水社火的程序由春官发牌、栽杆（或踩表）仪式、扫街、社火表演、送瘟、倒宝幡杆（或倒踩表仪式）等几部分组成。

春官发牌。社火表演自正月二十日左右的春官发牌开始（这一仪式在当地被称为“发令牌”）。此项内容相当于社火的准备时期。其时将乡中有威望的人聚集起来，举行社火的筹备议事活动，并经村民议论推举选出“社火头”及各项活动的领班司事，发出当年社火会的“会令”。“发令牌”仪式后，各领班司事接令而去，按不同的分工去做准备。

栽杆（或踩表）仪式。正月三十日下午，南街要举行立宝幡杆仪式，北街则举行阴阳踩表仪式。

立宝幡杆也叫“挂幡”，是当地一种由来已久的传统民俗，意在求吉祥、驱邪恶。南街立宝幡杆仪式于农历正月三十日下午一时左右举行，届时苦水镇南街人组成浩浩荡荡的挂幡队伍，队伍之前由封存了一年之久的太平鼓助威开道，最前面是四名扮成“神汉”的青年男子，他们手持旋鼓，一路跳着规定的舞步（当地人称这阵势为远古先民的舞蹈），一路击打，最终到达事先选定的街道中的显著位置举行挂幡仪式。仪式由一系列的程序组成。首先是立宝幡杆。宝幡杆一般高五丈五尺五寸，直径约一尺左右，其顶部插一太极八卦杏黄旗，下面是一个六角宝盖，宝盖正中上部为九“莲”宝灯，之下悬挂着吉祥幡。“吉祥幡”长十余米，宽约五十厘米，上书“奉请本方土主、山神、牛王、马祖、花果、水草、蚂蚱、虫蝗诸神保佑我方阖家老少，如意安康，风调雨顺，五谷丰登，六畜兴旺，生意兴隆、财源茂盛，文有文品，武有将才，心想事成，大吉大利！”宝盖六角悬五尺长的飘带，上面亦书祈请之言。宝盖可悬之处均垂下细线，缀上甜枣、核桃、宝珠、金穗、糕点、麻花、水果糖等。宝幡杆立好后，鸣炮、敲锣打鼓，神汉们再次跳起敬奉天神降临仪式的舞蹈。稍后，司仪出场，他头戴礼帽，身穿长衫，指挥大家敬拜诸神，社火会会长及众乡民均长跪于宝幡下，焚香，燃灯，叩拜。再后是法师诵经祈祷。法师一般头戴紫金冠，上插黄表折，脚蹬黑色长筒靴，身穿黄绣衣，上着红马甲。他击打羊皮扇鼓，身体不停地作出各种简单的舞蹈动作，同时诵经祈祷。之后宣布栽杆仪式结束。其后从初一到初三连续三天，每天法师都要出场表演，一直持续到初三下午倒杆为止。

与此同时，北街民众要栽踩表杆，并要在栽好的表杆上挂“表条”。踩表仪式又叫“阴阳踩表”，具体细节因不对外公开，至今不得其详，需进一步考察。据说这极像道家的宗教礼仪，与南街的立宝幡杆仪式迥然不同。

扫街。正月三十晚上鼓手们打着太平鼓，挨家挨户地在全村转一圈，名曰“扫街”，意在驱除秽气，场面亦相当宏大。

社火表演从初一到初三，共三天三夜。据统计，苦水社火最多时参与人数达到三千余人，最小的年仅五岁，最大的高龄七十多，观众有五万人之多。其隆重程度以及在百姓心目中的地位由此可见一斑。白天表演的内容主要是太平鼓、秧歌、腰鼓、高高跷、铁芯子、街头小品等。到晚上，人们主要去苦水街的街道上赏灯、观“夜社火”。夜社火主要以滚灯、牌灯、舞龙为主要表演内容，一般从八点左右开始，到各家各户的接龙仪式结束后已将近十一点左右。

送瘟仪式包括苦水在内的永登各地在社火闹完后都有送瘟仪式。其时，每家每户准备好神钱、纸钱、供品，社火队经过家门时，五祖爷（也称弘忍大师）一手拿长麻鞭，一手端点着的酒碗，另有一群人敲锣打鼓进入院内，打响麻鞭，大声吆喝，转遍院内犄角旮旯，意在驱赶灾疫。最后收走纸钱、供品等，事后拿到河边请神处烧掉，同时念诗诵经，打发各路神灵回府，送瘟仪式结束。该年的社火也就画上了句号。

倒宝幡杆（或倒踩表仪式）仪式在三天的社火表演结束后，南街要举行倒宝幡杆仪式（北街则举行倒踩表仪式）。倒杆仪式前，参与表演者按规定脱掉闹社火的服装，并和村民们一起将散落在地上的幡条、表条与闹社火的废弃之物撒到山涧或河中，据说这样能求得来年好运。倒杆仪式时，众乡民仍长跪于宝幡杆下，焚香，燃灯，叩拜，奉请诸神归位，这时法师击打羊皮扇鼓，诵经祷告。宝幡杆徐徐倒下，数千乡民纷纷争抢宝幡饰物，以应所许之愿。而“天神”散食时，食物从空中落下后，人们亦纷纷抢食，据说吃了吉利，特别是青年未育媳妇儿吃了，可以喜得贵子。

二、苦水镇社火的艺术形式及社火人物

苦水社火不仅内容品类繁多，规模宏大，既有北方常见的旱船、舞龙、舞狮、铁芯子等，也有太平鼓和世界高度第一的踩高跷，在甘肃有一定的代表性和研究价值。现分别描述如下：

（一）社火中的苦水太平鼓

苦水太平鼓，顾名思义，象征江山统一，天下太平，有“天下第一鼓”、“中华鼓王”之盛誉。据说太平鼓在永登成名是在元末明初，明朝大将徐达西征，久攻庄浪卫（现永登城）不克，始创三尺鼓，命令军士藏兵器于鼓内，扮成闹社火的民众混入城中并最终攻克之，遂靖战事，百姓称此鼓为太平鼓。1985 年，河西镇乐山坪出土了距今四千三百多年的新石器时代马家窑类型的彩陶鼓，史学界称它为鼓的“鼻祖”，它和今天的太平鼓外形极为相似，被看做是太平鼓的雏形。由此推算，太平鼓的历史当有四千三百多年之久。因此，永登被誉为太平鼓的故乡。

苦水太平鼓，鼓呈圆筒形，鼓帮以木料制成，两边都蒙着厚实的牛皮鼓面，通体呈完整的圆柱形，长约 75 厘米，直径约 45 厘米，鼓身重十余斤不等。鼓帮外表涂以红色和黑油漆，并用泥金饰以龙狮、牡丹等图案，两头边缘部分则用花边装饰。鼓面皆用“八卦”围绕太极图饰之。在鼓帮的两头，钉有两只铁环，用以拴绑背带。苦水太平鼓击打时不用木质鼓槌，而是用麻绳和皮条布条拧成的鼓鞭。击打的基本形式有蹲地式、骑马式、跳跃式、托举式、翻身式。打法分单鞭、双鞭两种。苦水太平鼓是一种边击鼓边舞蹈的群鼓舞，表演方式

有行进式和原地式两种。20 世纪 80 年代以前，鼓手全是青壮年男子担任，少则一二十人，多则四五十人甚至更多。而现在已打破男女界限，苦水的中青年妇女也加入到社火队中，为观众增添了新的看点，并且还增加了少年太平鼓队，鼓手亦不分男女，是一些中小学生，只不过他们的鼓的体积较小而已。

苦水太平鼓的节拍鼓点：

据当地人讲，由于苦水太平鼓的体积较大，鼓舞的动作幅度也大，所以，击鼓的节奏都比较缓慢，鼓点也比较单纯，但都含有一定的含义。“咚—咚—咚，咚—咚—咚”，叫做“三点水”，意为“今年好，今年好，明年更比今年好”。“咚—咚，咚—咚”，叫做“单条”，在不同的场合有不同的含义，比如，正月三十晚上“扫街”时鼓手们都要打着太平鼓，挨家挨户地在全村转一圈，意在驱除秽气，这里打单条，含义就是“逐瘟！逐瘟”，但在喜庆的场合打单条，其含义就变成了“太平！太平！”如此等等，不一而举。

苦水太平鼓的具体打法分为低鼓、中鼓、高鼓三类。

低鼓。鼓的背带较长，鼓置于鼓手的脚面。行进时鼓手左脚背顶鼓而行。表演时鼓基本上贴于地面，鼓在左、右、前、后、闪的抡打时右腿跨鼓，左小腿和脚内侧将鼓夹起来进行旋转，也可以两脚交换做此动作。

中鼓。将鼓置身于鼓手膝关节下方，这时鼓完全失去支撑点，鼓手要在一系列的动作中完成击鼓，还要加上双手鼓条和鼓花在头顶缠绕的动作和亮相等的表演技法。这对鼓手身体的动律，双手的舞动，相互对鼓的击打配合，要求是极为严谨的。

高鼓。鼓身置于鼓手的胯部。表演时左手撑鼓，利用鼓的自重和运动时的惯性甩带抡挥，形成人鼓翻飞的壮观场面。常用的打法有“鹞子翻身”、“二踢脚加劈叉”、“扫堂腿”、“燕式跳”、“猛虎下山”等技法。高鼓以它昂扬的气势，宏大的场面，高超的技巧成为“黄河激浪”、“麦浪滚滚”、“铁壁合围”、“三羊开泰”、“万马奔腾”等阵法的必取素材。

另外，苦水太平鼓在表演中非常讲究阵法的布局。鼓队由一面金龙大旗为先导，锣钹等铜器击节响应，数十名乃至几十名鼓手列队相随，鼓队在金龙大旗的指挥下变换阵法。每个阵法都有其固定和明确的阵势以及对低、中、高鼓的穿插应用。

（二）社火中的高高跷

苦水“二月二，龙抬头”社火队伍中的高潮也是最精彩的表演项目是高高跷。它是当地一门祖辈相传的民间表演艺术，也是农历“二月二，龙抬头”社火中的一个传统的保留节目，已入选国家级非物质文化遗产保护项目名录。据巨崇昭老人介绍，高高跷的表演历史极为悠久，相传从元末明初就已开始，距今已经有七百余年。

苦水高高跷的突出特点是跷的高度。据原苦水街村支书和几位从小玩高高跷的老者介绍，历史上苦水街就有两个高高跷社火表演队——南街社火会和北街社火会。苦水高高跷的高度是南街、北街两个表演团体在相互比拼中慢慢升高的。事实上，这种在竞争中不断提高技艺、高度的现象应该从高高跷产生之日起就存在了。巨崇昭老人说，明洪武十三年前，来苦水的移民较多，每年春节，来自不同地方的人们将家乡的各种民间技艺集中到社火上进行展示，高高跷就是其中之一。起初高高跷是二尺至三尺，通过几百年的竞技和演变，高度不断拔高，20 世纪三四十年代高高跷升高到八尺至九尺而成为名副其实的高高跷，到了现在，苦水街的高高跷已达到 3.5 米至 4 米，加上表演者的身高，可达 4.7 米到 5 米，村民都通俗地把它叫做丈二高高跷。单是看绑高跷，就足以令人胆寒。3 米多高的高跷，绑扎时要坐在房檐上，才能够得着。制造高高跷的材料，是上好的松木，脚蹬用柳木。

高高跷上的人物是有装扮的。过去装扮的主要是天神和当地农民信仰的与农业有关的神，如玉皇大帝、雷神、山神、土主、牛王、马祖等，表演时脸上要戴面具，后来逐渐演变为装扮结局完美、吉祥如意的剧本中的人物。现在苦水街高高跷主要以传统秦腔本戏为主要表演内容，比如《杨家将》、《杨门女将》、《辕门斩子》、《赵飞搬兵》、《白蛇传》、《西厢记》、《铡美案》、《大闹天宫》、《游西湖》、《东吴招亲》、《大登殿》、《龙凤呈祥》、《劈山救母》、《打金枝》、《周仁回府》、《升官图》、《百寿图》、《黄河阵》、《万仙阵》等。表演时表演者穿上传统的戏剧服装，画上秦腔剧中人物的脸谱，拿上宝刀、金戈、法器、拂尘、扇子等道具，脚用九尺红布罩着，由低到高排成长队，在太平鼓强大阵容的引导下，沿街向观众们展示他们高超的技艺：在窄窄的街道上手舞足蹈，一步三摇，不时摆动手中的道具，恰如天神天将从天而降，甚是威武壮观。

高高跷的人数多寡，往往由扮演一出戏的剧中人物的多少来定，剧中人物多，踩高高跷的人就多，反之则少。传统踩高高跷都是男子的专利，而现在，苦水街的年轻女子也加入到踩高跷的行列。

苦水高高跷的流传主要靠当地人世代口传心授，自娱自乐。关于它的历史，从它产生至今基本上没有文字记载，没有相关的历史资料。目前，苦水街表演高高跷的人多达上百，且以二三十岁的年轻人居多，真正挑大梁的则是一些初高中学生。高高跷讲究童子功，每个高高跷好手都是从小练起，先踩小高跷，熟练后再练踩四至五尺的中高跷，到了十六七岁练踩八尺到丈二的高高跷。对掌握高高跷方法要领，当地人总结的简明扼要："松紧合适绑跷腿，沉稳踏实不慌张，胆大心细迈步稳，用劲挺腰目远望。"

要练就踩高高跷的绝活，除了技艺，对身体素质也有很高的要求，否则身穿服饰，两脚要提起二十多斤重的跷杆，手里还要拿着道具行走表演近三个小时，将是一件很困难的事。苦水街的高高跷毕竟是一项充满刺激的高难度、危险性较大的民间非物质文化遗产项目，尽管不愁后继乏人，但面临的问题还是很多，比如，高高跷艺术资料的挖掘整理，表演者的人身保险，表演道具服饰以及场地等，这都需要民间政府等各方面的大力支持。

（三）社火中的铁芯子

在苦水社火中，铁芯子又叫"亭子"、"抬社火"，是将眉目清秀、体态轻盈的小孩装扮成戏剧角色，绑在 3 米到 5 米高的芯杆顶部，由几名壮汉抬着摆出各种造型用以表现戏剧情境的一种高难度民间技艺，也是苦水社火表演的又一绝技。

铁芯子先要根据表演内容设计铁拐，也叫芯台——用一根或几根木椽或铁杆，在椽或杆的顶端用铁棍弯曲成所需形状作骨架，并饰以彩绸、花朵等。

然后将孩童"捆、绑、扦"在芯台上，芯台上的人物一般累叠三层，有的层数更多，一般情况下人数的多寡取决于剧情需要。表演时由几名壮汉抬着铁芯子，使芯台上的人物好似凌空垂悬，装扮固定好的孩童还要在壮汉的行进中进行表演，作出各种简单的动作或造型，在高空中制造出晃晃悠悠，摇摇欲坠，惊险壮观的艺术效果，令人感到险象环生！"芯子"讲究的就是"高、惊、险、悬"的特点，以巧取胜，设计别出心裁，人物或立于刀尖之上，或站于股掌之中，显得奇妙而惊险。

孩童们装扮的一般是历史、神话戏剧人物，且多为具有英雄侠义色彩的人物，画脸谱、着戏服、拿道具。较有名的铁芯子剧目有《李彦贵卖水》、《李三娘推磨》、《哪吒闹海》等。如《卖水》中的黄桂英，站立在李彦贵的扁担头儿上；《八仙过海》中荷花在高空中绽放，而何仙姑则站在荷花之上左右旋转；《蟠桃会》里的七仙女会摘下"仙桃"抛向人群。最高处的演员则曼舒广袖，随着铁芯子队伍缓慢前行轻轻摆动身体。

高高跷中应用了物理学原理，虚实相生，真假混同，把结构奇巧的铁棍绑扎成"空中舞蹈"，显示了民间艺人高超的智慧和才能。

（四）社火中的木偶戏

紧随铁芯子队伍之后的是木偶戏表演。木偶是永登地区群众喜闻乐见的古老表演艺术，当地人把木偶称为"肘猴子"。苦水木偶，是苦水老辈人传下来的绝活，目前主要的传承人有王增邦、苗高庸、王培德等老艺人。据苦水镇文化站站长缪正发和苦水街村村支书苗宝山说，明朝时苦水就有了木偶，作为古丝绸之路驿站的苦水曾鼎盛一时，晋商在苦水做生意者较多，带来了"高跷"、木偶等技艺。新中国成立后，永登苦水木偶很兴盛，木偶在苦水演出主要是连台本戏，如《封神演义》、《三国演义》等。在近四十年里，苦水木偶除了在"二月二"社火里露面外，几乎失传了。"文化大革命"中"破四旧"使之前的木偶几乎荡然无存。幸喜在 2003 年，兰州市群众艺术馆唐正光副馆长在永登调查了解非物质文化遗产时，发现老艺人王培德的孙子王克福家里保存有木偶的道具、戏服，遂给予各方面支持，使这一民间艺术能够传承下来。

苦水木偶偶头大多数由红胶泥、纸筋胶泥和麻绳混合后捏成，所以当地人又把木偶称为“泥头子”，也有少数木偶为木头雕刻而成。制作木偶的匠人，大都是家传手艺。现在苦水街村的王克福会制作木偶，就是继承了其爷爷王培德的手艺。苦水木偶的造型、脸谱生动夸张，且生、旦、净、末、丑一应俱全，不同的木偶脸谱和唱腔表现着不同的人物形象。据王克福介绍，过去偶头用木雕，大小若拳头，脸谱程式化，戴上胡子是须生，卸下胡子是小生。近年经过改进，头用石膏翻模，纸壳脱胎，轻巧结实。木偶头根据人物性格精心设计，并用拉线、拔棍等装置使眼、眉、口、舌、耳都能活动，加上搭脚、带腿，把呆板无情的木偶变成了表情丰富的剧中人物。

苦水木偶主要是杖头木偶，唱腔以秦腔为主，也会表演当地一种极为悦耳动听的民间小曲“下二调”。木偶一般由一人或数人操纵，操纵人根据唱腔和道白，充分发挥木偶轻便灵活的特点，在有限的空间里，演出丰富多彩的剧目。他们在幕后一边说唱，一边左手举木偶，右手撑手杆。一个娴熟的木偶演员，能使木偶作出提袍甩袖，骑马舞刀，翻转武打，摇扇捋须等各种灵活、干净、利落的动作来。无论是彩带飘飘的仙女、滑稽逗趣的小丑，还是名媛闺秀，帝王将相，都表现得栩栩如生，活灵活现。而木偶戏这种“真人唱，假人演”的表演特点使演出十分生动有趣，在现代人看来仍具有很高的娱乐欣赏价值。

目前的木偶戏大多数是村民们自编自演的，一般取材于《三国》、《东周列国》、《隋唐演义》、《水浒》、《杨家将》等历史传统戏剧。近年来也有创新节目，如自编自导的民间小调眉户剧《夫妻观灯》。苦水镇的施统昌、苗高庸、王培德等老艺人既能制作木偶，又能表演又能唱，手艺颇多，从敲锣打鼓吹唢呐拉琴到提线操作木偶唱台词，样样都能拿得下。

（五）社火中的下二调

下二调是流行于永登县苦水镇的一种地方小曲，是皮影腔的一种，形成于明代。据说，秦腔一般用七声音阶的 G 调演奏，下二调则是用比 G 调低两个音的 E 调演奏，故名“下二调”。下二调的主要曲调为“哭盲”和“太平调”，唱腔有散、二六、摇、慢等 8 个板路。该曲和秦腔板路近似，有苦音、花音、滚板、阴司板等。乐队一般由 4 人组成，伴奏乐器为二胡、三弦、笛子、梆子、唢呐及一些打击乐器。唱段落板时都有较短的帮腔，听起来比秦腔文雅悦耳，又有着一般小曲没有的苍劲，是具有苦水地方特色的传统剧种。演出时，演员一般有简单的化妆。据当地人说，下二调在苦水已传唱四百多年了，甚为苦水人所好，每逢过节或喜庆、丧葬之仪，均有演唱。苦水的木偶戏、灯影也都配以下二调。

据苦水街的老人们讲，苦水的秦腔与下二调是一对姊妹花。过去，苦水人举行大型庙会，给方神土主、花果爷还愿时，请小戏班，就是木偶戏、皮影戏。一般白天唱木偶戏，晚上演皮影戏，皮影戏的前半段用秦腔唱腔唱，后半段用下二调唱。

著名的下二调老艺人有上新沟村的巨理保、转轮寺村的苗兰亭、苗高墉等。新中国成立后，这一曲种已引起兰州市文艺工作者的重视。1963 年，永登县文化馆先后多次组织到苗高墉家中，研究整理下二调，写出了用下二调演唱的《玫瑰之乡花更红》一歌。20 世纪 80 年代，县文化馆又派周群到苗高墉的徒弟苦水头道河的张贤德和十里铺的邓富生家里，研究整理下二调，写出了下二调的神话折子戏《香山寺还愿》。近年来，排练演出的秦腔、下二调曲目主要有《二进宫》、《铡美案》、《出棠邑》、《花亭相会》、《放饭》、《杀庙》、《斩秦英》、《黑虎坐台》、《赶坡》、《祭灵》、《游龟山》、《别窑》等近 20 部历史传统本戏和折子戏。

（六）社火中的春官、瓜娃子、傻公子、丑婆子、大头娃娃等形象

苦水社火游行、驱瘟队伍中还有一组引人注目的形象，即春官、疯婆、瓜娃子、丑婆子等。春官由能说会道者装扮，往往吉庆喜话出口成章。他们头戴乌纱帽，身着官服，颊戴三绺胡，手拿一把小笤帚或鹅毛扇，作出清扫的动作，象征为人们扫尘除秽，驱疫避邪，口中常念诵着诸如“老爷我今日带了一身喜气，路过此地，人寿安康，百业兴旺，福禄无疆……”之类的话语 。春官的随从是被称做“衙役”的，他手执竖牌，上书“风调雨顺”、“五

谷丰登”、“物阜年丰”等字样。观众则争先靠前让春官的扫帚或扇子扫到自己，以期扫掉种种晦气。

“疯婆”，又称“风婆”、“捣大妈”、“蛮婆”，是跟“雨师”相应的“风姨”的形象，在神话里是司兴风降雨的神，在社火队伍中，一般二或三或五人不等。她们常常男扮女装，戴头花，耳垂吊着红辣椒或红枣，其脸部化妆类似戏曲中的彩旦形象，奇丑无比。她一手抱着小孩状道具，这小孩的形象类似玩具娃娃大小，然而却是代表神灵的，万不可亵渎，当地流传着有人不尊敬神灵娃娃遭到报应的故事。在民乐等地的社火中，抱的就是供奉在寺庙里代表神灵的木质娃娃，另一手握棒槌，用夸张滑稽的大幅度动作扭来扭去，令人捧腹，同时，疯婆也是逢人就说吉利话。

傻公子、丑婆子，又称王爹、王妈，是两口子，穿插于秧歌、腰鼓、舞蹈队伍中。丑婆子嘴角点颗大大的黑痣，手里拿着一根大棒槌，有时还拿用麻绳纳的鞋底子，颠着小脚边走边扭，还时不时地抛媚眼，逗引观众捧腹大笑。她的老伴儿傻公子则头戴一顶小礼帽，脸上挂一副大号墨镜，留一撮山羊小胡子，嘴上抽着大烟袋，手里拄着一根歪七拐八的拐杖，踩着鼓点扭来扭去。

瓜娃子（按，方言，即傻孩子之意），涂黑脸，头戴草帽，身穿大红或大绿服装，腰系一草绳，憨态可掬，手执一条铁链，沿街讨喜。

在永登各地社火中均有大头和尚戏柳翠的故事。当地的传说是：从前有座深山，山内的一座古寺里有棵大柳树，柳树经过千年的修炼变成了一位俊俏的姑娘，取名柳翠，她偷偷恋上了古寺里的一个大头小和尚。一天，乘人不备，柳翠主动接近并挑逗小和尚，使他忘记了佛门戒律，与柳翠尽情的玩耍、嬉闹……社火队伍中的大头和尚戴大头面具，手持蒲扇或拂尘，柳翠亦戴大头面具，手执帕巾，两人随鼓点以哑剧形式追逐、戏舞，做扭、摆、追、拉等动作，十分诙谐、幽默。

还有白头、白眉、白胡子的“土地爷”，古装打扮，背着炒面袋子笑容可掬的走在队伍中，人们纷纷向他伸出手讨要炒面吃。腊花姐们儿则在笛子、二胡、三弦等乐器的伴奏下，高唱以苦水下二调和苦水老调为主的民间小调，挥绸扇舞，翩翩行进。

（七）社火中的旱船

由竹子，木条等扎成船形，长六尺至一丈，宽五尺左右，外蒙彩布，再用彩纸或彩绸黏糊，加以小灯笼、碎花、彩条装饰。因撑船是力气活儿，所以“船姑娘”多由青年男子所饰，扮成“船姑娘”的男子钻进船舱驾船，人们隐约可以从船窗里看见，船撑起来大概在“船姑娘”的胯部，而“船姑娘”的下半身几乎被船身给遮住了。表演时，“船姑娘”驾着船随着鼓点，踏着莲花碎步，犹如船在水中行驶一般，而“老船翁”则由女子化妆反串，戴斗笠，挂胡须，手拿浆板，跟着鼓点舞动在船的前面，口中还不时哼着船歌。

（八）社火中的竹马

用竹子做骨架，扎成马形（也有驴形），并以黑绸或彩纸装饰，表演者腰围竹马，宛如骑马一样，男女成双成对，编队穿梭奔驰、跳跃、对唱、乐感强烈，节奏鲜明，气氛热烈。

（九）社火中的舞狮

苦水社火里舞狮子是由双人舞的形式。一人站立舞狮头，一人则弯腰舞狮身和狮尾。舞狮人全身披包狮被，下穿和狮身相同毛色的狮裤。苦水狮子有“软”、“硬”之分。软狮子又称“文狮”，表演时讲究表情，金毛抖抖的狮子，有瘙痒、抖毛、舔毛、眨眼等动作，也有难度较大的吐球等技巧。惟妙惟肖，逗人喜爱，“硬狮”又叫“武狮”，主要的看点是引狮人用绣球逗引狮子时的几路干净利落的拳脚功夫。被称做“舞狮郎”的引狮人一般扮成古代武士形象，手握旋转绣球，配以京锣、鼓钹逗引狮子。狮子在“舞狮郎”的引导下，表演翻腾、扑跃、跳跃、登高、朝拜、“踩四门”等高难度动作。狮子为百兽之尊，形象雄伟俊武，给人以威严、勇猛之感。古人将它作为勇敢和力量的象征，认为能驱邪镇妖，保佑人畜平安，祈望生活吉祥如意，事事平安。

（十）社火中的舞龙

舞龙是二月二社火中的又一大亮点，也是压轴大戏。南、北两街各出一条龙，南街扎青龙，北街扎黄龙，这与前述当地的传说相吻合。每条龙有二十多米长，各由二十来个小伙子用木杆擎起，上下有序舞动，左右穿插，极有气势，尤其是两条龙在街中心相遇时，都会比拼一番，经常将社火的气氛推向高潮。青龙左右盘旋，上下飞舞；黄龙前后翻转，摇头摆尾。舞龙者手持火种，扬撒松香与豆面做成的混合物，燃起团团火焰。随着火舌的喷出，两条巨龙时而翻舞交错，时而长驱奔腾，在人群中上下左右翻腾，在当地人看来，“二月二，龙抬头”这天的龙最为神灵，不论何人，若在今日沾得“龙气”，则能驱邪纳福，老人延寿，小孩无病。因此，当龙缓慢前行时，沿街的人们纷纷穿梭于龙身下，尤其是龙头下，希望沾得“龙气”。

关于苦水二月二舞龙的风俗，有这样一个传说故事：唐朝，武则天篡权，改唐为周，天皇大怒，命龙王日日夜夜向人间降雨，于是庄稼被淹，房屋倒塌，人们断了生路。龙王看此情景，于心不忍，停雨。天帝知后大怒，将龙王打下天庭，压在一座山下，又在山顶上立了块石碑，上面写着：“玉龙停雨犯天规，当受天宫千秋罪。若想重登九霄阁，金豆开花方向归。”百姓得知后，四处寻找金豆，偏巧在二月二这一天发现了闪闪发光的包谷，炒一炒不就开花了吗？于是各家各户把炒好的包谷供到玉龙身边。玉帝看见金豆开花了，便命天兵天将搬掉了压龙的大山。从此每当二月二，家家都要炒包谷炒豆，纪念玉龙抬头。苦水舞龙，更是以龙期盼着风调雨顺，有个好年景。也是上述动机和目的，使龙在二月二的社火中占有重要地位，一般在社火演出前一天，村民们要举行“请龙仪式”：他们敲锣打鼓，引龙到附近的河畔，无河流的地方则在井边。先是春官进行一番祷告，并拿鹅毛扇蘸河水淋龙身，或引龙首蘸河水，意为敬请龙王爷大驾光临此地，喜降甘霖，保此地风调雨顺，五谷丰登。之后，将龙供奉于庙堂之上享受香火。

真正到了表演社火的时候，“接龙”更是体现龙崇拜的重头“大戏”。接龙有接龙的规矩，是夜家家需备香案，供酒菜、面点，有钱人家则要供“三牲”以显其富有。彩龙舞到自家门前时，全家老少出门燃放爆竹，躬迎神龙到自家庭院表演，以便多得“龙气”。神龙进得农户庄院，舞起“龙盘柱”、“踩四门”等套路，神龙所到之处，人们认为可以赶走晦气，保佑该户未来健康平安、六畜兴旺、五谷丰登。因此常常是被张家迎，李家接……从撑灯时分到深夜，舞龙人几乎没有停歇时间。对于“舞”龙当地人总结出五大功能：一是“祈”，即祈雨祈福；二是“娱”，即娱神娱己；三是“显”，即彰显神威；四是“旺”，即旺丁兴族；五是“唤”，即春天已到，连龙都苏醒抬头了，大家也都要行动起来。

（十一）社火中的滚灯

苦水社火中的滚灯可谓别具一格，也是夜社火中的主要表演项目。滚灯由灯和架两个部分组成。灯呈圆球形状，直径约 40 厘米。灯罩分内外两层，内层固定，并稍小于外层，用透亮白纸糊成，里面点着蜡烛（如今多为电灯代替），外层可以转动，上面绘有各色图案，并贴有彩色纸穗。这个圆形双层灯，安置在一个宽 0.45 米，长约 1 米，轻便灵巧的 A 形木架前端，因灯罩如球，可绕轴灵活滚动，故名谓“滚灯”。

表演时，舞灯者做举、走、滚、跑的各种动作。当彩灯高高举起时，灯在架上旋转，灯光闪闪，好似繁星一片。滚灯队随社火鼓点，缓慢走动时，灯上图案显明夺目，各具千秋。当舞灯人快速跑动时，滚灯队像一条奔驰的火龙，急速向前。凡此种种，不一而足。

由上观之，永登苦水“二月二，龙抬头”社火表演项目丰富多彩，规模宏大，在甘肃也是首屈一指，颇具代表性。而其每一种表演技艺和表演形式都是围绕着驱邪禳灾、求祥纳吉的核心目的进行的，体现出古老的傩俗、傩文化的现代遗迹，其中，高高跷、春官、大头娃娃、舞龙、接龙更是历史悠久，有很高的挖掘、保护、传承价值。

学生邓双玲、徐世荣为此调查报告做了许多调查、收集材料的工作。此外，除文中提及者之外，胡学武、薛子厚、王培德等民间艺人，高高跷传承人薛树华、曾任苦水街村支书的甘培升等人也为本文提供了相关信息。在此一并致谢。

拉卜楞寺『七月法会』中的『哈钦木』

胡颖

“哈钦木”是拉卜楞寺七月法会的一项重要内容。七月法会，藏语称“登贝柔扎”，俗称“七月说法会”、“七月劝法会”、“米拉劝法会”，相传是由格鲁派始祖宗喀巴大师亲传弟子、哲蚌寺创建者绛央却杰（1379—1449年）为纪念护法神和法王而创立的。甘肃夏河县拉卜楞寺的七月法会开始于二世嘉木样久美昂吾（1728—1891年）时期。二世嘉木样大师入藏学法，回寺时，将这一法会形式引入到拉卜楞寺一带，其后三世嘉木样洛桑图旦久美嘉措对此大力推广，贡唐仓三世丹贝卓美（1762—1823年）倡行至今。会期从农历六月二十七日至七月十五日。法会由闻思学院主持，六大学院联合举办，会场设在大经堂外的多加塘广场。

法会主要有两项内容。第一项是宗教大辩论，俗称“辩经”，第二项就是七月初八举行的“哈钦木”（又名“米拉劝法会”、“哈欠木”、“哈羌姆”、“米拉羌姆”、“夏羌姆”、“桑羌姆”、“鹿狮舞”）：举行法会的当天清晨，首先在寺院大经堂背后晒佛，同时在冬季讲经台上瞻仰陈列的历代嘉木样大师及大活佛的遗物，并供信徒们朝拜。午时，嘉木样大师和四大赛赤、八大堪布以及各囊谦活佛全部登上大经堂前殿二楼的前廊。前殿楼下前廊左侧为在职僧官的席位，右侧为一般高僧的座位。来自各地的僧俗观众则聚集在石板广场前，围成半圆圈，内层是本寺僧人，外层是俗民观众。场中央，面对前殿置两把座椅，场内右侧有执锣、鼓者各一人，执钹者二人，吹长筒号者一人。在乐队简单的过门中，“哈钦木”即米拉劝法会开始了。

米拉劝法会表演的是至尊米拉日巴劝化猎人贡保多吉的故事。可分为七场（段）：

第一场，阿杂拉（a tsa ra，“阿杂拉”为印度语，意为游方僧。或以为此语系印度语“阿阇梨”的音译，意即规范师）首先出场，他头戴螺纹帽，鬼面，曲发，有彩色胡须，右臂系绕红带，手执黑白相间的法杖，进场以平转技巧结合摆身掘头等动作挥舞一阵，表示严正净土之意，算是探路扫场。

第二场，另一位与前者打扮相同的阿杂拉引领两头白身绿鬃狮子出场，他手执绣球和彩带，在前面驯导狮子翩翩起舞，狮子有摇头、摆尾、打滚、跳跃、跑场等动作，并向贤士圣哲献花以表示对佛的崇敬。据载，两个狮子代表着保护释迦牟尼宝座的八个狮子。舞罢，下场。

第三场，鼓钹齐鸣，两名“德合召端”（土地主宰神）出场，土地神头戴黄色遮帽，黄脸、白颈、白发白须，手持旗帜，腰缠绳圈，绳圈上吊着二十来条黑白扭缠的短绳。他俩急速旋转出场，腰上的绳条如花伞般撑开，旋转数圈朝拜大经堂后，即绕场撒鲜果、青稞，象征着未进食前先敬神以表白诚心，然后打开背上的经卷、诵经，介绍米拉日巴生平、功德和业绩。

第四场，身背经匣的两名喇嘛出场为米拉日巴诵经祝福。祝福完，又有两名阿杂拉出场，在场心掷果子和鲜花，意为善果，以普度众生。

第五场，两名土地神引领着米拉日巴出场，米拉日巴身背经卷，手持锡杖，头戴僧帽，绕场一周，然后坐在已准备好的椅子上。两位土地神叩拜后退场。这时，两只鹿先后出场、跳跃表演，表示受惊后的恐慌痛苦，米拉唱着道歌诵经说教，劝鹿不要惊慌，死是逃不脱的，纵然侥幸躲开猎人的弓箭，死神来到时，还是逃不脱的。鹿受到教诲，再不慌恐，拜伏在米拉身旁。接着，两个童子赶着两只猎犬上场，在场上追逐鹿，米拉再度起身，劝化猎犬不要起杀心，杀生后的因果报应是很痛苦的，猎犬也接受了教诲，拜伏在米拉身边。

第六场，挥舞着鞭子的猎人贡保多吉出场（两人），扮演者红脸白胡须，反穿着狐皮袍，项戴念珠，腰挎大刀，足蹬藏靴，他们一面擦汗，一面寻找丢失的猎物，一面各站一边自言自语，然后互相对话，一边不停地走动一边不停地说唱——说唱的内容主要为地方上的内容。说唱内容除介绍地点、人物、自身经历外，大量叙述寺内僧众的各种违犯教规、寺规的不良行为，以及揭发寺内的各种不良现象。语言幽默深刻，亦庄亦谐，十分犀利，极尽讥讽抨击、嘲笑意味。

第七场，猎人在米拉日巴身旁找到了鹿，于是互相指责、争吵，以至厮打在一起。随后，一猎人用箭射向米拉日巴，但箭却折回。两位猎人大为惊奇，跑到米拉日巴跟前反复观察，以探究竟。随后双方开始进行激烈的辩论。这是劝法会中最吸引人的情节，贡保多吉的杀手锏是用搜集到手的拉卜楞寺中僧侣违背戒律、贪财撒谎、打架斗殴、嫉妒猜疑等种种恶行来反驳米拉日巴的论点，而米拉日巴用歌进行劝化，从佛教根本宗旨，整体与个别、全局与局部等方面辩证分析，讲解解脱烦恼、修炼成佛的道理。最终，两位猎人深受教育，表示放弃杀猎之念，皈依佛门。他们跪伏在米拉日巴膝前，从此结束了猎人的生涯。至此，犬、鹿、猎人及其孩子共同欢舞，整个演出在一片道歌声中结束。

米拉日巴是藏传佛教噶举派的第二代祖师，也是藏传佛教公认的密宗大师和修法者的楷模。他生活在吐蕃王朝之后，当时西藏社会十分混乱，佛教各学派纷纷兴起，努力宣扬各自的主张和观点，扩大自己教派的影响。米拉日巴佛法精深，才华横溢，有很高的文化艺术修养，自幼就喜欢唱歌，又有一副很好的嗓子，群众非常喜欢听他唱歌，所以，他在向弟子和群众宣扬佛法时，就借用诗歌形式，创作了许多证道性的诗歌，唱给大家听。在米拉日巴圆寂三百多年后，赤巴钦王后裔桑杰坚赞（1452—1507 年）为弘扬噶举派教法，到处收集流传于民间的有关米拉日巴的故事和道歌，于 1495 年写成了《显示解脱和成佛道路瑜伽自在大士米拉日巴尊者传》，简称《米拉日巴传》或《米拉日巴及其道歌》。

“米拉劝法会”所演出的内容是由拉卜楞寺第二十一任大法台三世贡唐丹贝卓美以《米拉日巴及其道歌》为蓝本创作而成的。当年，二世嘉木样圆寂后，拉卜楞寺曾一度派系纷争，戒律松弛，学风不正。针对当时的情况，贡唐活佛以他渊博的学识和高尚的德行，为僧众讲经，并制定颁布学制、寺规。同时，以米拉日巴传为蓝本，写出《至尊米拉日巴语教释·成就者之密意庄严》和《对话剧本·引入正道之游戏》两篇论著，较系统地论述了道白语气、表达方式在戏剧表演艺术中的运用及其对弘扬教法的意义，在此基础上编创了“米拉劝法之鹿狮舞”，并将其纳入七月法会中。丹贝卓美创作该舞的目的是借猎人贡保多吉之口，抨击时弊，以扭转拉卜楞寺当时的颓废局面。经过他的整顿，拉卜楞寺的戒律学风再度出现兴盛局面。

“哈钦木”这一独特的藏族民间艺术表现形式延续到现在还有另外一种象征意义，那就是驱除魔怪，保佑地方安宁、民众康乐。表演的剧目有寒尸舞、雄鹿舞、长寿舞等。其中雄鹿舞又称“鹿驱魔舞”，是颇受僧俗赞誉的单人舞蹈，具体形态如下。

表演者头戴雄鹿面具，身着璎珞飘带服装，右手持三棱火焰刀，左手携人头头颅骨杯，腰系铃铛，一出场即在节奏紧密快速的乐器伴奏下，跳跃、旋转，动作极其奔放、干练，以体现雄鹿的雄健勇猛。绕场旋舞将毕，即有八名阎罗遣使的“鬼差”，抬出盛有“恶魔”的“囚魔盘”，雄鹿绕盘而舞，口颂咒语，挥刀劈杀，以撕咬吞食等动作表现震慑“魔怪”。最后将“魔怪”分尸八段抛向四面八方，表示驱除了魔怪，保佑了当地年年丰收、安宁、民众康乐。

从上述剧情可以看出，“哈钦木”首先是一种寺院傩，它具有驱魔降妖、警示教育、宣扬宗教等现实意义，比如，第三、第四场中土地神扬撒大麦、鲜果，以示对神的祭拜，很多观众不顾维持秩序者的细柳条的抽打，争相进场捡拾，认为这是吉祥物，带回去珍藏供奉，具有典型的崇拜、向往神圣的意味。剧中贡保多吉有揭露寺中丑恶现象的权力，这无疑是一种鞭策、一种警告，具有强烈的警示意味，使一些违规的僧人在众人面前曝光，受到羞辱和教训，可以使寺风因此更加严肃、庄严。同时，哈钦木也具备了相当的艺术价值，是一出典型的傩戏形态的演出。具体而言，首先，它具有综合性较强的戏剧性因素。“哈钦木”的演出已经有将近三百余年的历史了，虽不能称之为完整、成熟的戏剧表演，但却具备戏剧艺术的若干要素：情节、人物、化妆、道具、音乐、舞蹈等。虽然人物动作简单，但力求体现人物的性格特点。其间两位贡保多吉之间的争吵、指责乃至厮打，也使演出增添了强烈的戏剧性。同时，“哈钦木”以舞、歌、剧、技结合唱白，继承并突破了藏传佛教传统寺院祭祀中只舞不言的哑剧“羌姆”，形成了有说有唱，有歌有舞，又有较完整故事情节的戏剧形式，表演上同传统的羌姆等跳神舞蹈有较大的区别。许多研究藏戏的学者认为“哈欠木”对诞生于甘南拉卜楞寺的藏戏南木特有着十分显著的影响，是南木特产生的基础，“这（指的是由《贡保多吉听法》而改变的猎人舞，即《米拉日巴劝化记》）是拉卜楞寺吸收藏族民间说唱、寺院舞蹈发展藏戏的初步尝试，已具有甘南藏戏（即南木特）的雏形。”（刘凯《再谈西藏藏戏与安多藏戏》）“南木特戏的取材和艺术表现方法，甚至‘哈欠木’作为一个还未成熟的戏剧雏形中某些不足之处，比如，表演上的不足，缺乏塑造人物的诸多表演手段等，都被深深地烙印在南木特戏上。”（郎永春）比起其他地方的羌姆，拉卜楞寺的哈钦木向具有一定程式化的表演艺术又迈进了一大步。

传承方式及“演员”：“哈钦木”这一藏族寺院表演的法舞，演员均为僧人，由寺院内高僧选拔产生，而且每三年一换。演技的传承则是由上届的表演者和有一定表演经验的长者口传心授给下届表演者，并无具体的传承谱系。表演时多以有一定威望的高僧担任米拉日巴，口才较好的僧人饰贡保多吉。

法会中的乐器：法会中的乐器有鼓、钹和长筒号。鼓是最为普遍的乐器和宗教活动的重要法器。有关鼓的来历，许多史料都有记载，早在藏族原始宗教“苯”教盛行之时，鼓即成为该教的法器。相传古时藏区鬼怪作祟，人心不安，有一位名叫什朵黑的人号召所有猎人出兽皮，木匠出木头，铁匠出铁器，做了一个很大的鼓，用鼓声来驱邪逐恶，妖魔鬼怪闻声销声匿迹。从此人心稳定，生活安宁。从这一个故事和诸多史料记载来看，鼓应该是藏区最为久远的本土乐器。藏鼓种类繁多，大小不一。常用的有大鼓、手柄鼓、巴郎鼓、热巴鼓以及达玛鼓和背鼓等。这些鼓均以牛皮或羊皮蒙制而成，鼓身和鼓面皆绘有民族特色的吉祥图案，有一定的观赏价值。鼓在甘南藏区运用甚广，寺院跳“羌姆”、藏戏表演以及热巴艺人的歌舞演出时，它不仅是主要伴奏乐器，而且是舞蹈和表演变化的特定指示。表演者均依据这种特定指示变化动作、队形或更换段落。作为宗教活动的重要法器，无论什么样的宗教场合，鼓都是必不可少的。

钹是藏区广为使用的乐器之一，它与鼓的运用和地位一致，既是乐器，也是藏区宗教法器。在乐曲伴奏中，它起着乐段起始的指挥作用。钹一般均为铜制，相传也有银制的。钹均为圆形，中间有水泡形的凸起，每副两片相击作声。

长筒号，又叫长角号，藏语称“让冬”或“铜钦”，俗称“莽号”。相传发明于公元 11 世纪左右，为藏区本土乐器。一般以白、黄、红铜制成，据说也有用银制成的。其音色低浑、厚实，是藏传佛教寺院佛事活动时的重要乐器，带有“召唤、传播”的意味，常常担任乐曲的引奏和乐曲的色彩性伴奏。虽然并无音阶，但急缓交错以及泛音的变化，仍不失其特色。

参考文献

1. 洲塔、乔高才让：《甘肃藏族史话》，甘肃文化出版社 2009 年版。

2. 甘肃省文化厅、甘肃省非物质文化遗产保护中心编：《甘肃省级非物质文化遗产项目文图录》。

3. 刘凯：《一个由寺院傩衍化的傩戏型藏戏剧——〈米拉日巴劝化记〉》,《藏戏及乡人傩新识》, 中国戏剧出版社 1999 年版。

4. 郎永春：《论南木特戏》，《甘肃艺苑》2003 年第 4 期。

酒泉地蹦子

胡颖

地处大漠戈壁深处的甘肃省酒泉市，每年春节都要举办以民间古老舞蹈——地蹦子为代表的旨在禳灾纳福的社火活动，正如社火中“膏药词”所唱“办上社火活地脉”。因为酒泉所处的地理位置相对偏僻，地蹦子千百年来几乎一直保持着它原始、淳朴的古老风貌。

地蹦子主要分布在酒泉市肃州区十余个乡镇，并辐射至金塔县等周边地区。现以银达镇、铧尖乡、上坝镇最为活跃。

一、起源

“地蹦子”，当地人又称“老社火”、“跑打场”、“秧歌子”，从名称看，它蕴涵着古人对大地的崇拜之情。从古至今，土地是人类赖以生存的基础，

《白虎通义·社稷》曰："人非土不立，非谷不食，土地广博不可一一敬也，故封土立社"，郑玄作注："后土，社也。"因为《礼记·祭法》中说："共工氏之霸九州也，其子曰后土，能平九州，故祀为社。"由此推断，地蹦子这项民俗活动起源应该很早。据《酒泉史话》记载，酒泉社火，有两种流传久远的民间传说。

一是"护清官"的传说。相传古时候，有一个清官叫庄王，由于奸臣的陷害，皇上降旨要将其满门抄斩，百姓闻讯，将庄王全家化妆后混杂在载歌载舞的百姓队伍中逃出城外，庄王一家得以幸免遇于难。其时正值正月十五闹元宵，从此以后，当地百姓便保留下了每年春节期间游村串乡跳地蹦子的习俗，并认为这种活动可以消灾纳福。

二是火烧居延（今内蒙古额济纳旗）的传说。相传很久以前，东海龙王的三太子曾化作人形来到居延城游玩，在街上看到一位美丽的姑娘，企图霸占她，招来当地百姓的一顿痛打。三太子回到龙宫向父王告恶状，龙王十分生气，请求玉帝处罚居延百姓。玉帝乃降旨火烧居延。关帝圣君得知消息后，决意拯救居延百姓，于是变作老妪来到一户人家求食，这家人热情款待了她，她临走时留诗一首："正月十五月浑黄，预防灾星起南方。红灯高悬庭堂外，夜过子时凶化禅。"这家人不解诗意，请老者破解，老者说："诗中说正月十五，月色浑黄不明，南方者丙丁火也，有火灾。要你在门前挂个红灯，这样可以化凶为吉。"这家人把挂灯避灾之事告诉了亲友，一传十，十传百，到了正月十五晚上，城里家家都挂起红灯。关帝圣君向玉帝禀报说："居延已经火化。"玉帝站立云端，见居延一带一片火海，信以为真，于是居延百姓得救。这一传说也就成了正月十五挂红灯闹社火的又一来历。

传说的真实性虽然无从查考，但面对天灾人祸不是驯服、祭拜，而是最大限度地发挥主观能动性，去驱赶它，降服它，这正是傩的精神内涵，可以说，酒泉地区以地蹦子为代表的社火风俗，从产生的那一刻起，就打上了傩的烙印，与傩结下了不解之缘。

二、程序

酒泉社火表演具有十分严密的程序。

（一）请神

请神这一程序通常由会首和会首最信任的人来完成，会首一般是有威望、有经验的老者，专门负责提蓝、“画表”等，同时也是社火活动的组织者，他最信任的人一般为妻子或嫡传徒弟。请神时要很虔诚地秘密进行，绝不允许外人知晓或参与；否则，当地人认为在社火表演过程中便会有一些意想不到的事故发生，影响社火（地蹦子）的顺利进行，继而也就预示着新的一年会出现种种灾害或不祥之事。据老艺人王吉绪透露，有时在排练过程中，会出现社火表演者动作不到位、经多次反复努力训练都达不到要求的效果的情况，但演出时间一天天迫近，在这种情况下，当天夜晚或者第二天凌晨，会首就会悄悄带上供品、三炷蚊香、表三份及神位祭拜一下。当地人坚信这样神就会在暗中保佑他们，第二天，那个表演者便能轻松掌握要领。而这位神秘的神仙叫“庄三爷”，是一位小神，专门掌管人世间的戏剧类事物。当地人认为他应该头戴纱帽，身穿蟒袍，满脸威严。

（二）迎社火

酒泉社火除游街外，还有走户串乡的风俗，从正月初三到正月十三要挨家挨户串门子表演。正月初三由会首带队，在太阳刚刚升起时一路锣鼓喧天来到被邀请的村庄，此时，等待社火队伍的人家早已起床，洗漱完毕，将每个房间收拾得整整齐齐，并在堂屋摆好供品和香柱，穿戴一新，按长幼顺序站好，恭敬地迎接社火。在鞭炮声中，会首在主人家的堂屋拜过三拜，讲一些吉庆的话，然后根据主人要求画表、驱邪、给孩子画脸、涂红。

画表，即将祭奠先人用的黄色纸裁成一尺见方的正方形，然后折叠两下成三层长方形样，被称为画表，同时取三份画表点燃，在人的头顶快速绕三圈，然后将灰烬在病人额头抹一下，嘴里反复默念几句“阿弥陀佛，阿弥陀佛，妖魔鬼怪全离开”。以示祛病降妖。此外，再念叨几句安慰人的话即结束画表活动。画表一般是针对有病人的人家，当地人认为有驱邪作用。进行画表活动时还要在堂屋上香三炷并磕头。

画脸，这是针对孩子的一种仪式。一般女孩画弯眉、涂胭脂；男孩画两撇八字胡或者额头点一大红痣，预言孩子将来长得漂亮，有出息，并且能出人头地，平平安安。会首给孩子画脸、涂红三天后孩子才能洗脸，否则求祥纳吉的效果就不灵验了。此外，还要让大头和尚将主人屋中的墙壁、被褥、桌椅等角落、家什都用拂尘扫一遍，意在驱邪。当地的很多人对这种做法的作用深信不疑，于是人们对待社火这种活动也就格外虔诚，很多禁忌也便应运而生。比如，大人们常常告诫孩子，在演社火的时候不许讲话更不准打闹，否则会触犯神灵，降罪于家门，孩子们虽然似懂非懂，但却再也不敢像平日里那样放肆，大人们让做什么，就做什么。

伴随着以上活动，社火队伍中的锣鼓声也会适时地响起，院内外挤满了围观的群众。当社火在一家表演完毕后，主人要上前答谢大家，并将准备好的糖果、瓜子、香烟、烧酒以及红包一齐交给会首，表达谢意。主人全家送社火出门，到另一家继续表演。就这样，全村人将社火一直迎送到最后一家，至表演完毕，送出村口，才各自散去。

据民间老艺人于加会（肃州区总寨镇单闸村人，现年 69 岁，从 19 岁起就跟师傅学跳“地蹦子”，做道具）讲，他们把“地蹦子”叫做上不了戏台的文化，只在土地上蹦跳。小时候（新中国成立以前）看到的社火，很神奇，鼓子、拉花、和尚（戴和尚帽）的头顶上都点着蜡烛，包括旱船的头尾以及马子的头尾也是如此。在繁星闪烁的夜晚表演社火，既能照明，又好看，很有意思。后来（新中国成立以后），为了安全起见，取消蜡烛，改为白天表演。于加会老人还说，社火中最为重要的是旱船中的龙船和凤船，每年都有。因为社火具有“降妖除魔、祛病镇灾、和地脉”的作用，因此即便是在新中国成立前，最穷的人家也要借上一碗米，一碗豆把社火迎进家门，在院子里跳一跳，以保来年五谷丰登，平安健康，并请膏药匠随机唱上几句。

（三）送神

在鞭炮、锣鼓声中，人们送走了旧的一年，迎来了新的一年，热热闹闹的社火表演也就接近尾声。因为“请神容易，送神难”，所以正月十六这天，天还没亮，会首又在秘密中拜谢“庄王爷”，感谢他对表演者的保佑，对老百姓的保佑。

三、丰富多彩的社火内容

酒泉社火种类繁多，有二十多种，如踩高跷、游旱船、地蹦子、舞龙灯、舞狮子、竹马子 、顶灯舞、桶子舞、大头和尚、太平车、太平鼓、二鬼打架、铁芯子、单杠桥、打节鞭、皮褂子（野火会）、耍牦牛、打熊舞、跑驴、喇嘛舞等。最为常见的有以下几种：

高跷，表演时所有参加表演的人员都必须依照传统戏剧脸谱扮相，浓妆艳抹，衣着戏服，按组排列，依次登场。踩高跷的演员们脚上绑着约有一米多高的木棍，随着铿锵有力的锣鼓点有节奏地变换着不同花样。高跷中所扮人物一般来自《铡美案》、《苏三起解》、《杨家将》、《三国演义》、《西游记》、《八仙过海》等，除此以外，也装扮成一些日常生活中的普通人。

游旱船，旱船道具通常为长 2.5 米，宽 0.6 米的船形木架，上有船楼装置，下用白布（或）纱绸围裹，船中坐花姑，戏剧小旦打扮，手扶船楼柱以步代行船前驶；赶船人为一老艄公，似戏剧贫苦老生打扮，手持木桨，头戴凉帽，表演时做划桨动作，与花姑配合，舞步行乐，表演传说中尼姑陈妙常追赶书生潘必正的故事。

最后，是“重头戏”地蹦子，当地人将广义的社火也称为“地蹦子”，地蹦子之地位可见一斑。地蹦子的分布区域分泉水片（肃州区泉湖乡、银达镇、三墩镇、铧尖乡，即用泉水浇灌田地的地区）、洪水片（肃州区金佛寺镇、东洞乡、清水镇，即用山水浇灌田地的地区）。泉水片的“地蹦子”装扮比较简单：由四个鼓子（青年男子）、四个拉花（青年女子）、四个和尚

（少年儿童）、一个“膏药匠”（老者）、一个傻公子、一个丑婆子、一个大头和尚、一个柳翠17人组成。鼓子头戴鸡冠帽，身穿红裤褂，腰系白色或蓝色短裙，肩挂腰鼓，边跳边击鼓。花姑身穿红绿袄，系花裙，手持小铜锣，边走边敲。少年扮成的四个和尚头戴和尚帽，涂花脸，穿花袄，腰系开衩裙，四人手持霸王鞭、担子槌，边走边击。傻公子头戴相公帽，身穿长衫，足蹬厚底靴，挂长须，边走边扇衫襟。丑婆子大麻脸，身穿大花袄，一手摇扇一手提帕，一身丑态，边走边扭。表演有犁铧尖、三盏灯、四盏灯、九连环、四马攒蹄和蛇蜕皮等七十二种花样，称七十二场。洪水片的“地蹦子”除以上装扮的人物外，再加一个春官，四个皂隶，四个棒槌娃，四个竹马子，还有装扮八仙过海的人物，角色少时26人，多时达四十余人。

说唱兼备、歌舞并存是“地蹦子”的最大特点。其说唱形式可以分为先唱后说、先说后唱、自唱、点唱、对唱、边说边唱、边舞边唱等。说唱的内容也极为丰富，唱词风趣诙谐。有唱人们在现实生活中对美好前景的向往，对神灵祈求期望的，对官府褒贬的；有唱通过辛勤劳动而获得丰硕成果后人们的愉快心情的；有唱当地好人好事和坏人坏事的；有唱自然现象和颂扬吉利的；也有说唱古诗词的。大都即兴赋诗，现编现唱。据目前掌握的曲资料统计，在说唱方面有特长、有才能，能在现场发挥、现编现唱的从艺人员大有十多人，代表性人物有徐建林等。

地蹦子舞步、阵法变换花样繁多，达三十多种。如一字长蛇、二龙戏珠、三环套月、四门焚香、四门斗地、四门拧钻、太子游四门、拜四门、五福梅花、八卦篡丁、九连环、十枝梅、蛇抱九蛋、黑虎掏心、八角茴香、九千葫芦、盘肠儿、蒜瓣子、龙摆尾、蛇蜕皮、剪子股、目扎墙、虎豹头、云转子、卷心子、白马分鬃、霸王观阵等。

“地蹦子”队伍中最引人注目的当属傻公子、丑婆子和大头和尚，这三个人物常常以诙谐、幽默的动作表演和风趣的语言，给观众带来无穷乐趣。表演一开始，傻公子带着一脸痴笑随着锣鼓声不停地向观众挤眉弄眼，他衣衫不整，歪戴相公帽，一手执纸扇，故作文雅，一手却斜提半边衣襟，斜腰裂胯边走边扭。一旁的丑婆子满脸白粉、双眼凹陷，一张干瘪的大嘴涂满鲜红的唇膏，嘴角边一颗醒目的黑痣，耳鬓边还插着一朵大红花，左手拿着红丝帕，右手拿着约有两尺长的大烟斗，忸怩作态。紧随其后的大头和尚，手执拂尘不时轻轻向周围的观众扫打着。这三个人随着锣鼓点的节奏不停地变换着动作和舞步，当锣鼓声急促时，他们彼此靠近，而且似乎在争论什么，舞步夸张而激烈，最后鼓声一停，大头和尚很大度一扬拂尘而去。

膏药匠是酒泉社火中的核心人物，在社火表演中能现编现唱，起统领作用，一般由老年男子担任，唱词一般具有随机性，表演者会根据表演时所面对的具体情况或对象编出不同内容的唱词，比如："正月初三至十三，求神降雨保庄田，秋后五谷丰登日，高烧长香谢龙天。"。改革开放后的唱词还有："正月里来是新春，社火到了你家门，鞭炮震得财门开，发家致富带头人。""春里春风苦种田，夏里早起莫贪玩。秋里如果耽误了，冬受饥寒莫怨天。""这座庄院紫气升，家中有个聚宝盆，聚宝盆里三子健，子孙满堂福满堂。""众人家的会首笑哈哈，商商量量办社火，办上社火做什么？办上社火和地脉。"可见，其内容因时因地的变化虽多，但祈愿祝福的本意不变。

酒泉社火的伴奏乐器主要是打击乐，有大鼓、铜锣、铜叉、小铙和花锣（拉花手中的小锣）。《肃州史话》中说："汉代移民屯田，开发肃州，不仅增强了边防实力，而且促进了酒泉乃至河西生产力的发展。"同样，这种移民屯田的措施，使大江南北的不同人们会聚于此，并将异地的文化艺术风俗带到此地，这可能是造成酒泉社火内容丰富多彩的原因之一，体现出一种多民族文化共同融合的特征，但从伴奏乐器看，更多地还是体现了西北人民豪放、刚健、勤劳、勇敢、睿智的精神风貌。

四、酒泉社火的崇拜与禁忌

据肃州区铧尖乡小沙渠70岁的老艺人王吉绪（11岁开始学戏，学社火，出身秦腔世家）讲，"地蹦子"中的四个鼓子，分别代表天上的四大天王，是风、雨、雷、电神，他们是王母娘娘派下凡来帮助人们管理庄稼的。"地蹦子”中的四个拉花，代表四大菩萨；四个和尚，代表四大金刚（民间叫法）；四个马子，代表四个侍从。这些菩萨、金刚、天王都是神仙，掌管着农业的丰歉，教化着人们的言行，所以，人们要敬重他们，不许随意触范，否则你就不是先辈们的子孙，早晚要受到惩罚甚至被抛弃。这种说法实际体现着一种原始宗教崇拜内涵，其尊崇的对象是天上掌管农业的诸神，反映着人们一种朴素的认识，且一直流衍至今。

传统的“地蹦子”演出要佩戴一种独具特色的头饰——表折子，这种表折子具有一定的寓意和作用，它的材料是那种专门用来印“纸钱”祭奠先人的纸，有红、黄、蓝、黑、白五种颜色，折叠成扇形状，分别粘贴在鼓子帽子的前后左右中。这五种颜色寓五方五位，红色代表火，黄色代表金，蓝色代表水，黑色代表木，白色代表土，即“南方兵丁火，西方更星金，北方人癸水，东方加一木。”这种头饰在“文化大革命”破四旧时被取消，如今地蹦子演出时改用漂亮的红绒球替代表折子，这种红绒球就只有装饰作用了。实际上表折子并非完全迷信，它是古人对宇宙的一种认知，体现出非常朴素的阴阳五行、天人合一的观念，代表着古人渴望与自然和谐相处的美好愿望。

此外，过去“鼓子”的武生装扮中有一种“掏子绳”，即用一根绳子将上半身和双臂绑成斜方格花形，另外，鼓子脚上穿的牛鼻子鞋，鞋帮上绣有云彩图案，这些装扮样式现在都看不到了。而这些装扮的内涵和意义还需进一步开掘，可视情况考虑恢复。

社火活动中还有许多禁忌：迎社火时家里庭堂内外都必须清扫干净，桌上的供品不许任何人乱摸；大人们不许训斥孩子；孩子们也不许打架、骂人、损毁物品，要好学上进。因为这一天祖先的灵魂会来家里监督大家的一切行为，看看他们的子孙们都是什么样的人，做得不好的要受到惩罚。

酒泉处在丝绸之路的交通要道上，当地老人们讲在“文化大革命”前，沿兰新公路周边到处都是庙堂，有“五里一墩，三十里一牌”之说。可见其民间信仰之盛，祭祀之俗留步之广。此外，据肃州区文化馆馆长何国宁先生和酒泉市群众艺术馆馆长陈万春先生提供的“酒泉地蹦子”资料记载，“地蹦子”中的人物服饰和舞姿都与酒泉丁家闸魏晋五号墓壁画中的《西凉乐伎图》相似。也可窥知其历史渊源之久远。

另外，在嘉峪关长城内有一处景点“关帝庙”，庙中的戏台东西两侧墙壁上绘有“和尚窥女图”壁画，大意表现了一个老和尚正在利用铜镜的反射影像窥视一位哺乳的妇人。这与地蹦子及很多地方社火中表演的“大头和尚戏柳翠”有无直接或间接的关系？凡此种种似乎都透露着酒泉地蹦子的历时久远性及蕴涵的丰富的宗教、艺术、文化信息，值得我们做进一步的考察和探究。

参考文献

1. 安邕江主编：《酒泉史话》，甘肃文化出版社 2007 年版。
2. 杨青主编：《肃州史话》，甘肃文化出版社 2007 年版。
3. 秀荣、赵叔铭、夸父主编：《酒泉文艺简史》，中国戏剧出版社 2006 年版。
4. 甘肃省文化厅、甘肃省非物质文化遗产保护中心编：《甘肃省级非物质文化遗产项目文图录》2009 年。

学生程春花为此调查报告做了部分调查、收集材料的工作，在此致谢。

正宁社火中的傩仪和傩俗

胡颖

社火是深受甘肃各地汉族群众喜爱的一种民俗活动，又有“闹春”、“秧歌”、“故事”等不同称谓。考察甘肃各地的社火风俗，我们发现它们融合了古代傩祭、腊祭等活动内容，具有驱疫禳灾、求吉纳福、寄托美好希望等丰富的寓意。虽然各地社火形式依风俗的不同而各显风采，但其中有些形式，却是大家喜闻乐见、广泛流行的，比如，春官、高跷、舞龙、耍狮、跑旱船、霸王鞭、铁芯子、大头和尚、风婆雨师及“禳院”风俗等等，在庆阳、平凉、崇信、张家川、正宁等陇东地区非常普遍，代表了甘肃社火的一种风貌，现以正宁社火为例对这些形式加以描述，旨在说明其中蕴涵的傩元素，并以此说明在甘肃的某些地域，傩文化的生态环境及特征。

一、正宁社火的程序

社火，在正宁又叫“故事”。当地每年耍社火的时间一般在正月初三至正月二十三。耍社火的具体时间一般在下午一点左右。社火队伍的排列有一定的次序，由若干杆杏黄龙凤旗开道，“驿程官”倒骑毛驴紧跟其后，再后是“车故事”、“马故事”、“地故事”队列。

社火有五项主要内容。

一是进庙敬神。社火队伍“出窝”（离开排练场地）后，首先要去当地的庙院进行拜神仪式和娱神演出。由头人代表全村民众行烧表叩头仪式，祈求神灵，消灾免祸，降吉赐福。

二是游庄转场。敬完神后，装扮好的社火队伍在喧天的锣鼓伴奏下浩浩荡荡穿村而过，然后在本村人口居住密集的大场上反复转圈表演，当地人认为这样可以保佑村民吉祥如意，灾祸不染。而这时的村民扶老携幼，万人空巷，观者如堵，妇孺皆乐。

三是入户禳院。这是一种典型的驱傩风俗。一般有下列几种情况：首先，是一些经济能力较强的富户，或德高望重的人家，会专门邀请社火队在自家场里或院里进行表演，以图吉祥。其次，村里如果有人家宅不宁，祸事接连，或家有病人，就会社火队请来表演，以镇宅驱邪，求保平安。再次，有的人家迁入新居，要在当年正月选定一个吉日之夜，请村里的社火队来家里“跑社火”以敬神祈福，俗叫“禳院”。“禳院”时，社火队一到，主家鸣放鞭炮，热情接待，桌上摆上香表，在一阵锣鼓声中开“禳”：一人扮作财神赵公元帅端一盘纸钱上前，念一长串发财祝福的吉利话，然后将主家的房舍院域踩遍踏尽，用纸扇把盘里的纸钱一路撒将过来，角角落落，一点儿都不能有遗漏。最后纸船明烛照天而烧，锣鼓大震，鞭炮连天。

四是上街游行。在当地的集镇上一队或联队游行演出。

五是到外村闹社火。当地有邻村之间互送（闹）社火的习俗。这种传统由来已久，原因尚不清楚，对今人来讲，至少可以借此交流社火技艺，互相取长补短，共同提高社火水平。

闹社火于今人尤其是年轻人，更多的意趣可能集中在游街串户时的各种文艺表演上，他们将社火视为年度的欢乐庆典，视为一年辛勤劳动后的全身心放松，体现的正是孔子所说的“一张一弛，文武之道也”。而对古人及老一辈人而言，社火却是一种庄严神圣的祭祀，那些有装扮的表演也是一种敬神“仪式”，目的是为了讨神欢喜，即娱神——这是傩、社火最原始的动机。虽然随着时间的推移，这种原始动机逐渐发生了变化，实际上变成了既娱神又娱人。即便如此，我们发现祭神、娱神的最初动机仍然或多或少得体现在甘肃大部分地区的傩、社火文化中，表现之一即是各地社火几乎毫无例外的都是以敬神仪式拉开序幕。正宁社火就是一例，而且所敬之神又颇具多而杂的民间色彩。

细而言之，正宁传统供奉的“神灵”主要有：

玉皇大帝。道教中地位最高、职权最大的神。群众也称“玉皇爷”。相传他总管三界（上、中、下）和十方（四方、四维、上下）、四生（胎生、卵生、湿生、化生），六道（天、人、魔、地狱、畜生和饿鬼）的一切祸福。因此，县城及各村、镇大庙内，多在正位修建玉皇大帝宝殿。

关圣帝君。即三国蜀汉大将关羽，当地群众把“关帝庙”都称“老爷庙”。“老爷庙”在全县前塬区分布最多。关帝像大都是一个模式：头戴圣贤帽，身着豆绿袍，丹凤眼，卧蚕眉，面如重枣，五缕美髯飘散胸前；左立关平怀抱汉寿亭侯将军印，右站周仓手持青龙偃月刀，一派正气，威风凛凛。当地的人敬关公，突出一个“义”字。结拜朋友总以“桃园”为例，“义气”为重。尤其是大旱之年或遇有什么天灾人祸，都祈求关老爷相助消灾免祸。所以“老爷庙”四时香火不断。有些寺院也将“关帝”作为“护法神”供奉。

无量寿佛。当地俗称“无量爷”，即“阿弥陀佛”。他是西方“极乐世界”的教主，当地许多人崇拜“无量爷”，各地建有“无量庙”或“无量殿”。其塑像在寺院中通常与释迦牟尼、药师二佛并坐，称“三尊”。

财神爷。俗传为掌管钱财之神，且有文财神、武财神之说。武财神，当地人认为即清代顾张思在《风土录》一书中介绍的赵公元帅：“财神又称赵公元帅，姓赵名朗字公明。秦时得道终南山，被道教奉为财神……”其神像头戴铁冠，黑面浓须，手执铁鞭，身骑黑虎。故又称“黑虎玄坛真君”，恰如元明时《三教源流搜神大全》所云：“赵公明，终南山人，头戴铁冠，手执铁鞭，面如黑炭，胡须四张。跨黑虎，授正一玄坛元帅。能驱雷役电，呼风唤雨，除瘟剪疟，祛病禳灾。如遇讼冤伸抑，能解释公平，买卖求财，宜利合和，无不如意。”文财神的神像是白面长须，头上戴幞头，身着红袍玉带，他的来历大约是道教三官之一的赐福天官。当地供奉的多为文财神。历来商人家中、店铺都供奉着“财神爷”，每逢春节前后，民间皆供“财神像”，并举行“祭财神”、“迎财神”等祭祀活动。

观音菩萨。一般塑像和图像多作女相。通常与大势至同为阿弥陀佛左右胁侍，合称“西方三圣”。当地人相信，受难众生只要虔诚地念诵观音名号，其即前往拯救解脱，“慈航普度”的传说，所以，人们对观音菩萨非常崇拜，不仅建庙修殿，而且许多家庭都供奉有观菩萨塑像或图像。

药王爷。民间多认为是专管医药、除瘟治病的神。药王指谁，说法众多，当地人普遍认为药王是指孙思邈。相传早在公元7世纪初，唐太宗李世民亲到耀县南庵拜见孙思邈，赞孙思邈为“名魁大医”、“百代之师”，封以高官，孙公固辞不受，唐太宗又封他为“药”。民间尊称他为“药王爷”。旧县治罗川有“药王洞”，供奉药王塑像、其他地方也有药王庙、殿。

王母娘娘。旧时民间将她作为长生不老的象征，所以，许多地方建有“娘娘庙”或在庙内设有“娘娘殿”，是人们求子的主要崇拜对象。

土地爷。又称“土地”、“土地神”，当地的村、镇及“社祠”都建有“土地庙”，许多家庭在萧墙上或院内墙壁上设“土地堂”供奉“土地爷”塑像。

山神爷：又称“山神”、“山君”。是主管牲畜、家禽、狼、虫、虎、豹的神。过去当地的村庄道旁、三岔路口多建有“山神庙”，相传狼是山神的狗。人们耕种、打柴、狩猎遇到不利，或遇到畜疫、兽害、虫灾多烧香磕头求助于山神。

城隍爷。道教所传守护城池的神。旧县治罗川曾建有城隍庙。当地民俗以为，在一个县的范围内，阳间最高行政长官是知县，阴间最高“行政”长官是城隍。因而公私皆祭，香火断。人们都怕魂被勾去，或死了受罪，都不敢冒犯他。

当地民间有一种“礼多人不怪，神多保平安”的心态。除了上述“神灵”之外，还信奉龙王、灶神、宅神、门神、仓神、厕神等。相信“万物有灵”、“物老成精”，相信树神、河神、牛王、马王、井神。

二、正宁社火的形式及内容

当地社火从大的方面可分为“车故事”、“马故事”、“地故事”三种。顾名思义，“车故事”的扮演者乘在大车上，“马故事”的扮演者骑在骡、马、驴背上，“地故事”的扮演者走在地上。这三种形式可以综合编队表演，也可以单独列队表演，根据各社火村的筹办能力而定。如果再细分，可以分成以下一些类型。

车故事是在牛车或骡车上用椽绑成亭台楼阁，饰以彩布、花朵、明镜类，有的还分前厅后厅，扮上各种历史人物或典故中的人物，坐在上面演，一般一车扮演一到两个故事。车辆的数目可多可少，量力而行。

马故事是挑选膘肥体壮的骡、马、叫驴，配以鞍环、辔头、串铃和璎珞，再绾上黄表花，把牲口打扮得精神抖擞，气势雄壮，装扮各种角色的人物骑在牲口背上，摆出各种架势，排成一串，游行表演，牲口多多益善，至少不得少于五六头。

跑马是正宁社火中必不可少的“重头戏”之一。用竹、苇、纸、布编扎裱糊成“马”，长3尺左右，宽2尺左右 。“马”背上留出相当于人的腰围大小的一个孔，套挂在跑“马”人腰间、好像人乘在马上，“马”项挂上串铃，以壮行色。跑马大多表现历史上或传说中的征战故事，如《三战吕布》、《保皇嫂》、《黑虎搬三霄》等，演员扮作特定角色，人物多寡以故事情节需要而定。然无论表演哪个故事，都有一个马童，他在整个舞蹈中起着引导表演路线、活跃场面气氛等作用。战将表演格斗厮杀时，只是示意性的，重追杀不重打。常跑的队形图案有“跑四门”、“挂四斗”、“卷白菜”等。

还有另一表演形式，即演员不扮特定角色而扮成古代骑士，在一位“引马”的带领下跑队形。舞者脚腕下各系一串小铜铃，跑动时发出悦耳的“锵锵”之声。“引马”口衔小哨，两手各执一黄色三角小旗，每当要变队形时，一面吹响哨子，一面挥舞手中旗子打出各种旗语，指挥变化队形。跑马用鼓、锣、铙等打击乐伴奏。伴奏常用的鼓点有“凤凰三点头”、“板凳腿”和“乱八仙”等；开始多用“凤凰三点头”和“板凳腿”；待演至高潮或战斗至酣，转为“乱八仙”，这时鼓点的速度和力度逐渐加快加重，演员的步伐也随之由慢到快或由缓到急。好的鼓手必须一边擂鼓，一边眼瞅着舞者的表演，即兴加花，掌握音量强弱，以击鼓心、鼓边、鼓沿等部位来改变鼓的音色。跑马所用的鼓，是乡间自制的牛皮大鼓，鼓面直径最大的 80 厘米，敲起来声音浑厚响亮，震耳欲聋。20 世纪 20 年代以前，有些山区表演跑马的道具是老百姓碾场时用的接牛粪笊篱（笊篱头呈圆形，直径 16 厘米，把长 80 厘米。笊篱头上糊白纸，在纸上画一马头，再用一束纸条扎在笊篱把末端表示马尾）。表演时，舞者手按笊篱把，夹在裆下跑动。后来才有了篾扎纸糊的纸马。但跑马的表演形式与方法，一直保持着传统的古老风格。

亭子是艺人们利用力学原理，根据所扮故事情节，精心设计，用木扎绑，或用钢筋、钢管焊接成各种类型的骨架，有一层的、两层的、三层的，高低不等；有的下面安上轮子还可以转动。然后，扮成各种故事人物，巧妙而牢固地附在亭子上，有“飞燕凌空”、“天女散花”、“白鹤亮翅”等造型。这类亭子，4 人、6 人或 8 人抬的叫抬亭子，背在小伙子背上的叫背亭子（草人），能转动的叫转亭子。多数安装在大车上。

跑旱船是用木、竹、苇、色布（或绸、绢）、彩纸等轻便材料，扎绑装饰成船，内“坐”（彩船用布带暗负在扮者肩上）一位或两位（多是一位）俊俏“姑娘”，一人扮作“老艄公”在彩船前划桨，“艄公”和“姑娘”紧密配合。随着“艄公”的划桨动作，“姑娘”腿软脚轻，碎步快走，如燕穿柳，翩翩起舞。“艄公”划出逆水、转弯、遇风浪等动作，“姑娘”即操船作出翻跟斗、竖蜻蜓，蝎子爬等舞姿，整个表演动作欢快，气氛热烈，有具有一定的艺术价值。

耍狮子是用竹、苇、纸、浆制作成狮子头，用布帛和麻缝缀狮子皮毛。一人舞头，一人舞身，另一小伙子扮作武士手持大刀或绣球在锣鼓声的烘托下，逗引狮子舞出爬桌、上梯、起卧、打滚、直立、抖毛、舔毛、跳跃、踩球等动作。三人动作协调，配合默契，表演灵活多样，深受群众喜爱。也有一人舞的小狮。

舞龙是用竹、苇、色纸扎绑裱糊成龙头，用白布作龙身，并用颜色勾画龙的鳞甲，由数人用棍棒挑起，互相配合，协调动作，舞出“巨龙腾空”、“蛟龙出海”、“屈伸翻腾”、“蜿蜒蛇行”等各种姿态，气势宏伟。

踩高跷当地人叫“走柳木腿”。在两根棍棒上安上腿踏板，把脚踏在踏板上，两条棍棒的上端紧捆在小腿上，使腿、脚、棍棒成为一体，两条棍棒的下端着地而行。走前要在别人的帮助下经过认真训练，以掌握重心，把握平衡，才能行走自如。表演内容也是各种历史人物和民间故事。高跷高低不等，走技高者用高的，走技低者用低的，走得好的人还可以走出“大跨”、“蹦跳”等高难度动作。

霸王鞭又名“打花棍”。将1米长的木棍刨光，直径约4厘米，棍上等距离地凿四五个方孔，孔内安装铜钱，棍面涂上彩纹，两端系缨穗。表演人数不限，每人手持一棍，配合鼓点节奏，在两肩、手掌、脚掌、后背、前胸等部位挥舞敲击，嚓嚓作响。要求整队表演者动作协调，整齐划一。霸王鞭可以单独表演，也可跟随其他社火队表演。

推车子俗称“老道推车子”。用木棍、竹子、彩布、彩色纸扎绑成“独轮车”，一人扮作“老太婆”或“花姑娘”坐在车上（类似跑旱船），另一人扮作推车的老人，两人互相配合，模拟推车上山、下坡、转弯、陷入泥潭等动作，表演滑稽幽默，惹人发笑。

地故事：过去叫“跑故事”，现在叫“跑社火”，是晚间社火的主要形式。演员装扮成故事中的人物，由锣鼓伴奏，按情节，列队碎步跑动，间以“踢包脚”、“跌平叉”等武功动作，并不时变换队形——“白马分鬃”、“辫蒜”、“卷白菜”、“扭门转”、“转8字”、“剪子股”、“踩五角”、“跑四门”等套路程式。有的“地故事”还有“耍狮子”、“舞龙灯”、“跑旱船”、“跑竹马”、“推车子”等内容。灯火照明，焰火助兴，直闹到夜深方休。

专供“跑社火”用的排灯，当地叫“斗子灯”。就是做一个长方形或棣形、或盆形、或五角形的框架，糊上白纸或彩纸，贴上各种剪纸图案，下面安一个七八尺长的木柄，插上蜡烛点亮，供“跑社火”照明用，“斗子灯”的大小、多少、样式因村落大小、经济条件及人们艺术水平而定。“斗子灯”不仅起着照明的作用，而且还有活跃气氛，点缀阵容，美化夜景的作用。

在正宁社火中，驿程官是最有特色的装扮之一，是白天耍社火走在社火队最前面的一个角色。扮者反戴圆翅纱帽，反穿皮袄，画上白鼻子，白眼区，倒骑在一光驴背上，手里拿着鹰翅扇，悠闲自得，无拘无束，俗称“毛老爷”。这个角色在社火中有着举足轻重的作用，而且有一定表演难度，因为扮演者不仅要熟悉乡村礼仪，精通社火艺术，还要能触景生情、出口成章、应对自如且又不失滑稽诙谐。社火每到一地，驿程官都要伴着鼓点，以快板形式，说唱一段，不仅要惹人发笑，活跃气氛，还要恰如其分地送给对象吉祥如意的祝福。例如，社火队经过有媳妇的家门前时，驿程官便会说：

这家媳妇真能干，擀得一手好长面。
下到锅里莲花转，捞到碗里丝一盘。
吃到嘴里舍不得咽，吃了五碗想八碗。
把人吃得翻白眼，还想再吃不丢碗。

遇到家有高龄老人的人家便说道：

这家有个老寿星，越活越好越年轻。
儿子媳妇都孝顺，办个老婆还能成。

走到“新发户”的门口说：

人活精神树活根，日子好了有心劲；
今年元宝滚滚来，明年日进一斗金。

如果是遇到破财、患病，日子不顺当的人家便说：

不要愁，不要怕，我看你家福气大；
天官赐福财神来，今年不发明年发。

再比如有户人家门前有一棵槐树，上有喜鹊巢，就说：

这家门前一树槐，野鹊垒窝财门开，

年年月月有好运，祖祖辈辈发大财。

社火到了一个年过“不惑”尚无子嗣主人名叫香山的人家，“驿程官”道：

社火来到香山院，黑虎灵官跑两遍；

我说香山你莫愁，麒麟送子到明年。

驿程官是一类在甘肃及北方社火中非常常见的社火人物，他所承担的“任务”、在社火中的重要地位以及受群众欢迎的程度，证明以祈福纳祥、驱灾辟邪为目的的仪式至今仍从某种程度上满足了人类精神上的安全需求。同时，也不可否认，随着人类对自然界越来越深入的了解和掌控，原始社火中驱魔、娱神的动机大大淡化，而自娱自乐的成分相应增大，这一点，几乎可以从所有遗存至今的古代甚至远古祭祀、驱傩风俗中得到印证。

三、正宁社火中的“戏剧”

正宁社火中的车故事、亭子、踩高跷等形式都有装扮、表演戏剧故事的内容，但一般只是表演一个戏剧情境或戏剧场面，多以哑剧形式表演，一般不加杂说唱。观众可以通过服装、脸谱等了解人物的具体身份，甚至哪出戏中的哪个人物，比如，从脸谱看：红脸关公，花脸张飞，净脸刘备，白脸曹操，从脸上一看大家就知道大概是谁。二是从道具看：一个红脸人手里拿本书坐在桌子旁，人们看了就会知道他演的是《老爷观春秋》；一对少男少女互相传递用红绸包着的酒杯，人们就能看出他演的是《蝴蝶杯》。三是从摆的姿势看：刘备仗锏，关公横刀，张飞伸矛，前面一壮士执戟反身倒刺，大家看了这些姿势就知道他演的是《三英战吕布》；前面一武将作逃跑状，后面一武将弯弓搭箭，穷追不舍，大家就会认出是《箭射盔缨》。总之，由于装扮剧目相对固定，群众对这些剧目久而久之就很熟悉了。

当地社火的扮演内容大体来自神话传说、历史事件、生活故事三个方面：

具体扮什么内容往往和演出载体及演员水平有关，例如，车故事多扮《桃园结义》、《二进宫》、《二堂献杯》、《游西湖》、《黄河阵》、《过江招亲》等人物稍多的文戏；马故事多扮《三英战吕布》、《薛仁贵征东》等表现打斗场面的武戏。地故事多扮《孙武子抡麻鞭》、《八仙庆寿》、《黑虎搬三霄》、《四红灯》、《五雷阵》、《五女降香》、《唐僧取经》等表腿脚功夫的戏。亭子多扮《水漫金山》、《盗草》、《哪吒闹海》、《劈山救母》、《嫦娥奔月》等表现惊险场面的戏。“跑竹马”多扮《保皇嫂》、《出五关》、《长坂坡》等表现骏马奔腾的戏。“跑旱船”多扮《回娘家》、《夫妻观灯》等表现欢快诙谐情节的戏。还有在一个人的背上或胸前装上草人，扮《张公背张婆》、《猪八戒背媳妇》、《二鬼打架》等滑稽戏。

综上所述，我们以正宁为例，描述了甘肃许多地区的社火特征：社火一般是“三段式”——请神、娱人（神）、送神（有的地方很隆重，有的地方逐渐淡化）。每个地区都有自己所敬之神，其中以土地、山神、财神等比较多见。社火表演的内容虽然异彩纷呈，但也有许多相同的类型，比如，舞龙、舞狮、跑旱船等，而戏剧表演则是各地社火中必不可少的一种艺术形式。

参考文献

1. 王长生：《正宁民俗》，甘肃人民出版社 2003 年版。
2.《三教源流搜神大全》，宣统六年叶氏覆刻本。

康县梅园神舞

胡颖

梅园神舞主要流传在陇南康县牛头山以南地区白杨乡、铜钱乡、秧田乡、三河乡、两河镇、阳坝镇 6 个乡镇，以阳坝梅园沟最为盛行，所以称“梅园神舞”。由于地处偏远地区，加之活动范围相对较小，此项活动尚未引起外界广泛注意。而笔者通过考察、了解，认为它也属于傩文化范畴，挖掘它、研究它，对于我们全面地描绘甘肃傩文化形态，建立甘肃傩文化圈，探寻陇南地域文化特色及与其他地区傩文化的关系，都大有裨益。

据当地人讲，自古以来，“梅园神舞”活动主要是为了祭拜“梅园山神”，对山神进行敬供朝拜，以表对“山神”的敬重，同时用歌舞、杂耍、说唱、格斗等世代相传的各类技艺来娱神，期望“山神”能赐给人们一个风调雨顺、庄稼丰收的来年。

由于当地人心目中“梅园神舞”所具有的这种赐福禳灾的功能，因此自古以来此项活动常常是每逢旱、涝灾或喜获丰收时举行。近年来，逐渐发展为定期举行，即大多数村每年举行一次甚至两次，多是在春节后十五元宵节左右开展，其他时间则不太确定，一般是在农闲时节择吉日进行。而选择时日是颇为慎重、讲究的。组织者会奉请当地的阴阳先生卜算黄道吉日，依算定的吉日按时开展。

从程序上讲，梅园神舞由请神——跳神（迎神）——送神三部分组成。

请神即请山神。仪式的具体内容为：由选定的主执戴上法帽，选择一个特定的山脚焚烧纸烛，口中默念咒语(咒语一般人听不懂，当事人则秘而不宣，自言为师传，只传学阴阳的徒弟，绝不能轻易泄露给外人），手中拿上香火，众人膜拜、祈求完毕后，主执用明灯指引山神（山神木雕像）行进，一直将之引导到跳神的“主会场”（一般为开阔的平地），以接受众人的酬谢或祈求。活动地点之前早已设好了香案，案上点着香烛，表示神位。

跳神。请神完毕后，便正式开始进行“跳神舞”，主要目的是酬谢山神对村民的恩赐及佑护，同时祈求山神来年继续保佑当地百姓免于各种灾难。跳神是“梅园神舞”的主体，也是最为精彩的一段。此时场地被分为几个区域：中心的大片空地是“表演区”，表演区四周的其中一角摆放着供有神位的香案，跳神活动就在香案边进行；离香案不远处放置着一张很大的桌子，上面陈列着演出用的各种面具（木质雕刻）、服装、兵器（木刀、木枪、木剑、木棍、蛇头龙身木杖等）等道具，在偌大的场子里尤为引人注目。周边其余的空地上则围满了观众。

梅园神舞的演出人员分三部分：主执、乐手和舞蹈者。主执由当地德高望重、平日里主持村里或农户祭祀活动的人担任，当地人常称他们为“阴阳”。他们头戴绘有佛祖像的法帽，身着绣着佛像的红袍，是跳神活动的组织者。请神、送神活动主要由他们主持，有时他们也参与表演。乐手主要指为舞蹈表演伴奏的人，乐器除常见的锣、鼓、钹等打击乐外，还有牛角号及扇鼓。扇鼓是用扁圆形钢圈和大羊皮制成，状似蒲扇，手柄末端有几个铁环，舞蹈时击鼓摇环，声调独特而优美。梅园神舞的主角是舞蹈表演者，一般有三人，当地人称“降神”，其中一人为“主降神”，两人为“副降神”，表演时均戴面具，且边舞边唱，演唱的曲调相对固定，只是唱词不同。

跳神活动在主执一声“表演开始”中拉开序幕。此过程包括两个阶段，第一阶段：乐手站成一排，敲锣打鼓，声彻云霄。戴着木雕面具的“主降神”和“副降神”手执扇鼓，身着红色长袍，伴随着锣鼓点，边舞边唱。总的来讲，跳神者的舞姿、步态单调粗犷，三人时分时合，聚时有打、钻、扭等动作，分时则有空中翻身等稍具难度的表演；有时二人一组，有时三人一列，但表演时始终手执扇鼓，边舞边唱边敲，其难在不仅自身舞、唱、鼓要协调，而且还要与旁边的乐手的锣鼓伴奏默契配合。

主降神和副降神的表演过程持续约五至十分钟，表演完毕后，稍事休息，其他的表演者上场，开始第二阶段的演出，表演者分别手执扇鼓、枪、棍、剑等，伴随着锣鼓节奏，陆续上场表演各自拿手绝活。较之第一阶段，这一段的表演人数多，场面热闹，形式也更为多样化。有单人表演的拿手绝活、有二人对决、有“群舞”——比如，常见的勾手翻身，即一群人手拉手围成一圈，每个人依次转身从手中翻过，周而复始（按，“勾手翻身”似舞但更像游戏，见于甘肃许多地区）；有兵器相接，也有赤手空拳杂耍。总之，该阶段以各种杂耍、打斗和惊险动作为主，追求动作的奇、险、怪、异以吸引观众。据当地人说，在打斗类型的表演中，比如，二人对决的表演，有着正、反派的区别，表演者当中的一方代表邪恶，打斗的结果一定是正方赢得胜利。集体舞的表演也有象征意义，表现群众向旱灾、洪涝等邪恶势力展示威力，并通过杂耍、打斗来表明战胜困难的信心，以及对未来美好生活的向往和期盼。

整个跳神的过程可长可短，根据表演人数来决定，长则达两三个小时，短则一个小时左右。

在梅园神舞的表演过程中，还有一个现象值得注意，就是在“跳神”表演的间歇或之后，围观的群众也纷纷展开相互对歌活动，当地人称“放歌”，内容涉及相互鼓励，对希望的美好憧憬等。尤其是青年男女则利用“放歌”的机会互相对歌，以寻找意中人，或向自己的心上人表达爱慕之情。

“梅园神舞”表演一般持续两到三天左右，后面一两天没有请神程序，只进行“跳神”与“放歌”。

送神：跳神等系列祭拜、娱乐活动结束后，最后要送山神归位，即举行送山神仪式，由主执主持，程序不如请山神隆重：主执手捧山神牌位，送至山脚，以示归位，并再次念念有词，大意是祈求来年山神保佑村民太平无事。“梅园神舞”活动至此宣告结束。

“梅园神舞”的传承，主要通过历代人口传身授，但对传承人有较为严格的规定：学徒必须是世居的当地人，且年龄为30岁以内的男性（个别人条件好的可以放宽到30岁以上，但绝不能超过40岁），无身体残疾，无恶习，在民众中无不良口碑者，但是否已婚不作限制。学徒一旦想要学习“梅园神舞”，一般是先向技艺精湛者提出学习要求，对方不会立即答应，而是先了解确认其是否符合学习条件，然后才开始教授。而且“梅园神舞”的教者与习者之间没有严格的师徒关系，常常是在参加表演的实践过程中学得技艺。目前，具当地文化部门统计，“梅园神舞”主要流传的康县南部地区白杨乡、铜钱乡、秧田乡、三河乡、两河镇、阳坝镇等乡镇，具有较大影响的民间艺人约有二十多人，尤以唐太子、尹时呈为代表，特别是阳坝镇梅园沟拥有较为完整的传承体系和影响较大的代表性艺人。此外，“梅园神舞”的唱词有手抄本传世，散见于许多村落，据当地人讲，在群众中流传较广的大约有三四十首，这些唱词大部分出自当地劳动者的集体创作，有的流传时间较久，有的是现编现唱的即兴之作。

梅园神舞因其流传范围小，交通不便等诸多原因，给其调研工作造成了一定的困难，也使本文的内容浅尝辄止，错误亦在所难免。但如果能因此引起学人、专家对梅园神舞的兴趣，对其作出进一步的调查研究工作，以揭开其神秘的面纱，正是本文的动机所在。

附：“梅园神舞”的部分唱词

* 十冬腊月雪花飘，叫把你呀，叫把你呀，玉妹儿许给我。回去给你爹妈说，把你呀，叫把你呀，玉妹儿许给我。

* 想你想得睡不着，抬个凳子院里坐。星星数了十八遍，数到日出月亮落。

* 我隔山看见姐穿蓝，怀抱琵琶闹三弦，好姐不要郎开口，灯曲点火自己燃。

* 大河坝里起黄沙，贤妹儿长得像朵花，有心着和你爱一下，就怕刺梅把手扎，就怕刺梅把手扎。

* 一杯子酒正月正，兄妹双双同年手，郎是正月元宵会，妹是十五闹花灯。

* 正月里来是新年？薛平贵配婚王宝钏，平贵吃粮不回转，寒窑内受苦哎，十哟八年。

* 正月里来正月正，十五那个闹花灯，白马唉银枪小罗成哎。

* 包爷大坐开封城，王朝哎马汉两边站。三枝花儿开，一朵美哎美莲花，十二把铜铡定太平咦梅花，花儿闹莲花，金钱梅花落咦梅花。九天仙女落凡尘，王母哎娘娘蟠桃会。三枝花儿开，一朵美哎美莲花，九天仙女两边分咦梅花，花儿闹莲花，金钱梅花落咦梅花。

* （放歌时男女对唱）

（男）什么穿青又穿白？什么穿得一锭墨？

（女）喜鹊穿青又穿白，乌鸦穿得一锭墨。

（男）什么穿得十样锦？什么穿的绿豆色？

（女）锦鸡子穿得十样锦，鹦哥穿的绿豆色。

学生何留为本文做了资料搜集工作，在此致谢。

甘南寺院傩“羌姆”考察

刘敏

一 “羌姆”的宗教仪式

藏传佛教公元八世纪时传入藏地，迄今已有一千三百余年历史。自十世纪以来，它在发展、传播中渐次形成了二十多个宗派，在这些分属不同派系的寺院中，都有一种自成系统的“跳神”仪式——“羌姆”。这种跳“羌姆”的活动，不同地区的人对它叫法不一：在甘肃、青海被称为“跳欠”，其他汉族地区称之为“跳神”，而藏地寺院僧侣却将其称为“金刚神舞”。在藏语中，“羌姆”原义本为“跳”、“舞”之意，与宗教毫无关联，但在后来的流衍中，由于长期沿用及约定俗成等原因，这一称谓逐渐成为藏传佛教中宣传佛教善恶轮回且具有驱魔镇邪、祈福迎新的寺院宗教乐舞的代名词。

“羌姆”自产生之始至今，已历经千年，其主要形态仍保留着远古的风貌，蕴涵着驱鬼逐疫、祈福纳吉的驱傩风俗。其实，藏地本无“傩”这一称法，“羌姆”与汉文化圈的“傩舞”分属两种不同的文化系统，在表演形态和结构上也有很多不同。但“羌姆”中所蕴涵的强烈的生命意识、宗教意识却与汉文化圈的傩舞具有一致性，“在施用模拟巫术、驱逐巫术，借助神灵威力，清除鬼蜮、祈福纳吉，实践证明神舞与傩仪、傩舞的内涵十分近似”。[1]曲六乙先生在有关傩戏论著中将其归类为寺院傩，比较准确地揭示了这种仪式活动所具有的文化内涵，这一说法至今也为大部分治傩者所认可。

甘南地处甘肃南部，与青海、四川接壤，是一个少数民族聚居区，其中藏族人口约一半以上，当地藏民多信仰黄教（藏传佛教的一支）。位于甘南夏河的拉卜楞寺与郎木寺镇的赛赤寺是本地区影响最大的两所黄教寺庙，在藏传佛教中，它属格鲁教派。据《至尊宗喀巴大师传》一书所记，该教派在十五世纪由宗喀巴·洛桑扎巴所创立，形成年代较晚。其杰出的创始人宗喀巴能博采众派之长，著书立说，传授教徒，在当地树立了很高的威望，很快就成为各派之中影响最大的一个教派，并创立了自己的“羌姆”仪式。自十七世纪以后，该派长期执掌西藏的政教大权，甘南格鲁派各寺院的“羌姆”，便是该时期由西藏传入的。

拉卜楞寺是甘南规模最大的一个寺院，该寺的跳“羌姆”活动被包括在起自农历正月初三，终至正月十七的“祈祷大法会”中。“祈祷大法会”项目众多，由辩经大会、夜生节、展佛会、金刚法舞、酥油花供、转郭拉等一系列程序组成。其中第十四日的跳金刚法舞才是“羌姆”仪式的正式举行时间，寺院僧人称之为“恰木钦”，地点在大经堂外的广场。

此次金刚法舞最重要的主角为具誓法王，其次有法王妃、黑帽咒师；配角为鹿、牦牛、骷髅神等众多护法神。法舞内容主要讲述阎罗法王率领佛门大军击败了来犯妖魔，表演目的则是为了驱除邪魔，使寺院、僧众得到吉祥平安。整个过程中，正式参与法舞表演的成员约七十余人：舞者约三十，奏乐者约四十，主要由闻思学院、时轮学院、医学院、续部上学院、续部下学院这五大学院的僧众组成。其中，舞蹈领头者为法王、法王妃、黑帽咒师；乐队领头者为领经师，演出时，乐队除了伴奏外，还需要配合表演而诵经。

整个演出基本程序如下：

1. 骷髅舞。四名装扮成骷髅状，头戴骷髅面具，身披以骨架装饰的长袍，象征阴间尸骨。四人分作两对，分别由场地两边向场中央进发，一边旋转跳跃，一边大声呼喝。这类骷髅造型的角色，藏民唤作“多达珠巴”，是守护天葬台的精灵，专门负责勾拘将死之人的灵魂。当地民间亦有传言，当天葬台的尸体太多时，它们就会出现，后来格鲁派创始人宗喀巴大师将其收服，成为密宗法力高强的护法神。

2. 护法舞。法王的八位随从，分别头戴紫、蓝、红、绿面具，身披镶有骨饰的衣服，分作四对依次而上。众人右手均握有金刚橛，该法器柄为金刚雕像，前端呈三棱刺状；左手持颅骨碗，碗内盛有“神饮”，即人血，此二物为密宗降妖伏魔之法器。众护法神挥动法器，用含有无上佛法威力之舞将鬼怪驱逐出场，洁净场地。

3. 夏雅舞。戴黄色鹿头面具与绿色牛头面具的二人出场，绕场跳跃，表示给人间带来福气。“夏”即鹿神，“雅”即牛神，是“羌姆”中众多护法神之一，在其他各派“羌姆”表演中，它们经常也会出现。

4. 黑帽咒师。领头黑帽咒师先入场居于中央，其随者十九位咒师再逐次入场，众人围成一圈。所有咒师也都持有金刚橛及颅骨碗，但不戴面具，面部仅涂以三道黑线。咒师以领头者为中心做各种泼血、刺击、锁拿等捉鬼状，并召唤其他神灵相助。掌乐喇嘛同时齐声诵念经文，为咒师助威，敬请除魔之神降临。

5. 法王明妃。众僧齐声鼓乐，迎接神灵到来。此次入场的法王明妃叫杂门支，相传本为一民女，后被阎罗法王掠去。杂门支头戴人头骨冠，身披鹿皮围场跳跃一圈后，众人纷纷献上哈达。随后明妃奔至场地中央，与众护法神一起准备迎接法王的到来，其手捧一只血碗，以表示对将要出场的本尊法王施予供奉。

6. 具誓法王。格鲁派视法王为文殊菩萨所显化的神灵，也是拉卜楞寺续部上学院、续部下学院及医学院所供奉的两座佛像之一。法王头戴蓝色牛头面具，表情愤怒，三眼圆睁，右手持镶有头骨的人腿骨棒，左手握金刚索，显示出了至高无上的法力。其出场后舞棒挥鞭，旨在驱除世间一切邪恶。在格鲁派“羌姆”中，法王是众护法神之首，地位最为崇高。

7. 大合舞。法王明妃，法王随从，明妃随从全部出场，以法王为中心，众神一起合力，帮助法王擒拿妖魔。一番激战之后，所有妖魔全被收服，伏魔大军大获全胜。

8. 敬献神饮。法王做斩鬼仪式，邪魔被斩杀后，法王接受黑帽咒师的供奉。黑帽咒师头领带领余者对法王敬献供奉完毕后，于金杯之中再次注入“金酒”，抛洒于地面，向众护法神敬献供奉。

9. 解剖“灵嘎”。一侍僧于场中置一桌，桌上放有金刚绳、三叉刀、匕首、照妖镜等法器。场心有一纸绘人形物，称为“灵嘎”，为作恶者之象征。黑帽咒师分别取起各种法器诛杀“灵嘎”，将其剖成数块后，侍僧再将碎片缚于长竿之上，放于油锅上方。咒师首领将供奉所用之酒泼入油锅，火焰骤起，将“灵嘎”完全烧毁，此时邪魔被最终彻底消灭。

10. 烧“多玛”。法舞表演结束之后，由僧人将所有供奉之物全部抬出场外，法王、黑帽咒师依次紧随其后，至寺院外一空旷之处。众喇嘛和藏民将糌粑捏制而成的人形物——“多玛”及供奉物品投入大火。群众齐声欢呼、呐喊，随着“多玛”的销毁，预示一切妖魔均不再出现，所有的灾难和晦气都远离了世人。按照传统，每年焚烧“多玛”所朝的方向都是不同的，具体方位要根据藏历的运行来推算。

同年九月举行的“禳灾法会”也要跳这种镇魔驱邪之舞，由喜金刚学院来主办，地点在嘉木祥活佛公馆内，时间从上午十点持续至下午四点。法舞参与者约六十余人：舞者约四十，以“羌姆供”为领头；奏乐者约二十，以“勒增巴”为领头，二僧吹大号，二僧吹短号，二僧吹胫骨喇叭，五僧持柄鼓，五僧持钹。演出前，场地上先摆放好以面捏制而成的象征地、水、火、风的三棱供。棱尖上有一风火轮，轮上还有一金刚，以作镇邪之用。基本演出程序如下：

1. 护法舞。十名红脸土地“载末尔”与两名绿脸绿衣的“阿杂勒”出场。“载末尔”身披铠甲，胸前挂有人骨念珠，佩有照妖镜，头戴骷髅冠；“阿杂拉”脸呈草绿，左手持人腿骨，此二角色充当护法神。六名手捧香炉的童子、经堂总管、经堂司食及七名戴各色面具的武士紧随其后。“载末尔”与卫士同时绕圈起舞，清除邪恶，洁净祭场，迎接神灵的到来。

2. 誓愿法王。法王戴牛头面具，右手执人骨架棒，左手执套索。随者有牛头明妃，一手执三尺戟，一手执头骨。二人身后紧随有绿牛头、黄牛头、绿鹿头等共七位妃子，所持物分别为刀、叉和头骨碗。众人围成一圈，法王居中，带领众人挥舞手中法器同妖魔展开激烈的战斗。

3. 护法北天王。藏语称护法北天王为“那木特西”，既是护法神，也是财神。其脸呈红色，右手执伞，左手执猫鼬，率领持刀、枪、旗、骨棒各种法器之三名护卫财神和五名武士。众人一起为法王护法、助威，喇嘛经师也齐声为众护法神诵经祈祷。

4. 净献神饮。十六名黑帽咒师与侍僧出场，向戴牛头面具的大威德金刚法王呈上供奉，之后再次向众护法神、菩萨、喇嘛等敬献“色日吉姆”，即神饮。咒师敬献神饮时，分别向四个方向分四次来完成：第一供上师、本尊；第二供护法神；第三供护法侍从；第四供六道轮回之众生，象征禳灾之日给神以供奉，保护佛法。

5. 黑帽咒师。侍僧于场中摆放一三角形盒子，盒内装有“灵嘎”。咒师施法先将世间各种妖魔、魔障都召入场内，再作法逼其进入“灵嘎”体内，继而挥动手中各种法器进行攻击。最终“灵嘎”被挑碎，抛向四周，分给其余护法神食用。驱魔期间，众喇嘛齐诵《大威德言》给咒师助威，颂扬神灵。

6. 烧“多玛”。阎罗法王率领众妃，北天王及“载末尔”等人出寺院，至一空旷之地，将“多玛”投入火中焚烧。

另一座格鲁派寺院塞赤寺的跳“羌姆”是在农历正月十三、十四日举行。正式跳“羌姆”之前，有一天的准备时间，其中最重要的一项为“晒大佛”，由几十名喇嘛将长达几十米的强巴佛像从寺院抬至晒佛台接受藏民的顶礼膜拜。十四日“羌姆”法事正式开始。基本程序如下：

1. 二位喇嘛头戴高鼻深目，须发皆呈卷曲状的面具，头缠彩巾，扮作古印度游方僧“阿杂拉”。此角色本是瑜伽咒师，是来藏弘扬佛法的高僧，也是传播佛理的译者。“阿杂拉”口诵经文，绕场而行，以佛理教化众生。

2. 一位穿羊皮长袍，头戴白色面具俗家老者领两个同样装束的孩童出场，三人不时作出滑稽动作，表演一些哑剧，不断引起观众大笑。此部分内容含有极强的世俗生活气息，主要是调节现场氛围。

3. 护法舞。十名戴白色面具的骷髅鬼卒分五批依次呼啸冲入场中，一边飞奔一边抛撒糌粑面。这些骷髅鬼卒名为“切加”，装束大致相同，仅头戴面具颜色各有差异，分别为白、黑、黄、红、蓝五色。他们的表演寓意人世本来无常，佛将赐给众人以福瑞，引领人们到达幸福之彼岸。最后，手持金刚的大力神出场挥动法器加入了队伍，做驱赶状来驱走邪魔，清洁场地。

4. 鹿神、牛神：二少年僧头戴鹿头和牛头面具，手中持两样法器，左手为镶边的人头骨，右手为缠有彩色绸布的金刚橛。两人做摇首顿足跳跃状，一方面展示邪魔对人间带来危害和人们所受到的苦难，同时也向四方祈祷驱邪禳灾，为世人祝福，祈求人们吉祥长寿。

5. 黑帽咒师，侍僧于场中置一三角形铁盒，盒内放置有“灵嘎”。黑帽咒师首领领十六位同样装束者出场，众人均右手捧人头骨，左手持金刚橛。领头者居于中央，余者围成一圈。咒师将躲藏各处的鬼魂召唤到此，作法逼其进入“灵嘎”之中，再挥动法器攻击、解剖“灵嘎”。至此，除魔进入最关键环节，伴奏的乐器声也变得雄壮而威武，众喇嘛同时诵经助威。

6. 切加妃传说为切加妻，名为杂木扎，造型恐怖，面相呈蓝色，头披长发，青面獠牙，头戴五骷髅冠。杂木扎出场后，立于两排黑帽咒师之间舞动法器帮助咒师一起驱除邪魔。待场上所有僧侣举行完仪式后，全部退于场边，准备迎接法王的降临。

7. 具誓法王头戴黑蓝色牛头面具，穿金色长袍，胸口挂有照妖镜，手执金刚索加入了除魔战斗队伍，他的到来使得妖魔迅速被击溃。藏民开始向法王敬献哈达，表示感谢。

8. 集体驱魔舞。全体僧众以法王为首绕圈跳跃，众神集会，合力擒拿妖魔。与此同时，场中央置一咒台、一油锅，咒师齐声诵经，众人齐合，咒师再作法，后掷酒于油锅，顿时火焰大盛。参与仪式的全体僧侣欢呼起舞，庆贺法王率领众护法神成功战胜了邪魔。

9. 烧“多玛”：所有演出僧众离开寺院来到山下，将“多玛”及鞭炮投入火中，众喇嘛一起诵经、鼓乐。以示一年之邪疫彻底被驱除，来年将幸福安康。

二“羌姆”的文化内涵

拉卜楞寺与赛赤寺每年都要举行此类的跳“羌姆”活动，重要目的之一就是为了驱除一切邪魔，祈求人间能够幸福安康，以此作为来年的一个美好开始。两所寺院的“羌姆”表演中，都有一段护法神处置妖魔的仪式，这些妖魔并无确定所指对象，大多出自于假想，一般以鬼佣来作为替代，它代表了民众所畏惧与憎恶的灾难祸患。寺院僧众通过举行这样一种仪式，意味着将恶灵抛弃、埋葬并消灭，使危害人们的邪气随之远去，从而达到去污存洁、禳灾纳吉的目的。

在“禳灾法会”中，中心人物是第二段出场的法王，它是文殊菩萨所显化的阎王形象，藏语称为“荡金曲嘉”，是格鲁派“羌姆”中最尊贵的神祇。法王在此是最主要的护法神，其被装扮成阎魔水牛的形象，这种狰狞造型正是要对妖魔形成一种震慑力。该角色在塞赤寺“羌姆”的第三段也出现过，所不同者为改穿金色长袍，手执黑色皮鞭，胸口挂着一面金色的圆形照妖镜。绳子是执法工具，象征着力量，镜子可使妖魔迅速现出形状，无所遁逃。塞赤寺“羌姆”中出场的还有十七位“黑帽”喇嘛，藏语称之为“夏那”，因其头戴黑色宽沿法帽而得名，这一角色的正式称谓叫“阿格巴”，意为咒师。出场的黑帽咒师手中持有两件法器，一为系有黑绸带的金刚杵，一为盛满鲜血的头骨碗。在藏族历史传说中，他们的法术威力闻名遐迩，是最坚定有力的护法者。现今“羌姆”仪式中，黑帽咒师大多也充当驱鬼的主角，重要性仅次于法王。在“九月禳灾舞”中，咒师们挥舞手中法器攻击鬼佣“灵噶”，最后将“灵噶”挑碎，这一仪式在塞赤寺“羌姆”中同样可见。两所寺院的黑帽咒师驱除邪魔过程相比而言，虽然动作不同，情节繁简有异，但本质含义没有任何区别。塞赤寺“羌姆”中另有五组头戴骷髅面具的喇嘛，唤作“切加”，所跳之舞名为“切加舞”。关于“切加”，有多种说法，一说为阎罗王，另一说为山神土地之王，民间则相传其为宗喀巴大师身边的伙夫，进入黄教后，成为大护法神。在格鲁教派中，“切加”为象征力量的金刚和象征智慧的文殊菩萨的化身，是主要的护法神之一，这五组骷髅面具颜色各一，不同的颜色代表了对不同方向的管理。

以上所提到的牛头法王、黑帽咒师、切加以及金刚神、护法北天王、护法女神等，他们在仪式中都是起驱魔护法的作用。不同教派所尊崇的护法神会有所不同，处置鬼佣的具体方式也多有差异，但所跳的舞蹈均有保护仪式正常进行，使人们身体、灵魂不受妖魔侵扰的含义。上述所有出场的角色一般会持有或佩有一种或数种法器，如刀、剑、戟、金刚杵、金刚橛、皮绳、照妖镜、头骨碗等，他们认为，在降妖除魔、驱邪禳灾时，只要挥动手中这些法器，再配合以密宗真言，就会产生无边法力，使除魔大军无往不胜。在藏传佛教密宗信徒的眼中，“羌姆”的演出是一种神秘巫仪和咒术，人们相信凭此就能与阴阳和鬼神沟通，这种仪典既泛殇于佛教传入之前的苯教时代，更与民间盛行的驱鬼习俗相互映照，与我们汉地傩的内涵实则本质相通。

“羌姆”中的舞蹈，是由“拟兽舞”与“法器舞”混杂而成。专任“羌姆”表演的喇嘛，头戴各种神、兽或人的面具，手持法器，按照神位高低或驱邪除魔的仪轨顺序出场。这种“拟兽舞”有着深远的渊源，在佛教传入藏地以前，原始藏民主要信仰苯教，它崇拜一切自然物，“拟兽舞”实是衍生自该教派的多神崇拜。

塞赤寺“羌姆”第四段中，头戴鹿、牛面具的两人所跳之舞名为“夏雅舞”。“夏”指鹿，藏风俗中它一直被视为吉祥之物。跳鹿神的舞蹈在藏族先民中也早有流传，据藏文史料记载，六世纪囊日伦赞时代，苯教的巫舞中就有“木制鹿头带双角，纸糊牦牛面捏羊”的祭祀性鹿神舞。同时在藏地还有佛祖在鹿野苑修成正果的传说，与鹿也有关联，故鹿才被列为仙人，以为护法。格鲁派“羌姆”中经常出现的鹿神，大部分都扮演阎王的随从，主要职责是用犄角挑碎“灵嘎”，以供其他护法神分食。塞赤寺“夏雅舞”中的鹿神所扮演之角色与此略有不同，应该是从藏地引进“羌姆”后，在演出中根据寺院自身特点于一定范围内所做的调整和改造。“雅”指牛，法王所戴的牛头面具也是苯教所奉崇的主要神灵之一，藏文史书同样有“天神之子聂赤赞普从天而降，遂来做吐蕃六牦牛部之主宰”的记载，又相传莲花生大师曾降伏过牛神。牦牛神被编入“羌姆”之后，常与鹿神一起出场。

在这两所寺院的“羌姆”表演中，最为引人注目的就是这些丰富多彩的面具，这也是所有不同教派的“羌姆”表演共有的一个显著特色。这些面具按外型来看，大致可以归为神鬼、人面、动物三类，其材质主要为皮、木头、漆布。

动物面具的使用在仪式中为最多，它们代表着各种主次神灵及其侍者。作为阎魔法王的面具是水牛头造型，头顶骷髅冠，三只圆睁怒眼、龇牙咧嘴，表情愤怒，它突出了威猛、凶恶的特点，以此体现出护法神法力强大，具有降妖伏魔的无上法力。“祈祷大法会”中出场的面具还有黄牛头、红牛头等，均类似法王面具的造型，绿鹿头头顶则没有骷髅头装饰。此外，戴动物造型的面具还有其他多类表演角色。神鬼类的面具中，以骷髅为标志的面具在众多面具中显得别具一格。塞赤寺“羌姆”中跳“切加舞”的二人头戴白色骷髅面具，张着大口，白森森的牙齿显露在外，身上的衣服也以骨架图案作为装饰，观之令人毛骨悚然，着力渲染的是一种恐怖的色彩。这种骷髅面具，又被称为“独达”或“尸陀林主”，即天葬台主。它原为苯教厉鬼，后被莲花生大师降伏，指派它们守护墓地或为亡灵指引阴间道路，纳入“羌姆”之中便成为护法使者。以人面为造型的面具在“羌姆”中出现得较少，如“禳灾法会”中的武士，赛赤寺“羌姆”中最先出场的游方僧“阿杂拉”等。面具的颜色也是非常的丰富多彩，主色为红、白、黄、蓝、绿、黑，色彩分明，不同的颜色分别代表着不同的含义。这些面具明显的带有藏地环境与人文特征，其中少数面具表情显得和顺、温情，绝大多数都青面獠牙，许多都以人头骨和人其他部位骨头作为装饰，显得十分狰狞、恐怖，即使是人面造型面具，同样也体现了夸张、恐怖的审美特点。

面具是“羌姆”神舞中必须使用的一种道具，它在藏地原始的巫术、图腾崇拜、拟兽舞的基础上吸收了佛教教义而形成了现在的特点。面具的使用，即使同一节目、同一神灵在不同地区，不同教派也会有一定的区别，在稳定性的总体范围内具有一定的多变性。总体来看，“羌姆”面具的造型与汉地傩面的特点具有一部分共同之处，如都表现出夸张、怪诞的特点。所不同者，汉地傩面有大量世俗类人物造型，而“羌姆”面具包括了神佛、菩萨、高僧、圣人以及藏民崇拜的各类动物如鹿、牛、狮等，它们主要是作为各类护法神祇一起组成了强大的阵容。在“羌姆”中，不同面具代表了不同的本尊和护法神，护法神扮各种愤怒威猛状，其作用也是作为制服恶魔、驱邪镇鬼的一个重要手段。

两所寺院“羌姆”仪式中所使用到的乐器多达十余种，吹奏类有大铜号、人腿胫骨制法号、唢呐、法螺；打击类有大鼓、柄鼓、钹、法铃等。

演出中所使用的各种类型的鼓为最多，此为“羌姆”必备之乐器。拉卜楞寺正月“恰木钦”上使用的大鼓藏语名为“额钦”，下以一木架做支撑，正面绘有戴骷髅头的护法金刚形象，数量约为十余面，鼓声响起时，震天撼地。柄鼓“达玛加”的使用较大鼓为多，其外形类似汉族儿童的玩具拨浪鼓，但体积要大数倍。这种柄鼓是藏族最古老的乐器之一，在苯教时代它就是驱邪镇魔仪式演出过程中不可缺少的法器 。其鼓身以人头骨为材料，两面蒙以羊皮，演奏时，奏乐者坐于地面，左手扶柄，右手持曲柄鼓槌击打，常与钹一起用于诵经场合。钹是佛教寺院所常用的法事乐器之一，汉地佛教寺院经常用到此类乐器，在“羌姆”演出中它也是极为重要的法器，只要大钹响起时，音乐节奏就会有所变化，明显具有指挥作用。吹奏类大者长达几米者，喇嘛称之为“同钦”，分上、中、下三节，固定场合一般置于木架之上，进场时前端需由一人扛起。它属形体最大，音量最大的乐器，所奏之音低沉、雄浑而庄严。“恰木钦”上法王斩妖除魔时，四支“同钦”同时奏起，产生出震撼人心的效果，也将除魔排山倒海的气势烘托得淋漓尽致。唢呐，藏语又称为“加林”，管身为木质，吹口为一铜哨，声婉转而多变，在所有乐器里，它的声音变化最为灵活。

上述几种乐器在演出过程中很少单独使用，通常都是混合奏起。一些观赏性较强的舞蹈场合，如塞赤寺“夏雅舞”中喇嘛扮作鹿与牛做拟兽舞接受感化时，节奏就柔和婉转一些，有欢快祥和之气。而当护法神出场，进行护法驱邪逐鬼激烈跳跃之时，节奏就变得雄壮和威武起来，震人心魄。与繁丽的面具造型和色彩相比，“羌姆”的音乐旋律变化总体还是显得较为单一，但却对整个仪式起着至关重要的作用，它不仅可以渲染“神舞”各个场次的不同气氛，还可统一协调整个队伍的行动节奏。在长达数小时的演出中，只有此起彼伏的各种乐调，除了几段场合配合的诵经声之外，自始至终没有说和唱，是一出名副其实的“哑剧”，仪式的氛围、节奏、舞蹈情节均由乐器来协调指挥。

在几次跳“羌姆”活动接近尾声或结束后，喇嘛都会将表演中所使用的一些道具及事先准备好的一些“妖魔鬼怪”集中起来投入火中销毁，颇类似于汉地驱傩中的“埋祟”。汉地驱傩开始所逐多为无形之鬼，至迟有形之鬼渐多，今河北武安固义村“打黄鬼”，所逐之“黄鬼”皆由人所扮演。拉卜楞寺和赛赤寺“羌姆”所驱逐的妖魔鬼怪大多是以藏民食物糌粑捏制而成，还有的以布或纸剪而成，他们称之为“郎卡”、“多玛”。在藏传佛教中，它们不仅指外在的妖魔，还包括佛教中所指的人们内心的贪嗔痴恨等一切魔障。当销毁它们时，众喇嘛会念起咒语，由几十上百人一起念诵，声音洪亮，周围围观的观众也随之吼叫、吹口哨、跳跃，场面甚是宏伟。在他们看来，随着这些妖魔鬼怪被投入油锅或者火中，所有的邪气已被全部驱除，所有的鬼怪、灾难、病疫都已经全部烟消云散，并希望新的一年开始后，人们都会获得神佛庇佑，幸福安康。

此外，在塞赤寺“羌姆”中，还出现了一位普通人装扮的老者，他头戴白色面具，身穿野羊皮长袍，身后跟随有两个穿红色长袍的孩童。三人出场后作出许多动作，没有规定的剧情和动作，只是一些滑稽表演，表情诙谐而幽默，纯属一幕简短的哑剧。表演结束后，他们会回到观众所站位置与大家一起观看后面的表演。这种情况在其他教派“羌姆”中也可以看到，据《藏传佛教桑耶寺羌姆考察报告》[2]一文介绍，桑耶寺“羌姆”在表演中会出现几个大头娃娃，他们上场既无规定动作，更无规定的表演内容，仅以一些鞠躬、摔跤、跳神的动作逗乐观众。日喀则的扎伦步什寺在“羌姆”表演中还穿插进了哑剧《老两口》，由两位喇嘛分别头戴红白面具，扮演成藏族老头和老太太，表演家务生活，还跳起了“堆谐”舞（一种以顿足为主要动作的舞蹈，类似于西方的踢踏舞）。

这类表演一般都与跳“羌姆”所展示的主旨没有必然联系，纯粹游离于“羌姆”之外，充满浓厚的生活气息，且具有更多的娱乐性质。但此类节目却受到群众极大的欢迎，一方面，它们直接来源于藏地群众的实际生活，表演形式活泼，风趣盎然，颇具观赏性；另一方面，我们也可看到，当与古“羌姆”相比较时，当代这种寺院傩舞随着时代发展，已在一定程度内冲出寺院围墙的禁锢，突破了宗教法舞严谨的局限，淡化了神祇的威慑感，在适应观众审美需求方面作出了相应的调整变化，与世俗娱乐有一定程度的结合，逐渐朝着人神同乐的方向发展。

“羌姆”作为一种寺院傩舞，其传承方式与汉地傩大有不同。从“羌姆”的产生至今已有数千年历史，其中的许多舞蹈比“羌姆”本身都更为古老。据《莲花生大师本传》所载，莲花生进藏时，在桑耶寺奠基仪式上曾跳过这种舞蹈。再往前可追溯至松赞干布在颁布“十善法”时，人们所跳的鼓舞、狮舞、牛舞、鹿舞。更早时，在藏地苯教时代，人们就信奉骷髅神——“土达追布”，以上这些舞蹈至今仍存在于今日的“羌姆”表演中。

“羌姆”的舞仪因历史的发展而产生流变，时间不同，地域相异，其情节内容、出场角色、舞仪也都各自略有不同，即使属同一地区同一教派的拉卜楞寺和塞赤寺在跳“羌姆”过程中也有局部差别。但总体来看，整个仪式的组成结构大致相同，请福纳吉、驱鬼逐疫的傩祭、傩仪的足迹仍深留其间。郭净先生在《藏地节祭中的假面神舞——羌姆》一文中将“羌姆”的仪轨大体分为了净坛迎神——扫除邪恶——送崇酬神三个步骤，并指出这也是“贯穿各种羌姆仪典的主线”[3]，据此来看，拉卜楞寺与赛赤寺的“羌姆”完全符合这一共性特点。即使在与其他地区不同教派以及早期文献所记的“羌姆”相比而言，这种一致性均一以贯之，保持着很强的稳定性。

究其原因，一方面是与这些寺院所处地理环境因素有关。“羌姆”是一种藏传佛教特有的具宗教性质的仪式活动，只存在于藏地或藏民聚居区。与汉地相比，这些地区一般都比较落后，至今仍可看到该地区许多藏民过的依然是较为原始的游牧生活方式，他们当中多数人所受的文化教育程度非常之低，拉卜楞寺与赛赤寺中的绝大多数喇嘛甚至是没有系统地接受过一个阶段的学校教育。在地域与思想上的相对封闭，与外界接触面的狭窄，导致他们受到外界的影响自然就要小很多、缓慢很多。正因为外界因素很难进入这个群体，所以他们才没有快速被外来文明所同化。

另一方面，“羌姆”特殊的传承方式对此也起到了至关重要的作用。八世纪莲花生大师将远古代巫术舞、面具舞、图腾舞与佛教金刚舞互相融合，对“羌姆”进行了系统化、规范化改造同时，注入了大量佛教因素，使之在佛教范围内加以利用和发展，我们今天所看到“羌姆”中大量佛教中的护法神便是这一改造的结果。佛教的改造和规范使得“羌姆”在一个相对封闭的文化背景中有了自成体系的延续和发展，因此，它在表演地点、时间和表演者乃至仪轨、法器、经文上都有极其严格的规定性。拉卜楞寺和赛赤寺的“羌姆”在时代相传中都形成了一个稳定的羌姆班子，寺院设有专门的僧人教学“羌姆”，负责训练舞蹈者称为“羌本”，“羌本”依照“羌依”（舞谱）和上代“羌本”的言传身教来世代相传。演出者也分为“羌供”（领头者）、“羌巴”（普通表演者）、“扎央”（奏乐者），只可由寺院喇嘛充任，挑选极其严格。“羌供”需要有熟练的技艺，负责演出活动中的技术；“羌巴”每几年更换一次，一般为三年，更换以年龄和技艺为标准，总体人数保持稳定。在演出前，所有人员必须经过定期训练和考试，不合格者需补习至完全合格为止，演出地点只能在寺院内举行（部分程序可移至广场空旷之地举行，但仍不出寺院的范围），演出时间一般多选定在藏历具有特殊意义的时节。

从以上来看，“羌姆”的传承远不像汉文化圈民间傩一样在后来发展中具有很大自由性，其存在和延续相当大的程度上要依赖佛教及寺院。综上因素都使得“羌姆”能在数千年的传承中还能保持着原始的风貌。

注释

[1] 曲六乙：《东方傩文化概论》，山西教育出版社 2006 年版，第 87 页。

[2] 姜春爱：《藏传佛教桑耶寺羌姆考察报告》，《戏剧》1996 年第 1 期。

[3] 郭净：《藏地节祭中的假面神舞——羌姆》，《西藏民俗》1995 年第 1 期。

参考文献

1. 曲六乙：《东方傩文化概论》，山西教育出版社 2006 年版。

2. 姜春爱：《藏传佛教桑耶寺羌姆考察报告》，《戏剧》1996 年第 1 期。

3. 郭净：《藏地节祭中的假面神舞——羌姆》，《西藏民俗》1995 年第 1 期。

张掖『倒羊角』

胡颖

位于甘肃河西走廊中段的张掖，是河西走廊地区最开阔的一段平原地区，早在原始社会就有自然绿洲，为人类的生存提供了天然的优越条件。20 世纪 80 年代山丹县壕北滩马家窑文化遗存、1964 年张掖高台县红崖子乡六洋坝村等地马厂文化时期墓葬及出土文物的发现，都证明张掖境内在五千年前就已经有了人类的活动，其所辖高台县境内的北凉古都骆驼城及国内罕见的魏晋汉墓群等多种古代遗迹，同样向世人昭示着这片土地悠久、深厚的历史文化积淀，而活跃在高台县的“倒羊角”，正是这种悠久的历史文化背景孕育出的民俗活动之一。

一、“倒羊角”概述

“倒羊角”，具体流传在高台县新坝乡暖泉村，是一种古老的民间舞蹈形式，因领舞（头鼓子）头上戴的帽子像一只倒长的羊角而得名。在古代跳这种舞蹈主要是为了驱逐灾疫、平衡阴阳、令子孙生生不息，当地有一首民谣这样唱道：“跳羊角、闹羊角，闹着羊角做什么？四书上留下‘乡人傩’，解瘟疫来和地脉。”可见，“倒羊角”最初是为驱傩而创制。

“倒羊角”多在逢年过节时演出，尤其是在正月初三至正月十五的闹社火中更是必不可少的“保留节目”。全舞由八类角色组成：头鼓子、二鼓子、大旦、小旦、挎儿（方言，指家里最小的男孩）、道童、大棒、二棒（又称棒槌或和尚娃），每种角色两人，共计十六人表演。关于这几个角色的来历，当地流传着这样的一首民谣：“一肚子生了十六个娃，四个鼓子四朵花，四个后生两挎儿，两个娃子出了家。”形象地概括了倒羊角舞蹈各角色的身份。

该舞蹈表演形式分“大场”和“小场”两种。大场人多，场面大，一般为过街表演，人员可随意增加；而小场则人员固定，有一定的规范。大场的特点是队形复杂，套路丰富，表演时像走迷宫游戏一样，令人眼花缭乱，以高台新坝乡周围地区的倒羊角为例，据统计约有十二种花样，跑跳起来长达两三个小时，主要套路有长蛇阵、龙摆尾、四门弯子、钻四门、遍地梅花、拧钻子、黑虎掏心、太极图、蒜辫子、串花等。

高台新坝乡周围地区的倒羊角表演时有说有唱、说唱结合，其说唱形式可分为自唱、点唱，边舞边唱、边说边唱等。说唱的内容也极为丰富，有唱对神灵的祈求，对官府的奉承、希望；有唱通过辛勤劳动而获得丰硕成果后人们的愉快心情以及对美好前景的向往的；也有唱古诗词的，大都即兴赋诗，现编现唱。曲调有“小放牛”、“四景儿”等。伴奏主要用打击乐器，除演员边舞边奏的乐器外，场外尚有鼓、锣、镲伴奏。锣鼓点随舞蹈的情绪由弱渐强，借以造成紧张而热烈的气氛。

服饰、道具：

1. 头鼓子：画脸谱，头戴羊角帽，反穿对襟羊皮袄（毛朝外），穿灯笼裤、圆口黑布鞋。

2. 二鼓子：画脸谱，头戴黑边云花帽，帽子左右及帽顶戴黄色表褶或红花，有的用五色纸褶花，穿对襟上衣、灯笼裤、圆口黑布鞋。

3. 大旦：头挽高结发髻，穿绿色裙袄、彩裤、绣花鞋。

4. 小旦：梳大头，穿红色裙袄、彩裤、绣花鞋。

5. 大棒、二棒：画花脸，头戴和尚帽，有的戴五方佛，身穿黄色马褂、红色靠腿，手拿霸王鞭。

6. 挎儿：头扎朝天辫，穿大襟上衣、中式裤、便鞋。

7. 道童：梳双髻孩儿发，穿道袍、便裤、长筒白布袜、圆口黑布鞋。

以上角色的装扮有时也有变化，比如，鼓子也可以身穿黄马褂，下着红色靠腿，云转双脸牛鼻鞋，手执缨刷子，化净水脸谱。花（花旦）则头戴红花，梳长单辫，身穿红绿衲袄，腰系折花裙子，穿彩鞋，手执折扇。

舞蹈中所用的道具主要是木制腰鼓，鼓身长约 25 厘米，漆红色，蒙牛皮为鼓面。用一根长约 20 厘米的木棍作鼓槌。演员演出时“抱鼓持槌”，即斜背鼓，左臂抱鼓于左腋下，右手捏鼓槌。钱棒为长约 35 厘米的木棍，两端各凿一孔，穿上铁丝，再嵌铜钱，表演时右手竖握棒腰，虎口所对一端称为棒头。大旦、小旦所执彩帕为 40 厘米见方的红绸，另有棒槌、拂尘等。

基本步伐：

头鼓子、二鼓子的动作：双手“抱鼓持槌”，走“刹踩步”（即刹踩脚，具体做法是双腿稍屈膝，左脚起，全脚掌着地，一拍两小步踩地有声地碎步前行）或“跑跳步”，右手槌每一拍击一下鼓。

大旦、小旦的动作：双手各“执彩帕”于左“顺风旗”位，走“刹踩步”时上身要保持平稳，不能上下颠动；走“跑跳步”时，一拍击一下棒。

大棒、二棒的动作：双手各“握棒槌”随步伐于胸前上下相击，顺势挥动分向两旁。走“刹踩步”时，每两拍击棒一下；走“跑跳步”时，一拍击一下棒。

挎儿的动作：右手“握钱棒”。走“刹踩步”时，双臂屈肘向前平抬，左手手心向下，右手手心向上，双手先同时向左翻腕，右手用棒头与左手手

掌相击，然后再向右翻腕，用棒尾与左手手掌相击，每两拍击一下；走“跑跳步”时，双手上下挥动，除右手用棒头与左手掌相击外，其他均同大棒、二棒走“跑跳步”时动作。

道童的动作：左手背于身后。走“刹踩步”时，右手执“拂尘”抬于头右前，以腕带动下臂，一拍向左，一拍向右地甩动拂尘；走“跑跳步”时，右手举至头上方左右甩动拂尘。

新中国成立后，倒羊角舞的传人比较有代表性的是杨兴基，男，生于1929年。他从小喜欢玩社火，年轻时经常扮演头鼓子，动作规范有力度。20世纪曾对该舞的流传作出了不小的贡献，

二、“倒羊角”来历考

张掖高台等地为什么驱傩时头戴羊角？这可能与当地人习惯认为羊可避邪有关。

羊自古就是羌人的图腾。《说文·羊部》：“羌，西戎牧羊人也，从人从羊，羊亦声。”刘光华主编的《甘肃通史》言：“羌族是我国古代西北地区一个历史悠久、分布广阔、影响深远的大部族。甲骨文中最早的‘羌’字是个独体象形字，为人戴羊角之象。孙海波《甲骨文编》‘羌’字下注云：‘此象人饰羊首之形，盖羌族人民之标识也。’这其实是羊图腾装扮在文字形体上的反映。”[1] 羌族最早的发源地，古史学界的认识大体趋于一致，主张在甘肃中部和青海东部地区，新石器时代晚期的马家窑文化，以及后来河湟一带几支青铜文化，尤其是辛店文化和卡约文化，有可能就是古羌族的遗存。[2] 而1964年张掖马厂文化时期墓葬及出土文物的发现地之一恰好是“倒羊角”活动的主要地区，即高台县红崖子乡六洋坝村等地。

此外，下面这些资料可以进一步说明张掖与古羌族的关系。《诗地理考》曰：“羌本姜姓，三苗之后，居三危，今叠、宕、松诸州皆羌地。”《后汉书·西羌传》也说：“西羌之本出自三苗，姜姓之别也。其国近南岳。及舜

流四凶，徙之三危，河关之西羌地是也。”《史记·五帝本纪》云：“迁三苗于三危，以变西戎。”可见很早以前，我国羌族的祖先曾在三危生息繁衍。

而关于三危的地址问题，虽然从古至今学者们提出过许多说法，但大多同意三危是一个以三危山而得名的广义的地名，应包括今新疆罗布泊以东，甘肃疏勒河以西的广大地区。今天张掖市自然也在此范围之内。

总之，种种考古发现、文献记载都证明今张掖曾是古时羌人的活动地域之一，头戴羊角的舞蹈“倒羊角”很有可能就是羌人的祭祀、驱傩活动的遗迹。

可能也是由于上述原因，张掖地区除高台“倒羊角”之外，以“羊”为装扮的表演节目在其他县、乡也很常见，通称“秧羔子”，“秧羔子是张掖社火的核心和主体，每个社火队必有秧羔子。秧羔子是一种打击乐伴奏的跑跳集体舞……倒羊角、膏药灯与秧羔子大同小异，基本一样，实质上是秧羔子的不同流派。”秧羔子的舞蹈动作比较简单，但套路繁多，共有72种，如单摆尾、双摆尾、单万字、双万字、照三星、钻四门、五盏灯、太极图、蛇蜕皮、金钱吊葫芦、拜观音、倒栽葱、扎墙子、半边城、单辫子、双辫子等。

虽然甘肃各地的社火内容随着时间的推移、文化的交流传播等原因而日益变得同中有异，或同大于异，但以羊为装扮的“秧羔子”类民俗表演活动却显示出很强的地域特点，它一方面反映出羌人图腾崇拜的文化色彩，另一方面为我们从文化人类学的角度研究古人不同部族的活动、迁徙提供了活态的依据。

最后，关于“倒羊角”的名称，曾有人将之根据读音写作“道秧歌”，为此王文仁等撰《河西民间舞蹈“倒羊角”再正名》[3]一文中指出其谬误，“倒羊角误传为道秧歌主要是当地的方言、谐音造成的。高台方言中将‘羊角、牛角’说为‘羊戈、牛戈’，且‘倒’与‘道’为同音字，将倒羊角误传为道秧歌。”所言极是！从渊源考察，秧歌也是一种古老的民间集体舞蹈，在全国很多地方人们将社火或全民祭祀、娱乐活动中的舞蹈表演统称“秧歌”，从这个角度讲，张掖的上述民间舞蹈也可以叫“秧歌”，只是这样一来失却了很多文化神韵及内涵，且“道秧歌”之“道”也没有了着落；同时，结合我们对此项舞蹈来源的考证，也能证明“倒羊角”才可能是它本来的称谓。

注释

[1] 刘光华主编：《甘肃通史》，甘肃人民出版社 2009 年版，第 262 页。

[2] 同上书，第 264 页。

[3]《作家杂志》2008 年第 9 期。

参考文献

1. 中国民族民间舞蹈集成编辑部编 :《中国民族民间舞蹈集成·甘肃卷》，中国 ISBN 中心 1989 年版。

2.《张掖史话》，甘肃文化出版社 2007 年版。

陇南白马人傩戏的表演内容

蒲向明

傩舞戏是带有浓厚宗教色彩的舞蹈戏剧形式，表演中保存着大量具有原始风貌的巫术信息，陇南白马人傩舞戏也不例外。从现有表演形式和表演内容看，“池哥昼”属于陇南白马傩舞戏最源头的文化遗存，其次是“麻昼”，源于白马人自然神崇拜而又继承了古“十二神兽”和十二生肖文化。在“池哥昼”和“麻昼”的基础上，演化出入贡山“秋昼”、薛堡寨“甘昼”、堡子坪“嘛勾池”、寨科桥和迭部寨（入贡山）“阿里该昼”等傩舞戏形式，体现了陇南白马人傩舞戏从娱神到娱人的继承、变化和发展，处于中流。沿此而下，派生出的案板地村（麦贡山）“池母擀面”、立志山村“拐格达”、强曲村“杀野猪”、寨科桥“秦州客”傩舞戏表演则成为陇南白马人傩舞戏的末流，主要发挥着娱人、吉庆的作用。

一、陇南白马“池哥昼”表演内容

陇南文县白马人“池哥昼”傩舞戏，是其最具特色的盛大节庆祭祀表演。“池哥昼”为白马语，“池哥”即“面具”之意，引申为山神、白马老爷等神祇意象，也指“池哥昼”表演队列的傩面舞者，“昼”即“跳”、“跳舞”之意。“池哥昼”就是跳“面具舞”，跳“傩面舞”，跳“鬼面子”。它被赋予祝祷丰收、祈求平安、驱恶辟邪、迎喜纳吉的意义，表演场面庄重热烈，既有神秘的宗教气氛，又不失浓郁的民族风情，还承载着鲜明的民族文化特色，极具历史和民俗研究价值，吸引欧美、东南亚和国内许多学者、文艺工作者、游客或探讨研究，或采风记录，或欣赏参观。

“池哥昼”傩舞戏的舞蹈队列，一般由9个角色构成:“池哥”4人，“池姆”2人，“知玛”3人。也有个别村寨在“池哥”、“知玛”的数量上有变化，如寨科桥有“池哥”3人，“池姆”2人，“知玛”2人，外加一个“秦州客”角色，整个池哥昼傩舞戏队列有8个角色，而迭堡寨除没有“秦州客”角色外，其他角色与寨科桥相同，只有7个角色，为整个白马河流域角色数量最少的。四个“池哥”，分老大、老二、老三、老四，均戴青面獠牙的三眼神木雕彩绘面具，上插锦鸡翎，头饰折纸彩花，反穿羊皮袄，背负一串铜铃，足蹬牛皮“番靴”，左手持铁剑（除麦贡山外，其他村寨用形状不一的木剑），右手执牛尾，形象凶猛恐怖，舞步遒劲粗犷，其中穿插情境性的捕猎活动。两位“池姆”，头戴彩雕面具，眉慈目善，端庄秀丽，身穿宽袖对襟百褶裙，手持一方花手巾，紧跟“池哥”，一步一合掌一屈腿，一步一转体别腰，舞姿柔和优雅，轻盈飘逸，叙事性舞姿以模仿种庄稼和家务活为主。“知玛”夫妻，面敷黑墨，丈夫身穿麻布长衫，头戴草帽，妻子身着白马藏人一般妇女装束。“知玛”表演比较随意，往往作为池哥表演的辅助和补充展开表演。他们的儿子，小“知玛”（别称“猴娃子”）脸上抹锅灰，身穿破衣烂衫，相当于戏剧中的丑角，说笑话，唱怪歌，前后随意乱唱狂跳，喜乐无常，主要作用是逗乐，增加欢乐气氛。相传，陇南白马人由四川北迁陇地时，一白马女子遇一四川男子，相见钟情，竟至于爱恋私奔，遭族人蔑视，故在表演时这个角色脸抹锅灰，扮作“另类”。

“池哥昼”通常于正月初五在各村寨的大场院试演，经寨子里的头人、尊者、耆老、会首“审定”，然后按照试演情况做准备工作。正月十二，陇南白马人各村寨要由族长召开村民会议，商议部署“池哥昼”活动事宜，如确定“跳手”人选、安排接待客人等，正月十三开始正式表演。沿白马河北岸溯源而上，各村寨表演时间依次为：麦贡山在正月十三、十四两日，立志山在正月十四日，入贡山和案板地在正月十四、十五两日，强曲在正月十五、十六两日，朱林坡、枕头坝、寨科桥和迭堡寨在正月十六日，草坡山在正月十六、十七两日，表演时间有一定的连续性，先后迁延共五天时间。舞蹈者头戴“池哥”、“池母”傩面具，与跟随的“知玛”，挨家逐户地欢跳表演，意在为白马村民驱鬼除恶、祛邪消灾、避难纳吉，以迎接新的一年祥和顺意。整个场面古朴豪放、庄重热烈，既富有神秘气氛，又充满了浓厚的娱乐色彩。

对于陇南白马人来说，“池哥昼”既是娱人娱神的傩舞戏，同时又是一项神圣的祭祀活动，不能随意演出。每年至正月十六、十七日跳完“池哥昼”以后，即将面具、服装、道具等收集起来，按程式和规矩焚香祝祷后选择特定场所予以高挂收藏，直至下一年春节到来再表演，平时一般不能随便将面具拿出来。如遇特殊情况指定村民杀鸡宰羊，焚香祈祷，举行敬神仪式，占有吉兆后，才可“请”出傩面具和服装道具等。

“池哥昼”表演活动主要有以下流程：

（一）备办

“池哥昼”的发起和组织由村寨头人负责，“会首”协助。头人是该村寨最德高望重者，会首是当年表演池哥昼的事务负责人。会首按照村寨由东到西的位置顺序，每年分户轮流担任。会首在春节除夕日按照程式，向每家收一升黄豆，汇集后出售，将所得钱款用于购置池哥昼表演所需香蜡、纸张、火药等物及祭祀所用羊只，备办池哥昼正式表演期间一至二日演出队伍的早餐。池哥昼演出人员在正月初五试演后确定，同时确定的还有锣鼓手、钹手、炮手，均为男性。演出人员开始准备各自演出需要的服饰，主要包括演出服装和傩面具上的折花彩纸、所插锦鸡尾羽等。

（二）装扮

正月十三日早晨，会首负责安排好早饭，炮手用“三眼铳”连放三声响炮，池哥昼演出人员吃早饭。随后，开始池哥昼演出前的装扮。四位“池哥”选特定圣洁地方（白马语叫“德布凯”）装扮，洁净三眼神面具。反穿羊皮袄，背后扎一大羊皮尾巴，腰系黑羊毛线编织腰带，身佩一串铜质銮铃，脚穿“番靴”。番靴为白马人手工艺传人特别制作，以厚牛皮做靴底，以羊毛织料做靴面靴筒，绣有米字太阳图案装饰。洁净后的傩面具上饰有五彩折叠纸花、插五支彩色锦鸡尾羽，面具后有红布头巾。带上面具，一手执牦牛尾，一手持铁剑或木剑，池哥的装扮已经完成。“池母”角色有两个，分池母老大、老二。池母装扮的场所，确定为每年表演池母老大角色的人员家中。池母傩面具上饰彩色纸花，后面有红布头巾。演员头缠青丝黑帕，身穿以黑、蓝为基调的长衫，领、肩、袖及后裙均由各色花布搭配拼接，与长衫相配的是色彩艳丽的百褶长裙，胸佩银牌或鱼骨牌，脚穿番靴，靴面和靴筒均以麻布做成。三个知玛角色分夫妻和小知玛，扮夫者为主角，装扮即在主角家里进行。知玛不戴面具，均面敷锅墨。男子戴草帽，并饰有五彩折叠纸花，身穿破旧毛毡，一手拄拐杖，一手拿扇子，脚穿破旧草鞋。女子头系青黑丝帕，饰有圆形鱼骨牌，戴着有夸张意味的大耳环，穿破旧衣服，手执犏牛尾，小知玛穿着类似男主角。

（三）祭祀、舞蹈起步

装扮结束，三个角色表演者会聚特定出发场地“久哩”（祀庙），头人主持祭祀天地诸神、祖先列宗，焚香点蜡、烧纸、祷告。祭祀结束，会长示意准备就绪。炮手即对空鸣放三声炮响，池哥昼傩舞戏表演者、鼓乐手、炮手等齐喊三声“噢呃呼呼”，随后列队离开场院，表示一年一度的“池哥昼”活动正式开始。接着“咚咚嚓”的锣鼓、大小钹等打击乐声，以铿锵的节奏骤然响起，先在寨前村后、村边田间地头驱赶邪鬼，鸣炮。然后舞至村中场院，跳圆圆舞（圆圈舞），进行“萨嘎”（古老歌谣）对唱。唱毕，即安排逐户人家跳唱。

“池哥昼”逐户驱邪、纳吉、保平安表演活动按一定的顺序展开。表演先从村寨东开始，直跳到村西，结束仍回到村东。在村民每户之间的路途上或场地上，池哥的行进步法，三步一转身，手执牛尾和刀剑，随步法作出配合动作，头戴面具自然摆动，转变处来回跳动作为调整，风格刚猛、庄重、威严，意在驱邪赶魔。这种有着固定程式的表演叫做“玛够几”。池母紧随池哥后面，随着池哥表演节奏，步法相同，身法以摆动腰肢、双手叉腰、双手合十为一个回环，风格慈祥、和善、仁爱，意在为人们纳吉祈福。知玛夫妇为队伍前导，各自做一些夸张、滑稽的动作，配合“噢呃呼呼”的喊声，逗引人们发笑，活跃气氛。小知玛跟随池母之后，动作无拘无束，或做鬼脸，或奔跳欢呼，尽显顽皮、活泼、欢快，憨态可掬。身穿节日盛装的村民们，跟在舞蹈队伍后面唱歌跳舞，气氛热烈。

（四）入户表演、驱邪纳吉

“池哥昼”傩舞戏队伍入户，待进庄户院门之时，炮手即放响炮，户主（男主人）亲自在门首燃放鞭炮相迎。进入院落，沿逆时针方向在院子里跳三圈，知玛开路，池哥池母随后，鼓乐手按步点伴奏。三圈跳腾结束，炮手一声炮响过后，随着知玛“噢呃呼呼”的喊声，池哥登台走上门廊，进入主房前，池哥老大带头执牛尾在房门上方敲击警示，而后进入房内，随势在屋内转跳一圈，与此同时池母在廊檐跳演。待室内池哥跳完，按大小次序由东向西在堂上面门坐定，池母入内在池哥西位侧，按大小依次同向就坐，池哥为神灵上位，其他人都在下位侍候，乐队炮手也坐下位，知玛没有座位，只在门首招呼往来亲友和族人，喜笑颜开，说吉利、道平安。主人摆上事先准备好的肴馔酒碟，族长向池哥敬献最好的“五色酒”（别称泡酒、咂杆酒，白马语“贝超”，因以五色粮食酿制，故名）或蜂糖酒，唱敬酒歌“朝伟”，意在敬天地、敬神灵，众人和唱、合唱。按大小次序给池哥敬酒毕，池哥老大“吐吉言”，祝福全村人、当户主家平安吉庆、丰衣足食，主人则虔诚应承、答谢。“早歌”结束，池哥池母品尝酒馔，在场男女对唱酒歌“唠依”、“朝嘻”，歌声此起彼伏，达到入户表演最热烈气氛，轮番给池哥池母敬酒，给往来宾客敬酒，道吉祥平安。

（五）起身离户、回环再演

知玛看敬酒过程基本完毕，喊一声“哲午周”、“尼强摆”（意为神灵起身），炮手鸣炮，鼓乐声起。池哥老大手拿点燃的纸、香，随鼓声而出，标志着把主家的灾祸、疾病、噩运带走。知玛随后在主房门槛上边敲木棍边说吉利话，如财源茂盛、灾祸已除之类，小知玛向主家索要盘缠“知玛馍”（类似于馒头）每户三四个，然后知玛焚香、烧纸出门，表示带走瘟魔灾祸。炮手三声炮响，又开始向下一户人家的驱邪纳吉表演。按规矩，“池哥昼”傩舞戏跳至宽敞大院或村中平阔场地，无论在场男女老幼，身着节日的民族盛装，手拉手跳起圆圆舞（圆圈舞），唱“玛知玛咪萨连叨”、“呀呀喃”、“噢斯唠”等歌曲，以展示姑娘们的妩媚和小伙子的帅气，年老也以此活络腰腿、强健身骨，向少年男女传授歌舞技艺。需两日表演的村寨，第一天傩舞戏跳演结束的深夜，跟随的男女老幼护送“池哥昼”往圣地卸装，取掉面具，摘下鸡翎。众人面向西跪拜叩首、祷告，头人焚香、烧纸。仪式毕，村民兴高采烈地回到家中，等待第二天的表演。

（六）送神卸装

正月十五，“池哥昼”傩舞戏逐门串户表演完毕，舞队再回村东，即举行送神活动。按古老仪规，送神活动女性不能参加，她们待在村里唱歌，有对唱、齐唱等形式，歌声绵绵不绝。活动开始，先送天神。头人带领“池哥昼”傩舞队伍和男人们，随“艺人”（巫师）到村寨上面的祖传圣地“送天神”。池哥、池母、知玛跪在场地前面，后边是村中各户男子跪地祈祷，场面肃穆。由“艺人”焚香、烧纸毕，即用神器打卦占吉，凡三卦得上卦为吉利，待占吉结果宣布，“池哥昼”队伍和所跪人众齐声大喊三声“欧喂”，三声炮响，人们起身站立。而后，送神队伍回返村里，在全村最大的十字路口，池哥、池母按规程连跳三圈，又鸣炮三响，最后出下村口送瘟神。妇女们齐聚村口唱歌，而男子们跟随池哥、池母，前往村子下面的特定地方。那里有扎好的草船，上面有每家送来的一个插有小旗的蒸馍。“池哥昼”舞者围绕草船跳三圈，锣鼓大小钹敲打伴奏。随后“艺人”、头人烧香烧纸，宰杀羔羊祭祀，以送瘟神、送地神。池哥、池母表演者取下傩面具，以示卸妆。扯下面具上五彩折纸花、锦鸡翎毛尾羽，放入草船，一起点燃，大喊三声“欧喂”，鸣放三眼铳各一响，意为带走三灾八难。活动完毕，人们拿着面具一起唱歌回村，度过最为热闹的狂欢之夜。全村男女老幼在街火场跳圆圆舞，载歌载舞，焰火鸣炮，狂欢到鸡鸣报晓。

（七）伙饭聚会

“池哥昼”傩舞戏结束后的第二天，早饭后头人安排炮手鸣炮三响，村民知道聚会开始了。全村人齐聚村中街火场（有些村在首家会），共同分享跳池哥昼的所得，喝泡酒（即五色酒，也称“咂杆酒”，与池哥昼表演关系密切的白马人酒歌文化，内涵丰富，种类众多，拟另文论述）、吃伙饭、吃羊肉、分知玛馍、跳舞唱歌。最后，由头人按“池哥昼”轮转入户的规则和顺序确定下届会首，移交傩面具、锣鼓钹、三眼铳给新会首妥善保管。选出巡官，按村规民约，负责巡检柴山水路、庄稼牛羊，实施奖罚。

二、陇南白马“麻昼”表演内容

“麻昼”别称“㑇舞”，意为吉祥面具舞，汉语俗称“十二相舞”、“跳十二相”。陇南文县石鸡坝乡岷堡沟的薛堡寨、堡子坪、博达峰三个自然村主要的民族风俗，就是正月十五、十六跳“麻昼”。表演者头戴木雕傩面具，以锣鼓和钹为主要伴奏乐器，载歌载舞，旨在祭祀神灵、祈求平安、驱鬼避邪，是白马人重要的群众性娱乐活动之一。其拟兽舞蹈的特征说明它文化渊源来自古“十二神兽”舞、“十二生肖”文化，可追溯到白马人崇尚万物有灵的原始公社时期，古氐羌文化、傩祭文化融会其中，表达了白马人与自然万物和谐相处的美好愿望，以及朴素的天人合一思想。陇南白马人称宗庙为“山神殿”，内无塑造神像，而是供奉绘有神像的木质牌匾。对祖先的崇拜尚无具体实物象征，没有神祖牌位。供奉祖先画像，只在过年时才挂出来，全家祭祀，十五以后便收卷起来。

“麻昼”原是白马人的祭祀性舞蹈，有祭祀娱神、祈求保佑和驱鬼避邪之意。随着文化的变迁，祭仪逐渐淡化，成为以自娱自乐为主要目的、村民喜闻乐见的情景性节会舞蹈。陇南白马人的“麻昼”，是由 4 个池哥 4 个池母在前开路引导，6 个动物麻昼跟随，4 个甘昼断后的行进式舞蹈，表演者均为男性。“麻昼”开始前，先在村北“山神殿”古松神树下举行祭祀礼仪，然后在特定地方装扮，由头人和会首安排表演活动。表演是在村里固定的场院围着篝火跳演，并无逐门串户进行驱邪纳吉演出的讲究，这是和池哥昼在表演形式上的最大不同。“麻昼”傩舞戏跳演者在场里，民众和歌而唱者在外围，并伴有铿锵锣鼓。跳起此“麻昼”，便会激起白马人的神灵崇拜、自然崇拜和祖先崇拜的感情，也把我们带进了旷古原始的氛围和意境之中。

“麻昼”舞蹈队伍最前面的 4 个池哥傩面，别称大鬼，仍然是三眼神，面貌凶猛夸张。与文县白马河流域的池哥相比，外部扮相有所不同，下颌有黄色流苏饰边的红色脖巾，脑后彩色饰巾则长及腰际，下身反穿羊皮短裤过膝，配以番靴，更显行头的一致与流畅，它们左手执牛尾，而右手握木棍，犹如权杖，棍首饰红色折纸花。4 个池母，更加迥异，它们没有面具，只以黑帕裹头，左右手拿小扫帚（当地称“扫把”）。6 个动物麻昼傩面，桐木雕刻，用红、黄、绿、蓝、黑等色彩绘制，角、嘴、眼都特别突出。顺序依次为狮、牛、虎、龙、鸡、猪，代表 12 生肖。狮大为首，白马语称“生梗”，代表鼠、兔；后面五个除表自身外，还分别代蛇、马、羊、猴、狗。麻昼扮相以六种动物本色而定，如戴猪首面具者服饰以黑色、青色为主，虎头面具则配以条形斑纹。衫裙相配，色彩艳丽，表演者手执彩条巾帕，显现独有风韵。“麻昼”的舞蹈组合以圈舞的点踏步、穿花的踮跳步为基本表现形式，舞蹈的基本动律以蹉步、小腿划圈蹲步、左右跳转圈为主，结合粗犷、神秘的上肢动作，栩栩如生地表现了所扮动物的形态，体现了白马人独有的审美意识。最后的 4 个甘昼，别称小鬼，均戴有傩面具“阿里嘎”，扮相相对简单，双手执牛尾，显得活泼、顽皮。配合“麻昼”的甘昼表演，汉语俗称跳小鬼，它是双人舞，代表一公一母，展演了白马人男欢女爱、男耕女织的生活情景。

“麻昼”的乐器有铜锣一面，牛皮鼓一部，大小铜钹两副，以鼓钹为主要伴奏乐器。表演开始，由举旗幡者引路，由“狮子”领头，右手执金刚镢法器，左手挥红黄绿彩色绸条，以“猪”煞尾，手执神头法器，挥彩条，队伍以碎步沿逆时针方向转圈而舞。舞者时而停立，时而走圈，时而聚拢，时而散开，手脚特别灵巧活泼。动作多是模拟各种禽兽，如追打扑食，栖息藏匿，惊慌奔逃，鹰隼展翅，猛虎跳火等，古朴大方，强劲有力。“麻昼”傩舞戏表演动作十分复杂，有 12 大套，72 小路之说，学习很不容易。薛堡寨的表演者从十几岁开始，由老传人专门教他们，每天晚上练习，要持续好几个月。经过这三年五载的传承训练，才能掌握基本的技能技巧。随着时间的推移和社会生活的变化，一些跳法濒临失传，亟待抢救性发掘整理。目前在薛堡寨能全面、完整地指挥领跳者只有两三人，而“麻昼”十二相面具雕刻艺人仅剩下一两个老人，手艺传承人正在培养之中。

“麻昼”每一路的跳演，都有男女合唱麻昼歌曲相伴，全体参与伴唱者往往分两组对唱、接唱。歌曲内容极其丰富，一般围绕村寨上下，从山顶事物起兴开始，一直唱到沟底的种种有关物事。4 个池哥，两两为对，跳走前进，4 个池母跳走随后，以示为麻昼队伍开路，而 4 个甘昼公母相对，滑稽逗趣，渲染气氛。整个表演以逆时针转圈的方式，按有关规则和套路表演，舞步变化丰富，造型逼真，动作流畅。其间，还要穿插专门的池哥表演、甘昼表演（别称“跳笑面小鬼”）和有关种种故事传说的表演。

“麻昼”的第一大套路叫“狭昼”，汉语称“拜山神舞”，跳法是边走边跳，由祭祀场地走向大的表演场院，经过全村人和参赛的各队歌手跳进场的舞步。它有六个小路，分别称兰昼、阿尼昼、更物昼等。第二至十二大套路分别叫“腰昼”、“搭昼”、“安昼”、“搓昼”、“山尼”、“报杰兰目”、“粘昼”、“世昼”、“歇昼”、“雷杰瓦扎”、“帕昼”，他们在汉语中分别叫“牛舞”、“虎舞”、“兔舞”、“龙舞”、“蛇舞”、“马舞”、“羊舞”、“猴舞”、“鸡舞”、“狗舞”、“猪舞”，它们都有六小路六种动作。“麻昼”十二相与一年四季有关，其中“鼠、龙、猴”代表春季，“鸡、牛、蛇”代表夏季，“狗、马、虎”代表秋季，“猪、羊、兔”代表冬季。狮，白马语称“生梗”，寓意兽中之王，它的形状凶猛，能压倒一切，立于不败之地。牛，白马语称“捞梗”，寓意牛王菩萨，能为人类生活服务，白马人对牛有特殊的感情。虎，白马语称“达梗”，寓意山中之王，它特别醒目的是头上有天生的王字，白马人最崇拜虎神，有给人带来吉祥等传说。龙，白马语称“主梗”，寓意有鳞甲，有角，有凤毛，比喻高洁品行，象征祥瑞。鸡，白马语称“谢梗”，寓意洁杰、舒秀，象征吉祥美丽的神鸟。猪，白马语称“帕梗”，寓意憨厚、顽强，象征勤恳实干、任劳任怨。

“麻昼”傩舞戏的相关角色，池哥为舞蹈队列秩序的维持者、开路先锋，承担拜礼祭祀、镇邪驱鬼职责，池母面丑，以黑帕裹头，和池哥永不分离，同时出场，同样镇邪驱鬼，甘昼阿里嘎，助民为乐，活跃气氛，随池哥池母活动，扮演小鬼舞蹈。“麻昼”整体傩舞戏仪式充分体现了白马人对大自然的崇拜，传达了维护当地祥和的社会环境和生态环境的心愿。其历史悠久、雄浑古朴、神秘惊心、内涵深厚，深刻体现了白马人与自然和谐相处的生存理念，同时也体现了远古时百兽率舞的文化遗存，和“池哥昼”一样，也是白马傩文化的杰出代表。

三、陇南白马人傩舞戏中流阶段诸样式表演内容

随着历史的发展和时代的演进，在“池哥昼”和“麻昼”基础上，陇南白马人演化出了处于中流阶段的其他傩舞戏样式，其代表是“秋昼”、“阿里该昼”“甘昼”、“嘛勾池”。

（一）“秋昼”

“秋昼”见于白马村寨入贡山等地，该傩舞具有情景性，表演通过肢体语言和手势语展示了一定的故事情节。池哥昼傩舞表演队列在逐户进入白马居民家中进行了例行的驱邪、祝祷、纳吉、唱答的表演后，选择大场院由其中两位“池哥”各自双手执牛尾表演。先是拜五方、拜天地，锣鼓、大小钹按特定节奏确定演出步点，通过面对面弓步进退、斗肩、双手推挤，相对挽手、搭肩、对膝对脚尖，相背挽肘、屈膝扭争、小跳角抵等一连串动作，表演双方激战厮杀的壮烈场面，有“史剧”的意味，舞势节奏明快，动作坚实有力，充分体现了池哥象征作战的刚强威猛。从口传系统考察，“秋昼”表演是白马人对先祖屡经战事的纪念（采录对象：班正联，1930 年生，白马人手艺传人），历史上白马人（白马氐）从西汉水流域向白水江流域迁徙的过程中，经历了和外族、官府的很多次征战，所以，“秋昼”是陇南白马人对民族战史的一种群体性记忆的表现。从唐宋史料对氐人，尤其是白马氐的记载突然减少的情况看，白马氐和汉族等其他民族的大融合时期，所以“秋昼”产生的时间不会早于唐宋。陇南白马人把文州（今文县）称“白马城”，就如他们的代表性舞蹈火圈舞的舞唱曲所云：“白马城是什么城？白马城是铁铸的城”，反映了外族入侵时坚守聚居地白马城的守备情况，《文县志》载，宋末理宗端平三年（1236 年），蒙古太子阔端率军陷文州，州、县俱废，建西番（今白马人）军民元帅府，“秋昼”的产生很可能与此重大事情有关。

（二）“阿里该昼”

“阿里该昼”傩舞戏表演见于入贡山、寨科桥和迭部寨，但入贡山和后者两个白马村寨表演有异。在入贡山“池哥昼”队伍居家驱邪纳吉仪式结束后，选宽敞院落，由傩仪的三个（或稍多）“知玛”表演，其中一个扮演猎物，两个扮演猎人。两个扮猎知玛手执牛尾，通过追逐、跳跃、跨步、按压等动作表现出猎、围猎、捕获、降服猎物等内涵，期间还通过手势、比画，要明确表现出互比本领、自豪夸耀，最终捕到猎物的意指，鼓钹伴乐，渲染气氛，而扮猎物的知玛，则动作展示东躲西藏、闪挪腾跃、奔突逃跑等情景。

最后炮手点燃三眼铳爆响，捕猎者将猎物最终扑杀倒地，尔后围着猎物跳舞，以示欣喜、快活、豪迈，通过解肉、分送、分享猎物等舞蹈情节，完成整套傩舞戏表演。“阿里该昼”通过情景动作展现故事情节和人物情感，所有动作夸张而不失滑稽，利于故事场景链生成，观赏性好，体现了娱神意味淡化，而娱人效果鲜明的特点，这是对白马人先祖狩猎活动的反映和民族群体记忆的传承。寨科桥和迭部寨两村相邻，他们的“阿里该昼”基本一样，但和入贡山的比起来，差异非常明显。一是表演的人物角色、人数不同。在池哥昼表演结束后，由傩舞戏表演的任何一位池哥和一位知玛两个角色进行表演。二是表演内容不同。在鼓、锣、钹等打击乐器的伴奏下，池哥和知玛通过推搡、抱摔、掰手、抵腿等动作，表现猎人对猎物的征服，通过三到四个回合的较量，知玛屡次被孔武有力的池哥摔倒，直至知玛向池哥鞠躬认输，诚服其神力的不可战胜。

（三）“甘昼”

“甘昼”傩舞戏表演仅见于薛堡寨。在池哥昼表演完毕之后，由两位（有时四位）头戴“阿里嘎”傩面具（不同于池哥、池母、十二相傩面具）的角色，俗称“笑面小鬼”双手执牛尾进行表演。在锣鼓敲击的节奏中，通过笑面小鬼全场性的对面跳步、回旋跳步、原地蹲跳、舞牛尾示意等展示祭祀的热烈和庆祝的欢快，然后模拟妇女哺乳、做饭、擀面、缝制衣服等生活场景，重视不同场景之间的衔接和转换，有较为原始的场次格式和手势语、体态语言表述，情节链条关系明显，表现出由傩舞向傩戏过渡的特征，表演的意义在于反映长期以来白马人具备独到特点的生活风貌。“甘昼”傩舞戏最典型的特征是生活化和情境化，表明“甘昼”与白马人的民俗节日、宗教活动和日常生活有着息息相关的联系。比照周人年终“为此春酒，以介眉寿”（《诗经·豳风·七月》）的风尚，白马人应该在很早以前就有这类傩舞戏，但通过对现在“甘昼”表演的观察和了解，现今“甘昼”傩舞戏表演的应该是近几百年才形成的舞蹈程式和内容。刘师培《原戏》称“戏曲者，导源于古代乐舞者也”之论断，可以在这里找到佐证。“甘昼”表演，让戏剧的因素渗入傩舞之中，傩舞与戏剧因素的融合，不仅形成傩舞戏品种，而且借此可以使我们看到中国戏剧发展的基因和较为源头的质素，从这个意义上讲，称“甘昼”表演是中国戏剧发展史上现有的活化石，应该是毫不为过的。

（四）“嘛勾池”

“嘛勾池”表演仅见于堡子坪。“嘛勾池”傩舞戏与祭祀活动融合在一起，正月十五上午在堡子坪大场院跳池哥昼、麻昼，下午池哥昼逐户驱邪纳吉，晚上迎五谷神，正月十六在场院跳池哥昼、麻昼（跳法与第一天有不同），下午拉开“嘛勾池”表演序幕，先有德高望重的老者到上后山“神场”焚香祭拜，村中场院四个池哥被白马青年手臂相挽形成的两道“人墙”围困，池哥左冲右突，与人墙多处几经对抗，终于冲出“围墙”，因而获得神力，带领所有到场男子直奔“神场”，面向东方跪祭，齐喊三声“勾咤”，鸣炮三响，宰羊作为牺牲敬献，随后分肉、在火塘烧肉、吃肉，分享祭品。随后神场人员分成两队，由两位池哥（手执木刀、牛尾）和一个麻哥（队列首领、头人）手执钢刀各带领一支白马民众，以神庙场为中心，展开格斗，鼓乐催征、节奏振奋。两队头领率众经过六场相遇交锋、厮杀的“战斗”，行进作战，直至队伍离开“神场”、相聚表演场院，在炮仗声中“嘛勾池”表演结束。“嘛勾池”演出有几个关键环节具有代表性，如练兵、交锋、厮杀、两军下山等。据口传系统，“嘛勾池”傩舞戏反映的是雍正八年（1730年）白马人与官兵的战斗经过（讲述人：尤玉明，1934年生，国民政府初小文化，笔录时间地点:2010年3月3日文县石鸡坝乡堡子坪村），从表演的具体情况看，以舞蹈语言展演历史场面为主题，动作随意而又粗犷，整体以跑、跳为主，两军交战场面的舞步较为固定，主要有弓步、跨步、屈膝、左右甩刀等战斗动作，思想内容当是反映白马人部落为捍卫自己的利益征战、御侮的历史场面。

四、陇南白马人傩舞戏末流阶段诸样式表演内容

随着时代的演进，历史潮流而下到了近代，这期间在原有多种傩舞戏基础上，陇南白马人演化出了更具戏剧因素尤其具有哑剧因素的傩表演样式，更趋向于表演有情节的故事而接近戏剧，只是不用语言表达、动作和表情还未程式化而已，不像戏剧的唱、念、做、打一样固定下来，表演动作的基础还是舞蹈，亮相意识模糊，随意性强。处于这个末流阶段的其他傩舞戏，代表是“池母擀面”、“拐格达”、“杀野猪”、“秦州客”、“杰勿”。

（一）“池母擀面”

“池母擀面”现存于入贡山和案板地两个白马村寨，傩祭的色彩已经大为减弱。在池哥昼傩仪表演结束后，选取宽敞场院或村寨中名望隆厚族人家中进行表演。演出只由两位池母完成，属于池母二人舞戏的情景表演，有锣、鼓、大小钹伴奏，每个场面有入场、退场等固定环节，表演程式也较为固定，主要场面有洗刷锅碗、舀水烧水、和面擀面、切面捞面、敬天神、给池哥喂饭等，由独特、新颖、具有丰富生活内涵的典型场景形成，表演者通过形体语言、动作、舞蹈、富有节奏感的音乐达到叙事和讲述的目的。“池母擀面”是一种选择场所当众表演故事情节、进而实现叙事目的、教化人心恪守传统的综合艺术。因此，“池母擀面”已经具备了傩戏的主要特征，只是因为演出过程不用语言、缺少固定脚本等情况，才体现了这种傩戏的原始性和粗放型。由于受演出的时间、空间和观众的限制，“池母擀面”的舞蹈表现和情景叙事两组动作衔接讲求流畅、程式固定，更集中、更简练、更直感地反映了陇南白马人现实生活中厨房劳作的原生态场景。“池母擀面”的池母，驱邪纳吉的身份和意味已经远去，代之而来的是白马人妇女在家庭生活中尤其是厨房劳作的现实形象，所以池母傩面具的微笑更显祥和、可亲、柔婉、慈爱，也反映了她们任劳任怨、勤于家事的淳朴美德。白马人在一年最隆重的节日表演“池母擀面”，虽然是今天可以看到的，但从古朴的形式上，我们可以感到它显然是远古时代遗留下来的风俗。《孔子家语・观乡》说：“子

贡观于蜡。孔子曰：‘赐也，乐乎？’对曰：‘一国之人皆若狂，赐未知其为乐也。’孔子曰：‘百日之劳，一日之乐，一日之泽，非尔所知也。’”可见早在春秋时期就已经有类似的一年之乐农事傩舞戏形式了。“池母擀面”存留今天，其表演包含着一段段故事的内容，这种傩舞戏虽不足以表现陇南白马人的更为内涵的东西，但它演故事的事实却已存在了。这是它的价值和意义所在。

（二）“拐格达”

“拐格达”（别称“拐疙瘩”）表演仅见于立志山村，该表演穿插于池哥昼队舞在白马村寨逐门串户驱邪祈福期间，表演人员由池哥昼全体傩舞戏成员和村民（以男性中青年人员为主）三十余人组成。表演时选村口较近平展田地一块，在锣鼓、钹等乐器伴奏下，先由池哥昼队舞人员带头入场沿田埂直线行进，随后队伍成员手牵手跟进，作直拐行进间队列变换，手执象征刀剑的棍棒或作扬鞭、驱赶、砍劈状，队列直拐行进中伴随着男性“嚎嚎”的喊声，女性则手拉手在行进中唱“玛知玛咪”颂神曲。队形变换以直线行进——直拐行进——变换圆圈——再一个循环——池哥昼队舞成员退场——结束为主要特征。表演舞步结合了傩祭舞蹈、自由舞步、圆圈舞（火圈舞）等多种行进集体舞蹈的样式，表演意象应该是反映了白马人历史上生存的艰辛、不断迁徙、不断征战、刀耕火种的民族群体记忆。该表演风格粗犷又兼有柔婉，有很强的抒情性和鲜明的叙事性。表演力图运用肢体语言讲述已经远去的历史和故实，应该是在池哥昼傩舞戏的基础上，结合追述先辈历史和祭祀怀想先辈功业等实际需要，派生出的叙事性傩戏情景表演，娱人娱神功能俱存。

（三）“杀野猪”

“杀野猪”见于强曲村，腊月十六日表演。其他白马村寨有零星类似表演，因说法不一，表演差异较大，或有残缺和异化，因此我们调查仅以强曲村为样本。该表演由四位池哥、两位池母、两位知玛和一位野猪扮演者，以及参与活动的若干民众共同完成。池哥、池母和知玛的傩舞戏表演比较程式化，但戴有野猪面具的表演者成为舞蹈活动的中心人物，要模仿野猪田野游走、啃食庄稼、奔突逃窜等情景动作，在池哥的带领下，知玛活跃主动，参与民众和他们手牵手形成狩猎人墙，表演搜寻野猪、围追堵截野猪、逐猎擒获野猪、抬送野猪返回、肢解分肉等情节，表现陇南白马人在先祖早期集体狩猎的原生态场景。该表演在锣鼓、大小钹打击乐的强节奏氛围中，体现出一种激烈、欢快、喜庆的独有特色，情节性强，娱人效果非常突出。据从强曲村老艺人的调查，在表演“杀野猪”前，还有腊月十四、十五两天喂野猪的风俗，该表演的渊源和强曲这一支白马人北迁有关，据说他们原来居住在白马河南面的“强泉里山”（白马语称“司哲里”），刚迁到现在这一片地方时，野猪很多，有一次一只大野猪窜入村里，经过全村人的齐心协力，团结一致，才将野猪捕杀并由全村人分而食之（讲述人：杨富成，1925 年生，国家级非物质文化遗产传承人，笔录时间：2010 年 3 月 2 日）。可见，“杀野猪”傩舞戏产生的时间比较晚，戏剧特色比较鲜明，是通过表演，来讲述和白马先民围猎生存有关的故事。

（四）“秦州客”

“秦州客”傩舞戏表演仅见于寨科桥白马村寨，为该村正月十六日池哥昼表演的一个重要组成部分。秦州客通常出现在整个池哥昼表演队伍的最前头，做一些杂耍动作、跳唱故事等，为池哥昼表演做前奏。在三个池哥手执木剑完成驱邪祈福表演后，两个池母按照一定的程式跳“拜四方”傩舞戏，两位知玛在场地配合傩舞戏表演行进间说唱舞蹈，步型稍有定型，但随意步伐占多数，说唱内容主要以逗乐和活跃气氛为主，表演滑稽。秦州客角色的表演穿插在池母拜四方和知玛说唱滑稽表演之间，类似于戏剧演出的丑角。扮相为头戴草帽（或毡帽）上饰彩色纸花，面涂黑抹，身着反穿的黑色羊皮坎肩，腰系绳索，右手执牛尾，左手持龙头拐杖，背上有竹编背篓。其表演主要是插科打诨，平添节日娱人的欢快气氛，步法、手势较为随意，以夸张、辅助性伴舞和说唱为主。秦州客说唱和舞戏主要有三个方面：为池哥、池母、知玛表演布置场地，然后配合池母、知玛表演拜东南西北四方诸神，拜五福五地，拜金木水火土五行，祈求神道各路给主家降吉祥、保平安，最后是拜主人和在场宾朋人畜两旺，祈愿庄稼收成好年景。“秦州客”表演的源头于史无考，今据对白马人口传系统的语言考察，它应该出现在清光绪年间，至今有百余年历史。传说光绪时寨科桥一队白马人被征外出作战，行至秦州（今天水）战败溃散，少数人流落他乡，其中有一位就在秦州安家，一晃几十年过去，已至暮年的他思乡不已，随后身备盘缠，手拄拐杖，历尽艰辛，数度春秋，终于回到白马河故乡。但那天是送神日生人犯忌的正月十六，他被驱逐、赶出村寨，后来经过再三解释，有人才回忆起了他，便称他为“秦州客”。秦州客虽身无分文，但他紧跟池哥昼队伍每家每户拜年说“吉言”，赢得了族人的爱戴。跳完那轮池哥昼，秦州客就去世了。后来人们为纪念他对族人和亲人的忠诚，就把他拜年的动作、唱词和吉言作为表演化用为池哥昼表演的角色，一直保留了下来。（讲述人：文县铁楼乡寨科桥村白马人郑常发，1934 年生，曾任大队文书、村主任；田代全，1970 年生，曾任社长多年，扮演秦州客角色 15 年左右。笔录时间地点：2010 年 3 月 1 日寨科桥）。“秦州客”表演有很强的故事性，戏剧色彩鲜明，其唱词和吉言均有文字底本，是陇南白马人傩舞戏表演中最具有戏剧特质的表演，从中反映了傩舞戏表演的顺势和顺时特点，符合戏剧发展的时代性特征。

（五）“杰勿”

陇南白马人的“杰勿”傩舞戏表演（汉语俗称“跳月月”），由四个池哥、四个池母和两个面敷黑墨的“杰勿”共同表演，演出剧情和白马人的“月月”传说有关，演出过程中角色之间有对唱。传说远古有“月月”四兄弟，非人非兽、身着蛤蟆外皮，但他们和父亲一道，耕作打猎，都是好手。皇家四女儿中的一个要出嫁，选天下英杰为乘龙快婿，条件是献上美丽的凤凰翎毛。经过千辛万苦“月月”弟兄父子击败竞争对手，获得凤凰翎毛。皇上不违承诺，将女许配“月月”。后来他们看望女儿，恐被人们认出，于是面敷锅墨、乔装打扮，不期而至。他们的访问，令“月月”四兄弟欣喜若狂，不禁背着他们转圈起舞。四个池哥即是“月月”四兄弟，四个池母黑帕裹头遮面即是伴着新娘的皇家女儿，因一路要经过村村寨寨，裹头蒙面以遮羞，而“杰勿”就是皇后皇上，为避免被认出，即面敷黑墨。这个情节剧的演出，体现了陇南白马人傩舞在发展末流向傩戏的转变，虽然动作和表情不像戏剧一样已经程式化，如唱、念、做、打，利于舞台表演，也并不使用语言，演出是一种想象的、情感的、故事性的沟通方式，情节的传达不会超出文字可以传达的范围，但“杰勿”夸张诙谐的舞戏表演，推动剧情发展，让观众通过观看和内心体验去感知内涵，已经达到了戏剧尤其是哑剧的近似效果。限于白马人没有文字，未形成戏曲脚本，该表演动作较为即兴，舞蹈动作为主，鲜有戏剧亮相动作，但有跑跳、转圈、麻昼入场和祭拜动作，伴有“甘昼”甩牛尾转圈、场外白马人对唱、轮唱、和唱等助兴，场面活跃欢快。

陇南白马人傩舞戏从源到流的发展演变，形成一个流畅的地域性傩舞戏历史传承序列，无不揭示着白马人生存史的种种隐秘，诉说着世世代代生活的艰辛，这些闪耀着民族精神的艺术遗存，经历悠悠岁月的洗礼，穿越历史的长河，一直沿袭至今，堪称民族艺术的瑰宝。

陇南白马人傩戏的面具艺术论

蒲向明

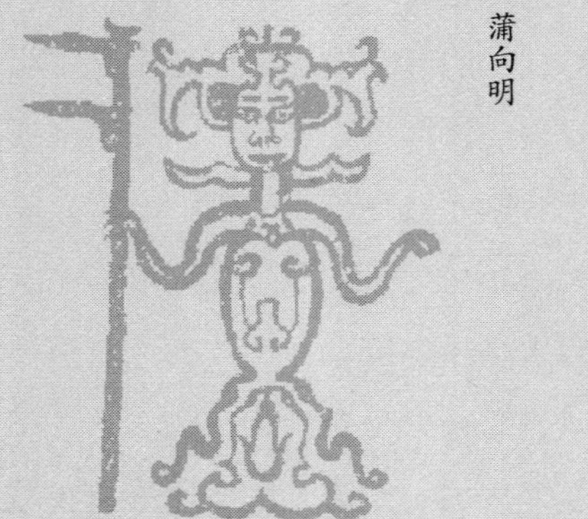

陇南白马人傩面具是其傩文化的重要组成部分，它最主要的功用就是用于傩舞戏的表演。池哥池母面具、麻昼和甘昼傩面具是白马人优秀的民间传统雕刻，有着悠久的历史。陇南白马人现存傩面具雕刻源于清代，据雕刻手艺老传人班正联（1930 年生，入贡山村民）讲述，到他手里已祖传三代，年轻传人班正新（1972 年生，入贡山村民）是第五代，技艺已日臻成熟。老传人班正联继承的是源于宋代、兼收明清特点的傩面雕刻技艺，手法成熟老到，所雕面具古朴细腻，且工艺复杂讲究，白马河流域和岷堡沟白马人傩舞戏的所有傩面具均出于他手，或在他的指导下由班正新完成，是陇南乃至甘肃雕刻领域不可多得的民间文化遗产。

一、陇南白马人傩面具的来源和传说

陇南白马人池哥昼傩面具的来源，有以下传说。

1. 白马人祖先曾装扮成怪异彪汉躲避战火，后人为纪念这一历史事件而演绎了"池哥昼"。东晋末仇池国君主氐王的小儿子"武都"为逃避追杀，他和贴身侍卫头戴狰狞面具，装扮成野人，携带家眷逃离国都，因此创造了傩面具。这个传说自北齐时，傩祭面具传入军队，临战戴面具成为风尚的历史文献记载是有关联的。

2. 白马氐人所建立的政权被攻灭后，白马人受尽外族欺侮，被赶进了深山。为反抗压迫，白马选了两个英俊的小伙子装扮成美女，并由四个彪形大汉头戴面具护送，声言要给外族统管者进贡美女。他们边歌边舞，渐渐靠近外族统管者，趁其不备，掏出身藏利刃，一下子便将其杀死。雕刻傩面具以遮大汉颜面，为白马民众除害。

3. 很久以前，白马氏有四弟兄、两个媳妇和一个小妹，七人结伴而行，云游天下。走啊走啊，走了七七四十九天，来到四川境内，一路上看不够巴山蜀水的秀丽风光。他们投宿的人家小伙子私爱上了美丽白马小妹，二人情投意合，不顾双方家庭反对，私奔结为夫妻，后来生了儿子。一家又跋山涉水，千里迢迢回娘家——文县白马山寨探亲。亲人相见，抱头痛哭，说不完的离情别意。后来，白马人为了纪念这些云游天下的白马弟兄家人，便刻成一个个面具，戴在头上欢歌曼舞。

4. 很久以前，居住在深山密林中的白马人常遭官府、匪盗的欺压，生活在水深火热之中。有一次面对官府又来白马山寨烧杀掳抢，一位姑娘自告奋勇搬救兵，虽历尽千辛万苦，未能成功。后来路遇汉族小伙子结为夫妻。他们为躲避追杀逃进深山密林，搭设庵房，垦荒种地，艰难度日，繁衍生息。最后穿着破衣烂衫的白马女子和丈夫带着儿子（猴娃子）远道而来，终获白马众人帮助，回到族群之中。为了缅怀先辈的生存艰难，祭祀先祖和镇妖驱邪，就雕刻了傩面具，并编排了面具舞。

麻昼面具的来源和传说是，很早以前，薛堡寨相距百余里之遥、坐落在大山深处的四川南坪县勿角乡，也是一个白马人居住的地方，村里有个喜好打猎的杨勒贝。会同从四川蛮坡渡、大槐树来了七八户姓金的白马人，也在薛堡寨安家落户。这样一来，薛堡寨成了一个由薛家、杨家、金家三姓人组成的白马山寨。过去薛堡寨村的面具舞只跳池哥昼，自从杨勒贝来到薛堡寨后，带来了勿角乡的麻昼，从此麻昼成了薛堡寨独具特色的面具舞。来自不同白马部族对动物的崇拜，模仿十二生肖的各种动作，古朴刚毅，情趣盎然，亦为春节社火内容。每年腊月、正月跳街火，或是跳面具舞昼哥昼、麻昼，都是先给薛家人跳，然后再给杨家人、金家人跳。这个规矩一直沿袭至今。甘昼面具的传说似乎和麻昼关系密切，但具体传说已经散失，考查不到感性内容。

这些传说，神化了陇南白马人傩舞戏中的傩面具，增强了傩舞戏的神秘感。

陇南白马人傩面具应该有很悠久的历史，已延续数千年之久。文县城关镇干沟坪村农民赵广田所办“白马人家”保存的两具花岗岩质地的傩面具，耐人寻味。据赵广田介绍，这两个面具都是出土于白马河流域古墓葬中，具体时间已不可考。其中一具面具额头有角，面部线条流畅，有一双凸目，类似于广汉三星堆出土的纵目铜傩面具，面具石质经过磨制，手感细腻。双耳凿圆孔，以利佩戴。比较看来，这具石质傩面具的时间或略晚于三星堆，或与三星堆铜傩面具产生时代相同，只是因为在白马河流域没有金属开采，所以，白马先民们就地取材，雕刻出石质傩面具。另一具花岗岩石质傩面具造型奇特，面具是一整体人像，最上是人面，凸目，两手向上环举与围脖飘带相接，孔洞便于系帮面具。傩首向下面连为一体的傩身上有三个大篆文字，可辨认为“木口目”，具体是何含义，不得而知。由这两具出土于陇南文县白马河流域的花岗岩傩面具，可以推断、感知这里傩面具最早的出现，距今已经约有五六千年历史。

从《汉书·地理志》卷 28 记载白马氏生活的情况看，白马人的先祖白马氏在战国至秦汉已经定居在甘肃南部、松潘、平武的广大地区，与现今“白马藏人”居住地区吻合、一致。其中很多地方与羌杂居。《后汉书·西羌传》

云："女耻其状，披发覆面，羌人因以为俗。"羌人覆面习俗，自然影响到白马人，秦汉氐羌的覆面习俗应该是白马傩面具形成的重要阶段和主要条件。《北史》载北齐兰陵王以凶悍傩面具代面退敌，可以旁证两晋南北朝时期氐人最强盛阶段鬼神面具的使用情况。唐代特别是吐蕃崛起后，氐人之名渐不见于记载。有学者认为，吐蕃在向东发展的过程中，和阶、文州等地土著的氐、羌人杂处，而他们之间却自分部族，不相混杂。但内地人却不加分别地总称他们为西蕃，这就是唐以后，氐族的名称不见于记载的原因。[1] 因此在唐以后白马人傩文化的发展在汉民族历史文献中记载缺失，其傩面具的发展情况也随之不得为人所知。

就现有白马人傩面具的情况看，显然已脱离比较粗陋唐代雕法，而显较为精细的宋代雕法，并融会了明清以来的手法，用五官的变化和装饰来完成人物的性格表现和形象塑造。这种手法雕刻的面具风格古朴细腻，工艺复杂讲究，表现力强。如池哥面具的剽悍、凶猛、狰狞、威武、严厉，池母面具的和蔼、温柔、妍丽、慈祥、忠诚，麻昼面具的威武、稳重、深沉、冷静、凶猛，甘昼面具的滑稽、反常、和善、夸张等。现在的白马傩面具以"肖神"为基本特征，大抵是自然物的神格化与神灵的人格化，二者的融合交织，使其各具神韵。这与白马人巫傩面具的历史传承与不同时期神灵造型相对应，并且会随着以后宗教文化和社会发展的趋势继续发展变化。

根据实地调查和访谈，陇南白马人傩面具先有麻昼、甘昼面具，才后有池哥昼面具。古时白马人居于深山密林，与山林相息，野兽为伴，为防野兽伤人，最早将狩猎所得兽头、兽皮风干蒙面，反穿兽皮衣以避兽害。随后演变为外出将树皮、木头雕成兽形佩戴以避祸，最后将其神话，崇拜成了自己的"守护神"，进而演变为麻昼、甘昼面具。这是和傩面具主要经历的三个发展阶段相符合的。[2]

二、陇南白马人傩面具的造型

在陇南白马傩舞戏演出者和信仰者来看，傩面具并不是演戏所讲的道具，也不是商家所指的工艺品，而是神祇的象征和载体，是沟通人、鬼、神世界之间的工具，是他们传统社火活动的灵魂。表演者戴上一张与凡人不同的面具，既提醒演出活动的参与者，也提醒观众，他们已经进入了另一个世界，正在做与神祇沟通的工作，是神的代言人，是神灵的象征和载体。

在白马人的意识中，傩戏面具是高层次的艺术，有着极其丰富而深邃的内涵，从池哥昼面具到麻昼甘昼面具，造型相异，各具神韵，在造型上集中体现了原始宗教意识。比较而言，白马傩戏面具与临近藏族村寨或汉族村庄的社火面具不同，其造型与原始的宗教息息相关，一般面具只是社火或戏曲演员的一种化妆手段，而白马傩戏面具则是山神、白马老爷等神祇宗教意识化的凝聚物。

白马傩面具出于造型发展靠前的阶段，有动物面具和鬼神面具，没有英雄面具。就具体类型看，正神没有面具，属于画像形式，由白马画师专门绘制，张贴于山神庙的牌位木板上或悬挂家户正堂的正面墙壁上。正神或向属于平面表现形式，不存在造型的问题。池哥面具属于凶神面具，形象威武、凶悍、怪异，有二郎神形象的纵目三眼造型。池母面具结合了神祇和世俗面具的两面特点，形象既有神祇的肃穆庄重，也有接近生活原型的平和慈祥。白马人的丑角面具被面敷黑墨的化妆做取代，知玛、杰勿形象尽显滑稽、风趣、幽默，采用戏剧手法，直接在演员脸上涂抹化妆。甘昼麻昼属于动物面具造型的变形，线条虽粗犷浑厚但整体细腻端庄，面具上装饰性的图案本身又是一种符号，有一定的寓意，这些带有特定含义的图案符号同时又成为它们刻画身份、性格以及其他特征的素材。

陇南白马傩面具的造型，注重人物性格的刻画。从外部形态考察，雕刻艺人用夸张与写实相结合的手法，按面具性格要求，以刀代笔，综合浮雕、透雕、圆雕、线刻等技法，雕刻出栩栩如生的池哥池母形象、麻昼形象和甘昼形象，相同种类却无一相同。如池哥老大三眼纵目雕刻造型，立体感明显，

其他三个池哥的纵目，虽经雕刻成形，但图案化效果明显。其傩面具的“眼”寓意和文化内涵被赋予了复杂而神秘的种种宗教和民俗的差别，麻昼面具的獠牙咧嘴本身就是动物傩面的一种造型艺术，有着它自身的艺术规律与原则。

陇南白马人傩舞戏面具的制作是个细致的工艺过程。首先是木料的选择，木料一般选用麻柳、椴树、柳树、桐树、白杨树等杂木材料。7—8 月份先在林中将木头砍成圆木剥去树皮，经一年风吹日晒，第二年夏天将木料运回村寨，选取洁净的地方放置。其次是确定面具的尺码大小，一般应以长度 30 厘米，宽约 20 厘米为好，以确保能将演员的整个面部遮盖，使其不露真容。然后开始按尺寸下料，采取一锯、二砍、三加工的程序，用平斤（锛）、斧子砍出大体造型，做出面部的基本形状，然后用凿子、手刀、刮刨进行精雕细刻，突出各个神灵的个性特征。使每个面具做得各具神韵、性格鲜明，显示出凶悍、刚直、勇武、狂傲、端丽、和蔼等各种特征来，达到表演者戴上面具便可改变面型，突出气质、性格特征，使其与傩舞戏情景相协调的目的。

眼睛是传神的重要器官，白马人傩舞戏面具的制作特别注重眼睛。艺人运用多种艺术手段，把眼睛做得很有神气，很有活力。池哥面具豹眼圆睁，如三眼神将，其中池哥老大的竖目（天眼）也是眼瞳圆凸，显得威武潇洒。而池母面具凤眼微闭、善正慈祥。麻昼面具的动物偶像造型相对写实，但眼目突出，观瞻欲纵，线条构成有装饰和夸张。甘昼面具则眼目凸出不显，眼睛造型诙谐、幽默，神态乐观，均配饰有额头竖目，亦属于三眼神造型面具。

眉毛造型，池哥面具分别为卧蚕眉、长毛眉、剑眉、浓眉，且眉梢上斜，眉形多有变化，耸起在眉骨之上，现出威严神态。池母面具为新月眉，有些村寨也有造型柳叶眉的，显得秀美慈善。麻昼面具属于动物类型，眉毛造型怪异并兼有纹饰，如虎面具即有虎斑纹，牛面具有云水纹，狮面具有簇毛纹，龙面具有羽形纹等。眉毛造型先木雕轮廓，再采用笔画或粘贴。

嘴部造型细腻，但变化极大，如池哥面具均咧口龇牙（表演者通过面具之口观察外面情形，可能有表演使用的考虑），显示刚猛骁勇。池母面具抿嘴微笑，显得和蔼可亲。麻昼面具的嘴部造型，多半开半合，但无一雷同，和动物形象特质密切相关。甘昼面具则嘴角上翘，笑口常开。不管嘴部什么造型，面具制作技艺很好地体现了身份和性格的统一。

面具胡须造型，出现于男性傩面具如池哥，麻昼龙、狮面具，甘昼雄性面具，均只有胡（上唇）而无须（下唇），多为八字胡的变形，因不同角色，或凶悍劲健，或稳重厚道，或诙谐滑稽。

面具头饰造型，额头上方插有锦鸡尾羽（或翎毛），以彩绳束有单色红、绿、紫、白、黄的折纸彩花，强烈的色彩对比，富有审美趣味。面具头后饰有颜色不同的头巾，白马河池哥昼头巾为纯红色，而薛堡寨的麻昼、池哥、甘昼面具的前后巾帕颜色因角色差异有不同，各色都有，红、紫、蓝、白、黄、黑，几乎无一种颜色不可用上来，装饰造型还用贴金、刷银亮色，显得华丽堂皇，很有气派。这些装饰造型，显现直率自由、质相清新的风格，体现了强烈的民俗意识，更是民间工艺美术的上乘之作。

白马艺人雕刻面具，往往有约定俗成的讲究和相应的各种清规戒律。制作面具前，由贝穆（阴阳先生）根据天干地支选择良辰吉日，按照仪式焚香烧纸，向神祇祈祷以获应允。制作时，在面具头顶后凿小洞秘藏“用物”，雕刻从额头和眼睛起步视为“开光”，只有这样，所制作的傩面具才会成为有生命力的“神灵”。面具制作完成，还要举行招神仪式，贝穆祝祷咒语，以俟神灵准许和护佑。白马人每年的“跳神”表演，取用面具要事先举行“开箱”仪式，存放面具要举行“封箱”仪式。禁止女人触摸面具，不让女人佩戴面具。面具的制作、使用、存放都是男人的事情。表演男子戴上面具即表示神灵已经附体，不得随意说话和行动。

三、陇南白马人傩面具的色彩

陇南白马人傩面具色彩的运用，有一个由感性走向理性，由稚嫩走向娴熟的发展过程。我们走访了一些老传人，根据他们的讲述可知，早期的白马傩面具色彩单一，甚至很早的傩面具，池哥以黑色为主，池母以白色为主，而麻昼面具往往用木材本色。从堡子坪发现的先祖（清中晚期）所留池哥昼面具、麻昼狮子面具纯黑的色彩也验证了这一点。早期的白马人的傩面具，对于色彩的运用不很讲究，它们只是以自然本色为基础，没有表现出色彩的寓意化、装饰化和工艺化。

随着陇南白马人傩艺术的成熟，面具的色彩运用以自然本色为基础，并从同类颜色中受到启发，引起联想，因而使具有类似色彩的事物属性可以表达的主观意愿，也被抽象于某一色彩中而在面具制作中加以应用。白马人傩面具色彩的调配，分淡彩和重彩两种。淡彩先在面具上涂上一层赫石或者黄土作为底色，然后用桐油刷上几遍，如池母面部色彩的应用，就属于淡彩。重彩则用各种颜料涂抹勾画，现在也有用用土漆甚至各色合成油漆绘制的，如池哥、麻昼、甘昼面具即是重彩一类。

这样，陇南白马傩舞戏面具大多使用单一的色彩。色彩本身具有了较为复杂的含义——包括宗教、道德、性格的含义，随着时间推进，傩面具色彩技巧日渐成熟，形成一定的艺术程式。色彩造型偏重实感，以不同色彩表示忠诚、刚直、凶悍、善正、安详、诙谐、幽默等含义，并运用面具五官的局部变形表示其奇特的性格特征。这种具有实感但又不失浪漫的色彩使用，使得傩面具具备了风格化的、变形的、幻想的、可怖的形象，使观众因色彩的力量而感到一种神秘的威力和狞厉的美，再加上场面、环境的衬托感受到一种原始、天真、拙朴的民间傩艺术美的氛围。

白马傩面具红、黄、蓝、白、黑五色的搭配，使色彩强烈跳跃，形象鲜明突出。面具红色代表血气方刚的颜色，表现一个人的忠勇性格，如池哥老大鼻梁、下巴、脸颊的红色就是要表达这样的意味；而黄色为基本肤色，表现人物的沉着、老练性格，如麦贡山池母的面部颜色；蓝色多用靛蓝，是庙堂中的“阴色”、“鬼色”，表现人物顽皮可怖、桀骜不驯的性格，如甘昼傩面额头、下巴的颜色；白色在白马傩面具中较少使用，表现洁白、善良，如池哥昼的牙齿、甘昼雌性面具的眼白等；黑色是风吹日晒的肤色，早期白马傩面具和现在表演的知玛、薛堡寨池母、杰勿就用黑色，表现人物的质朴和率真性格。

在今天，白马傩面具雕刻技艺是祖传艺术，讲究传外不传内，传男不传女。每个傩面具从正式开始雕刻到大体完成，需要10天到20天时间，如按照一定的要求、仪规完成打磨、上底色，最后完成彩绘，经反复试戴，适合表演使用，则需要半年时间。

现有陇南白马傩面具保存了明清傩面具的艺术风格，宏观层面体现了中国民间美术所共有的特色：造型与色彩程式化、类型化，擅长以装饰性的图案符号来表达形象而丰富的文化内涵。池哥昼和甘昼的三目神面具造型，由原来雕琢、着彩变为今天图案化表达第三只眼——“竖目”的文化含义，就体现了这个特点。这种造型方式与西方的雕塑试图反映形象的内涵不同，更注重外相的模拟。这种造型色彩运用方法上的不同，使白马傩舞戏面具会产生各种视觉上的色彩变化，由此影响了这种变化的统一关系。

现在诸如池哥擀面、杀野猪、池哥背杰勿等情节性表演和表演场面的扩大，陇南傩舞戏傩面具色彩运用有渐离程式化、类型化面相的趋势，以冠、帽、巾、帕及象征性的色彩、饰品、图案符号等寓意手段来区分神灵角色也在发生变化。白马傩戏面具色彩在今天的表现性艺术世界里，其价值常常通过对色彩的变化、对比、统一、调和或有节奏的重复来表达。有些村寨如寨科桥表演中的傩面如池母面具，两腮施以粉色，额头点上朱砂痣，慈眉善目、眼眸神合，而掬以淡淡微笑，再配以光盘作装饰，就是一种值得瞩目的现象。

新一代雕刻艺人善于运用面具的局部变形如眼珠外突、头上长角、眼窝加深等夸张手法达到形式感强、图案色彩丰富的效果。他们在继承中国民间传统雕刻工艺的同时，吸收汉族明清以来娴熟的镂空、浅浮雕等技法，制作精致、造型生动、刀法干练而流畅。讲求布局的均衡、色彩的对比和整体上的统一，显示出不同于以前的古朴、粗犷美，体现着人物的神韵，显示出傩面具新传人雕刻技艺和艺术表现的新审美趋向。如薛堡寨的麻昼中的狮面具，2009年正月我们考察时，色彩还是通体黑色，造型沿用原有模式，但2010年春节后我们第二次考察时，造型整体发生变化，引用镂雕和浮雕技法，色彩造型出现了蓝眉、橘红面孔，紫绿黑诸色装饰面部的情况，通过色彩的丰富性，傩舞戏面具不但表现了白马傩文化的神秘诡异，也表现了部族人们的喜怒哀乐以及真善美的情感内涵。

对于色彩构成较为复杂的面具，如池哥昼、甘昼面具，新的色彩使用重视小色块的互相搭配与呼应，使得整个傩戏面具中某些类似色彩彼此相互照应、相互依存而不显孤立。薛堡寨的池哥面具色彩、线条运用明显异于白马河流域，以黑为主，兼有深绿、靛蓝，线条以红白勾勒，配以纯白牙齿色彩，色彩的寓意尽管可以被本村寨的表演者与观众双方认同，但对于白马河的观众或外地访客观看，含义的表达具有不确定性，观众解读面具色彩往往也会产生歧义，解读面具也会因审美情趣的不同而有差异。比较而言，白马河流域的池哥面具，深浅和冷暖色彩的搭配，使色彩强烈跳跃，形象的鲜明性更为突出一些。在薛堡寨麻昼面具的色彩表现上，显得更胜一筹，新传人们经过反复揣摩，通过对色彩对比、调和或有节奏的重复，面具色彩并未明显脱离浓重的原始文化意思，却给观众一种适合时代的美感表达（关于这一点，我们调查时做过抽样走访）。

四、陇南白马人傩面具的特色

（一）色彩占有重要地位

陇南傩舞戏中不同的面具展演不同性格的人物，所以，白马彩色傩面具是傩舞戏演出中代表角色身份的一种夸张面部形貌的化妆手段，色彩占有傩面具的重要地位。

随着现今白马人审美水平的提高，艺人对傩面具的配色和效果表达，出现了不同以往的特殊性。白马傩舞戏面具的配色很讲究冷暖色的搭配，以冷暖的对比方法衬托出不同的色彩，显示美观和协调。红黑二色是威猛色，二者相配能够显威风，能起到相互衬托之效果，用于描绘威武和凶悍形象十分适宜，如池哥面具就讲究红黑二色。不同的色彩搭配会产生特有的情感反应：类似色如红色与橘红色的搭配，会使面具显得威严刚强，薛堡寨麻昼的鸡（羊）面具即为一例；青色与蓝色的搭配给人以圣洁感，如麻昼龙（猴）面具；黑和墨绿色搭配显得稳重、朴实，如猪（狗）面具。同样，对比色的搭配，在黑白二色的运用是个极端，但白马傩具色彩的搭配确很常见，如池哥的纯白獠牙、门牙和黑色的上下唇，运用黑白搭配充分体现了角色的威严、率真和刚正。

白马傩面具的色彩技艺通过数千年对客观自然色彩的总结，并加以强化、变换和转移，摆脱了对自然色彩关系的依赖，带上自己的主观意愿和感情，艺人以理想化的手法和浪漫的情调去运用色彩。同时他们充分利用各种色彩带给人不同的主观感受，并不排斥固有色，却又不是简单的照抄照搬，而是采用合理变形的手法，使其符合主观要求，符合本宗族的审美意蕴和审美理想。

白马傩面具色彩重要地位还体现在，手艺传承人色彩的层次，突破了色彩透视原理和时空观念。池哥面具和甘昼面具也有以黄底施以红黑色，简洁而醒目，浓艳而谐调，依据自然而又超脱自然，这种健康朴素的色彩观充满了热情与活力，具有种震撼人心的感染力。由此淡化了面具色彩的真实性、逼真感，强调了个性化的色彩认识与感受，加强了色彩的设计意识与象征意义。面具色彩寻找最美的色彩因素与色彩关系，去重新组合与再创造，人为地营造出一个绵延特有情味的色彩氛围，以此去激起观者的热情欢快，哀婉沉思，激昂亢奋等情绪，从而使色彩表现成为白马傩舞戏面具有机的统一体，从而达到完美的装饰效果。

（二）鲜明的装饰倾向

陇南白马人傩面具的装饰性倾向是非常明显的。

首先，由于面具的装饰传统由来已久，池哥昼和麻昼、甘昼面具都可以找到纹饰化的图案。池哥、池母面具额头的上沿，都有纹饰，有些用透雕纹饰的办法，或象征头发、或象征冠盖，而有些是用浮雕或图案来表达这一装饰意味。麻昼中的动物面具，都有变形的装饰化纹理，精雕细刻，镂花镶嵌，可以看到秦汉神兽的造型纹饰的遗存，特别是鸡面具，几乎面部通体都用纹饰，显现出古拙而又意味深沉的视觉效果。甘昼面具的眉毛、鼻梁和嘴唇，用纹饰和图案来表达“跳面小鬼”的拙稚、俏皮、滑稽和诙谐。传统中白马傩面具上面装饰“彩纸折花”，如扇子纹理放射形布局，加上成束簇集的层次错落、色彩丰富的纸花，造成强烈的视觉装饰而形成立体感，扩大了面具和观众之间的意义互动与接受交流。

其次，面具的装饰性图案、浮雕本身又是一种符号，可以寓理。薛堡寨池哥昼面具的双颊图案，黑红绿三色相间搭配，线条以菊花瓣型为主体，明显吸收了汉民族古典戏曲黑花脸的脸谱特征，成为一种符号，寓意它们是“力”与“勇”的化身。枕头坝池哥面具的眉毛在装饰性图案的基础上，配以浮雕效果，或如火焰抽象出的符号，或如麦穗符号，寓意了它们的不同凡响和狂傲不羁。池母面具额上云纹、水纹或绳纹浮雕图案很具有符号性质，寓意女性角色的温婉和慈祥。这个特点，在麻昼、甘昼面具上都可以找到相应的质素。总之，白马傩面具带有特定含义的图案符号，已经成为刻画身份、性格及其他特征的素材和内容，既用于盔帽、头饰，也用于五官造型和额、颊部分纹饰的添加。比较常见的装饰性符号有脸谱型、枝叶型、云水型、凤尾型等不同的程式，也因寓意的纹饰化处理和色彩变异而达到表情达意的目的，显现出白马面具独特的神韵。

最后，装饰化的各种色彩块面和纹理，形成一种综合美感。麻昼中的虎面具，模拟老虎的皮毛纹理，但又结合黄、绿、红的色块，根据表现五官的需要加以协调配置，形成一种似虎非虎，但又裹挟着人所可以意会的气息，显示出刚健威猛的内在含义来。甘昼新旧面具的色彩块面和纹理有较大区别，旧面具重视暗红色块和白色色块的搭配使用，只是眉毛按照眉型纹理化，而新的面具色块搭配更为丰富，尤其是靛蓝色块的引入，搭配红黄白黑，加之剑眉、隆鼻的图案化处理，美感因素更显多样，所以旧面具的色块与纹理显得质朴、古拙，而新面具则艳丽、多彩，各自体现了不同的综合美感。

白马傩面具的装饰倾向，还和艺人个体的美感追求有关。不同艺人在根据简单的说明和口头要求前提下制作面具，大量的装饰元素要靠艺人的主观想象来表现，所以白马傩面具的装饰效果，就不可避免地渗进手艺人个人的风格特点。这些面具以傩的形式演绎神的偶像，不管它们造型上存在多大的差异，都具有一种威严神奇的艺术效果和庄重慑人的宗教力量。白马民间艺人以天真烂漫的表现手法，刻画了这些理想化的形象，在原始中见浑厚，在朴拙中显粗犷，体现出浓郁的民间雕刻技法和彩绘的风格特色。而这种特色，在某种程度上正反映了中华民族传统文化的深远根基。白马傩面具颇有艺术和文化厚度，富有东方美学色彩的特殊审美定势，即表现了人们在极端的凶悍丑陋中去发现一种战胜邪恶，且具生活情趣、能震撼人心的力量美！

（三）鲜明的“纵目”、“立目”

陇南白马人傩面具的双眼是斜竖形状的，这就是历史上的“纵目”，为其最显著特点。

“纵目”，古文献记载的人类先祖眼目位置和形态怪异的生理现象。《楚辞·大招》云：“豕首纵目，被发鬤只。长爪踞牙，诶笑狂只。魂乎无西！多害伤只。”晋代常璩《华阳国志·蜀志》：“有蜀侯蚕丛，其目纵，始称王，死作石棺石椁，国人从之，故俗以石棺椁为纵目人冢也。”是说这种眼目相对于普通人的“横目”，形态怪异，为竖生之目。具体是面部只有一只纵目，或双眼均为纵目，还是两眼一横一纵，古文献记载粗略，不好推测。但有一点可以肯定，古人所说纵目是实实在在长在脸上，可以正常生活起居。

20世纪80年代三星堆出土文物有青铜面具，其上有一双眼球柱状凸起、高出面颊许多的宽阔大眼，引起学界注意，有人认为纵目是指古代铜面具上眼睛突出有铜柱，同于古文献记载的“纵目”， 这一看法，附和者甚多很长时间成为了主流认识。有学者却根据三星堆出土的一件玉璋上的“蚕丛治丝”图案提出，“纵目”仅是指眼睛斜竖的形状，不是眼睛上隆起的柱状物，眼眶上的柱状物另有深意，那是一种古蜀刑罚。[3]一时间，这种观点引起许多学者的重视。我们认为，所谓古人“纵目”仅指眼睛斜竖的形状，是可信的。眼睛作柱状凸出眼眶之外高出颜面，人将怎样起居生活？那种眼睛从夏商时代至今的几千年时间就可以进化成今天的眼睛？质询以三星堆青铜面具为依据解释纵目的疑问还有很多。有学者认为，纵目即是额上两眉中间略上的一只“立目”，源于古代部落额上刺花纹的雕题风俗，文化孑遗为二郎神崇拜，可以追溯至炎帝时期的大臣刑天。[4]

这样，古文献所说的纵目，其实是两只形状斜竖的眼睛，类似于今天的凤眼，再加一只雕题于额的立目，出于神话和装饰的需要，是一个族群风俗文化的标志——三目神崇拜。论者认为三目神崇拜是白马先民氐族的特有文化现象[5]，且与氐族渊源密切相关[6]。这也可以从白马人现今流传的神话故事中得到印证。白马人《创世的传说》中就有天老爷派“年尼尕够”（一寸人）、“尼致叟”（立目人）、“登摆杰欧”（八尺人），最后才派来现在“人”等这样的传说。从我们考察的实际情况看，现今生活中的陇南白马人绝大多数的眼睛形状也是斜竖的。

因此，陇南白马人的傩面具“纵目”有着悠远的历史传统和现实对比性，成为其鲜明的艺术特点。池哥池母的眼睛造型都是斜竖上翘的，就是麻昼面具的眼睛也是“纵目”，成斜竖形状，甘昼面具也莫不如此。原有甘昼面具眼目形状并非扁圆形斜竖上翘，而是眼目狭长斜竖，更显纵目特征。此外，凡是雄性角色面具，在两个“纵目”之间稍上的眉间额头，还有一“立目”，是竖立着的纵目形状，这个“立目”有人称为“竖目”、“天眼”，由此构成三眼神白马人傩面具。白马河流域的池哥面具，池哥老大的立目最为显眼，眼型为突雕，眼珠也凸起在眼眶里，其他三个池哥相对在额头突起的位置，图案化了天眼的存在。相比之下，薛堡寨的四个池哥面具立目都很突出，两个甘昼面具也是立目外凸，引人注目。就是麻昼动物面具，鸡和狮傩面具均有立目，以表示雄鸡、雄狮之意。

（四）独特的“凸目”

文化意义上的“凸目”人在白马文化中确实存在，这在陇南白马人现有的 19 个面具中就可以找到，似乎与三星堆的“凸目”人面具一模一样。据此，有学者认为“凸目”人、古蜀人、白马人同出一源，就是历史上生活在岷江上游山区的人群——氐族，也有人从一个医学角度分析说，早在远古时期，生活在岷江上游地区的人群由于缺碘，普遍患有甲亢病，眼睛突出是其症状之一，还有人则认为，古蜀人制造的头像，其突出的眼睛与粗壮的脖子是基于美学方面的考虑。[7]

不管怎样去探究“凸目”人的来源，可以肯定的是，文化意义上的“凸目”人白马傩面具，首先来自一种祭祀文化。《山海经·海内西经》载：“刑天与帝争神，帝断其首，葬之常羊之山，乃以乳为目，以脐为口，操干戚以舞。”不免使人把“以乳为目”的形天形象与“凸目”人联系在一起，刑天是白马氏的祖先神，后世形成的头颅崇拜则使得白马傩面具中的神性得以确立。从历史生活的角度看，白马人的这种祭祀文化又来源于先祖氐人的生活，现今白马人的“凸目”特征是这些神鬼面具的模特儿。体质人类学意义上的“凸目”人也存在，也许不排除古代“凸目”人因缺碘而患甲亢的可能性，最大的可能还是白马人种族特定的遗传基因所致。因为在现今白马年轻人中，仍有普遍“凸目”的特征，这些年轻人是吃碘盐长大的，应该不会得甲亢。

陇南白马人傩面具的“凸目”，绝大多数是半圆球状突起，黑色锃亮，少数面具在此基础上有所变形，如麻昼的猪面具，眼球并不是正圆，但“凸目”特征还是很明显的。一些白马村寨池母面具的双眼微闭，但如铜铃般大而圆的眼球轮廓格外突出，暗含“凸目”肌理。白马傩面具由于采用了意象化“凸目”造型，加深了白马观众从戏剧表演敬拜神灵、寄托其民族精神的理解出发，把傩戏面具作为戏剧的角色来认识，也把面具视为“神”，因此在傩舞戏演出过程中，还要不断烧香纸、放鞭炮。

陇南白马人傩面具的“凸目”，还关联着白马人传统的宗教信仰的绘画这种二维平面造型艺术。白马人的山神或家神图像，造型符号对神灵的眼睛进行了极度的夸张，眉弓深陷，鼻梁突起，眼珠和眼眶的圆形相重叠，产生强烈的视觉立体感，眼球仿佛从眼眶中“凸起”， 这种平面、二维的绘画技法反映了白马人审美文化的传统延续和共性特征。在一些白马神谱的绘制方面，就连马的形象，也进行了“凸目”处理，马的眼睛在侧视的角度下体积感更强，和现实生活中马的眼睛存在很大差异，在整个色彩艳丽的画面中，眼睛通过黑白对比和形体感的夸张而显得格外突出，成为整个画面的主题和核心，可见“凸目”造型符号在白马藏族美术文化中的重要地位。[8]

陇南白马人的傩舞戏面具是中国傩戏面具艺术中尚待发掘的瑰宝，是甘肃重要的特色地方文化之一，是一种正在市场经济大潮冲击下无可挽回走向消亡的民俗艺术和非物质文化遗产。研究、发掘、继承与发展白马傩舞戏面具色彩艺术，对传播中国传统傩舞戏文化，提升其商业价值，弘扬民族优秀文化，繁荣民间文艺具有十分重要的作用与意义。

注释

[1] 缪钺、杨耀坤：《对“白马藏人”族属问题的探讨》，收入四川省民族研究所《白马藏人族属问题讨论集》，四川民族出版社 1980 年版，第 28 页。

[2] 符均：《浅论巫傩面具的艺术特色》，《文史杂志》2002 年第 6 期。

[3] 王炎：《三星堆文物中的蚕丛文化因素探析》，《中华文化论坛》2009 年第 2 期。

[4] 赵逵夫：《邢天神话源于仇池山考释——兼论“奇股国”、氐族地望及“武都”地名的由来》，《河北师范大学学报》（社会科学版）2002 年第 4 期。

[5] 赵逵夫：《从〈郎爷赶山〉的传说到白马人的来源与其民俗文化的价值》，《西北民族研究》2009 年第 4 期。

[6] 赵逵夫：《三眼神与氐族渊源》，收入邱正保等编的《陇南自马人民俗文化研究·论文卷》，甘肃人民出版社 2009 年版，第 233—241 页。

[7] 董仁威、董晶：《“纵目人”已现“凸目人”再出》，《四川科技报》，2008 年 1 月 25 日。

[8] 余永红：《白马藏族美术文化中的“凸目”现象再探析》，《装饰》2010 年第 2 期 。

陇南白马人傩舞戏服饰艺术论

蒲向明

一、生活化和滑稽性结合统一的池哥昼、甘昼服饰

服饰是人类文明的象征，服饰的形成与发展标志着人类由蒙昧走向文明的漫漫历程。在漫漫历史长河中，每个时期每个民族的服饰无不关系着当时政治、经济、文化和社会风俗等各个方面，各民族的服饰是时代的一面镜子，是各民族时代风貌的象征。

陇南白马人的民族服饰，是中华民族服饰的一个有机组成部分，其中的傩舞戏服饰在表现白马民族文化所发生的时代、地域、人物性格的塑造和故事情节的发展方面起着其他艺术质素不可替代的作用。正因为服饰的因素，白马傩舞戏才充分展示了它们质朴而美艳的特色，产生出绚丽夺目的艺术效果。千百年的艺术积累，陇南白马傩舞戏服饰经历了由生活化到充分艺术化的发展过程，这个过程的前端，就是生活化和滑稽性结合统一的池哥昼、甘昼服饰。

（一）白马河流域池哥昼的服饰艺术

文县白马河（也称白马峪河）流域池哥昼的服饰艺术和白马人生活化的服饰有密切关系。

白马人生活化服饰最显著的标记，就是无论男女老少头上都戴有“沙嘎帽”，别名“盘盘帽”、“蝉皮帽”。白马“沙嘎帽”由羊毛擀制而成，毡质，颜色纯白，造型独特，形如圆盘倒扣，带荷叶边。帽子直径 15 厘米左右，高 2—3 厘米，上面缠有红，蓝，黑三色的彩带，飘扬在帽缘外 5—6 厘米处。帽子上均插白鸡翎毛或尾羽，男的插 1 根表示勇敢，刚直，女的插上 1—3 根表示纯洁温柔，有些女性的帽子还配以珠、花、绣纹或铜钮，以为装饰。白马人头戴“沙嘎帽”在上行走时，羽饰随身体的摆动轻轻摇曳，极具风采，有特别的审美意蕴。在白马文化中鸡毛随风飘动，胸前鱼骨牌闪闪发光，都有镇邪的作用。

“沙嘎帽”的来历无考，但帽上插白鸡毛习俗却应出于明清之际。据白马文化口传系统，称有个“薛土司”攻打白马山寨，因白羽雄鸡提前报晓警示白马人，而免于灭族。为感谢公鸡及送信人，人们就在帽子上插上了白鸡毛。据方志载，明洪武二十八年（1395 年）文县千户张嚞以留言逼乱，平叛后对原氐、羌统称番人，由土司王受印管辖，至雍正八年（1730 年）知县葛时政奉令改土归流，裁土司，番人改称新民。[1] 由此看来，沙嘎帽的制作史可能很早，只是插白鸡毛习俗至今最多不过五六百年。

白马人的发饰也有自己的特色。男子发型剃去四周，只留头顶一部分，梳成一个小辫盘在头顶，耳环只戴左耳。因时代的发展，这种头饰情况只是偶尔可以见到。妇女发型是梳十多根小辫，再扎成一大辫，并用黑羊毛线加长，用海螺加以装饰，或盘起或垂于身后，两耳带银耳坠。

白马人生活化的衣着以白、黑、花三色袍裙为主。男子袍衫叫“贝维”，多为白色和青绛色，属中缝开襟长衫，无纽扣，穿着时两襟掺拢，腰系羊毛织成的腰带，外系一根皮带。皮带上面镶有 13—17 个长 3 厘米左右，宽 2

厘米左右，厚 0.3 厘米左右的长方形铜牌，铸有类似池哥面具或火焰飞腾的抽象图案。内衣冬天是毪子夹衫，外加羊皮背心。下身着大裆裤装扎麻布裹腿，足穿“贝奥”，（别称“奥”，汉语名称“番鞋”）。

白马河流域傩舞戏池哥角色的服饰和生活化的白马男子着装比较，池哥傩面具代替了沙嘎帽和男子发饰，反穿的羊皮袄代替了“贝维”，背上多了凸起的鼓包，佩以成串铜铃，在下身着裤装扎绑腿、穿番鞋这一点上二者相同。“贝奥”（番鞋）鞋底鞋帮一体，用生牛皮、野猪皮制成，鞋面为棉布或毛毡制作，上有鞋筒，分毡筒、棉布筒和麻布筒灯不同类型，配以简明彩色纹饰或几何图案，自然随意，质朴清爽。鞋筒上口一般有绣花彩色绑带。池哥的后背，还有一个用翻毛羊皮扎制的尾巴翘起，仅具鸟兽崇拜的象征意义。

傩舞戏池母角色的服饰则完全相同于生活化的青年白马妇女。比较而言，池母傩面代替了妇女发饰，而身材服饰习用了白马女子服饰。

白马女子服饰色彩艳丽、样式独特、内涵丰富。无论年龄大小、结婚与否，她们的头饰都十分复杂。年轻姑娘的发辫结有彩色毛线和鱼骨片，以红色为多，身着彩色艳丽衫裙，腰扎丝绸彩带，有的还要围匝缀有数十枚古铜钱的手织腰带，取“腰缠万贯”的象征和寓意。青年妇女头缠长达丈许或两丈的黑色丝帕，紧裹着十几条长辫，编在黑色的毛线里，再串上五至八块鱼骨牌和红、蓝、白、黄等各色的玉石小珠，绾在头上吊至右耳旁，既端庄古朴，又美丽大方；她们着长衫，名叫“祥玛”，以黑、蓝色为基调，领、肩、后裙均由各色花布搭配拼接，并绣有花草鱼虫等图案，色彩艳丽，做工精细，袖子上加上了红，黄，绿，蓝，黑各色彩条，颜色非常的艳丽，称为“彩虹袖”；腰带宽 5 厘米左右，羊毛织成，花饰精美；裙子称“也哩”（汉语别称“百褶裙”、“五色边裙”），前面两片直下撒开，后面叠为百褶垂下，故名。“百褶裙”边缘花饰繁丽，褶皱重重，色彩丰富，对比鲜明，有独特的视觉美感。老年妇女头饰简单，裹头以黑、青色为主，佩鱼骨牌，衫裙质朴，腰上扎缠丈许红色手织羊毛练子带。海螺、海贝、鱼骨等妇女饰品是外来物，传统上显得非常珍贵，多为母亲留给女儿的遗物，代代相传。白马女子也穿长筒番鞋、番靴，或打麻布裹腿，穿布底、厚帮绣花鞋。池母表演傩舞戏常打裹腿，穿绣花鞋（现在因表演需要，多穿胶底布鞋、球鞋）。

（二）薛堡寨池哥昼、甘昼的服饰艺术

薛堡寨池哥昼面具以黑底描红花纹为基本色，再以黄绿等线条勾勒强调，形成面具深沉、凶悍风格，这种颜色的搭配风格，比白马河流域的池哥更反映了典型的民间神祇化的传统特色。比之于白马河流域的池哥傩舞戏服饰，薛堡寨的池哥服饰增加了下颌的红色护巾，下边带黄色流苏装饰，长至腰际，增加了手工编制的黑腰带，长两米左右，下装有反穿羊皮的裤装，番鞋的装饰色块和线条更为丰富。手执牦牛尾和象征权杖的木棍，木棍顶端饰有折扇状彩色纸花。脑后的一至两条垂至臀部的幅巾或红绿搭配、或黄绿搭配，在跳演时更是增加了视觉动感和表现力。

薛堡寨的池母无面具，仅以黑帕裹头，系黑色腰带，别着手帕、戴穗绣花香袋等佩饰。白马人傩舞戏池母角色身着的女子服饰上，或有三角图案、四方图案、日月图案、星星图案圆形图案，或有“米”字图案、“卍”字图案，这些图案都有特定的含义。我们从访谈知道，白马人认为一些图案是具象的，有些图案是抽象有所指的，如圆形图案代表月亮，“米”字图案代表太阳，“卍”字图案代表绵绵不断，故又叫“万不断”花纹。池母服饰的棱格纹及多格连续形成的菱形花纹，应该是鱼图案的变形，和白马人鱼图腾崇拜有关。是不是三角图案与“三目神”崇拜有关，是“立目”图形的变异，圆形图案和“凸目”有关联，三角图案中添加圆形图案，使“纵目”更加具象等[2]，还是留待以后进一步研究的问题。

薛堡寨的甘昼服饰，显得比池哥、池母服饰简洁许多。下颌护巾红色带黄色流苏装饰，长至腰际，脑后幅巾搭配黄绿或红绿二色，长至过臀。上身白布长袝，上穿黑色坎肩，坎肩沿对襟和下摆饰有图案，用银色纽扣，系红色手织腰带并绣花锦囊、巾帕等饰物，裹腿彩带，双手执牦牛尾。

陇南白马傩舞戏服饰中的知玛系列，衣着随便，破衣烂衫，并无定制，作为配角或白马文化中的后期傩戏角色，显得就已经完全生活化了，服饰体现滑稽性特色，另如寨科桥的秦州客，强曲“杀野猪”中的帕贵等角色也是

生活化的服饰搭配，为完成娱人的滑稽表演而服务。

我们考察了陇南白马人池哥昼、甘昼的傩舞戏服饰，可以发现它们有两大特点，一是生活化，二是滑稽性。生活化的原因固然与白马傩舞戏还处于较为创始阶段有关，然而更重要的是从魏晋以来服饰本身就极为丰富多样。池哥池母、麻昼甘昼傩面具脑后的幅巾，应该就是魏晋时期以来幞巾或帻巾的遗留，比较云岗第 18 窟供养人的幞巾形状，汉与鲜卑的融合时期，或许白马氐就已经有了类似的幅巾，并延续保留在今天成为白马傩舞戏服饰的重要组成部分。

白马傩舞戏服饰主要功能之一是表现人物的身份，不同的服饰强化了它们的演出的社会功能。首先是明示了不同的服饰显示出表演中神祇角色地位的高低，白马河流域池母服饰完美与池哥，而薛堡寨则相反。说明薛堡寨的池哥地位是高于白马河流域池哥地位的，所以就有了薛堡寨池哥引领麻昼表演、池哥自身的分场表演和杰勿表演等；相应的，白马河流域池母的表演地位高于薛堡寨池母，后者的傩面具已经脱失，黑纱裹面、缺失了幞巾装饰和其他佩饰，使她们的表演处于从属地位，发挥补衬的作用。其次就角色群体内部也存在着这种可比性，池哥表演刚劲、池母表演柔婉，而麻昼刚柔并济，甘昼的跳小鬼，两个角色因服饰表现的身份差异，观众一看便知。

庄谐并存以庄为主，是陇南白马傩舞戏的主要风格。庄严地神祇服饰要驱邪避祸、纳吉求福，重在显示神灵的威力和能耐，而知玛、甘昼的服饰随意灵活，显示了神祇跳演场所的诙谐滑稽，与普通人的生活密切联系，又以喜剧风格的表演倾向把族民作为主要的受众对象。随之，生活化和滑稽性的服饰特点便在这里统一起来了。

二、趋向艺术性和丰富性的麻昼服饰

（一）麻昼服饰的搭配艺术

薛堡寨的麻昼傩艺表演，着装十分特别，基本以妇女服饰为主。上身短衫随时代不同有变化，清代、民国时期短衫主要是花色丝绸面料，沿着衣襟至领口镶有黑布或青布绲边，接着绲边往里，是一条有精致刺绣图案和纹饰镶活，衣袖和衣服下摆均有刺绣纹饰，下身为褶腰长裙，裙摆和裙边均有刺绣图案装饰。短衫和褶腰长裙色彩搭配整体和谐雅致。现在表演使用的短衫，均以彩色花布为料，由斜襟变为对襟，刺绣装饰已经没有，可能与刺绣手艺的逐渐消失有关，褶腰长裙的图案多为印制，质地为棉布或混纺织物。麻昼角色头戴动物面具，服饰主要围绕面具来搭配：

1. 狮傩面角色，排序第一，代表鼠和羊动物属相。傩面具新旧差别较大，旧面具以黑色为主，新面具毛发用靛蓝，面孔橘红色，口鼻均有特别造型。下颌前护巾为绿色印花兼有机制绣花丝绸，下边饰以黄色流苏。上身短衫质地、花色均与护巾相同，衣襟至领口、袖口同样饰黄色流苏。脑后两条幞巾垂直腰下，红花丝绸质地和纯嫩绿绸缎条方形幞巾搭配，增添热烈、奔放、富有生机。

2. 牛傩面角色，排序第二，代表牛和马动物属相。面具以深棕红色为主，有牛角，头顶有雕刻花瓣帽饰，眉毛为花卉变形，凸目，眼圈红色，眼白、唇鼻用黄色，有神秘怪诞色彩，用装饰性线条达到拟人化效果。下颌护巾浅紫红色，宽披至肩，下至胸，黄色流苏饰边。脑后两条幞巾下垂过腰，分别为红色和蓝花色相配。上衫为红底团花丝绸质地，斜襟，襟口至领绲蓝色宽边，嵌以黄色流苏，袖口装饰同襟口。下身配灰蓝色步裙。色彩搭配显示出憨厚、稳重又不失灵活的形象内涵。

3. 虎傩面角色，排序第三，代表虎和狗动物属相。面具以黄色为主体，两耳耸起，耳窝黑色，耳边以线条饰出轮廓，眉毛绿色，浮雕眉纹，额上、面孔模拟虎面斑纹，为深红色。亮黑凸目，配以眼白，红眼眶。下颌护巾大小、形状同牛傩面角色，亮红上衣，丝绸质地，配白色牡丹等花卉图案，斜襟，襟口、袖口绲较宽绿色边，嵌饰黄色流苏。手执红绿黄彩带，下着黄色步裙。脑后两条幞巾下垂过腰，绿色和丁香色相配。整个色彩搭配显示出了雄伟、勇猛的角色特点，给观众以热烈的视觉效果。

4. 龙傩面角色，排序第四，代表龙和猴动物属相。面具色彩以石青色为主，靛蓝也占相当的比例，龙角黄色有起伏，额中至头顶竖起一鳍，正面红色两面黄色，眉毛为浮雕，各为 5 个猫耳状凹凸连成一排，巧克力色黄色饰边。狮面具的额头部分最具白马傩面的装饰和色彩搭配个性。鳞片绿色，唇口靛蓝，双眼圆凸，眼白为黄，眼眶、口线红色。护巾墨绿戴藕色小花，黄色流苏饰边，宝石蓝丝绸上衫带灰色、浅红图案，斜襟、袖口绲边红绸半尺左右宽度，黄色流苏装饰。两条幞巾丁香色花布和翠绿丝绸搭配，下身着绛紫色步裙。整体显现出神秘、怪异、驱邪的视觉效果。

5. 鸡傩面角色，排序第五，代表鸡和蛇动物属相。面具主体为橙色，有两角为鸭青色，羽毛鳞片状，强调了鸡与蛇二个形象的结合，颜色由朱红边饰桃红、翠绿夹杂鹅黄的色块交替错落构成，额头有立目，为三眼神崇拜一路，三眼均为凸目，说明白马人对鸡的崇拜已上升到与池哥等神祇相等的地位。眉毛变形为火焰形状，鸡喙如鹰勾，显得刚硬有力。喙口微张，口边饰有绿蟒图案。下颌护巾翡翠绿丝绸质地，上有藕色、百合色花卉图案。上衫宝蓝有浅黄、品红牡丹图案，斜襟与袖口绲边海棠红，黄色流苏嵌缝装饰。幞巾分嫩绿、胭脂色两条，从后脑下垂至腰。下身步裙草绿。正体颜色搭配神秘、怪异，有浓厚的崇拜意味。

6. 猪傩面角色，排序第六，代表猪和兔动物属相。原有面具整体黑色，只用雕刻线条和立体造型显示角色属性，獠牙突出，为家畜和野猪的混合造型。新面具主体为墨绿色，家畜特征明显，有冠饰，额头浮雕风车图案，眉毛翠绿带纹饰，耳际眼眶朱红勾勒，眼球微突，唇口赭石色，上下齐齿獠牙，为白色。前护巾大红黄色流苏饰边，上衫棕褐色丝绸质地，附大圆片花卉枝蔓图案，斜襟两袖绛色饰边，嵌黄色流苏。背后幞巾两条，石榴红与蔚蓝着黄花卉图案搭配，下身桃红步裙。服饰整体颜色搭配显示憨厚质朴、诙谐可爱但又含怪异、夸张之感。

（二）麻昼服饰通过演出活动显现的几个特点

据前述文字与资料，我们对麻昼服饰通过演出显现的几个特点可以做这样的归纳：

1. 麻昼服饰大多仍是生活中的服饰，不同角色的服饰标志一如彼时的现实社会，但随着表演活动对艺术化的需求，逐步趋向艺术化。明清、民国时期，因为印染工艺和技术的局限，主要由刺绣表达多彩艺术化的要求，显示了服饰很高的手工艺价值。随着时代的发展，印染技艺和纺织工业的发达，麻昼服饰的印花倾向得到了逐渐加强，以至于数百年传统手工艺制作麻昼服饰的情况渐渐淡出，在今天已经很少看到了。

2. 麻昼演出活动随社会发展逐步增多，服饰体现了一代更比一代丰富性。据白马人口传系统的有关资料，过去的麻昼服饰，虽然以丝绸为主，但装饰色彩的丰富性远非今天能比。薛堡寨民国时期织品绝大多数是自制羊毛手工纺织，着色、饰品、花边均为土法制作，刺绣主要是花鸟和简单的几何图案。新中国成立以来至 20 世纪八十年代，麻昼服饰比起以前有变化发展，出现了土法制作和裁缝制作，手工缝制、刺绣和机器缝制、印花的融合发展，丰富性明显增加。近三十年来，麻昼服饰经历了逐步现代化的过程，色彩搭配繁多，花样更为丰富，传统服饰手艺只是在局部得以保留。现在调查的情况表明，麻昼傩舞戏表演在服饰方面趋向程式化，不讲究历史的传承性，也不论区域、季节，族人、村民认同即可。

3. 当代麻昼表演在服饰上考虑时代因素的同时，也极其重视角色身份与色彩、样式的搭配变化。因为麻昼服饰下身着步裙，表演时简化了过去打裹腿的步骤，随之也省去了穿番鞋表演的程式。番鞋用生牛皮、野猪皮制作而成，穿着时，先要用温水浸泡，在晾成半干，里面装入柔软麦草，以求合脚。因此穿番鞋较为烦琐，麻昼表演就略去了这个环节。现在表演艺人多穿皮鞋、球鞋，以求便当，这是时代因素使然。但在服饰上角色身份与色彩、样式的搭配变化，重在显示角色的文化了内涵和保证角色身份的认同。如巾、衫、裙基本都是考虑傩面具表现的寓意。所以，麻昼服饰中蕴涵着浓郁的白马民族性和地方性，成为薛堡寨白马人地域文化的象征。

4. 麻昼服饰的丰富性是相对于池哥昼而言，比之于其他形式的傩舞戏表演服饰，丰富性还比较有限。我们横向比较陇南白马人傩舞戏的服饰状况，明显可以感到麻昼服饰远丰富于池哥昼，从色彩的多样性，服饰的视觉感受，场面的表现力等方面都可以感到。在整个麻昼表演中，有池哥的傩舞，有面裹黑帕的池母、杰勿傩面舞，有麻昼的主体傩表演，有甘昼的傩舞戏，而不同的表演有不同序列的服饰，展示了表演服饰的丰富性。但比之于其他地域的傩舞戏形式如赣傩、湘傩，陇南白马麻昼傩舞戏的丰富性还是比较有限。

白马人傩文化处于汉文化和藏文化的加层地域，正在受着科技文明和其他文化的不断冲刷，传承面临危机。因为汉族的服装简单轻便，便于生活，除节日外白马人平时已很少穿本民族袍裙了，长此以往自然会影响到白马傩舞戏服饰长远的丰富性和艺术性。白马傩舞戏服饰都是手工缝制的，但手工服饰价格高昂，并且现今会手工制作的白马人也寥寥无几。有些村寨表演傩舞戏从藏族商场购置服饰，使之为藏文化质素同化。凡此等等，已是历史的隐忧，似乎不可逆转。

三、具备艺术化和程式化的白马傩舞戏服饰

（一）陇南白马傩舞戏服饰的艺术化

陇南白马傩舞戏以生活中的服饰为基础，但又不同于生活服饰。不同时期的白马服饰艺人按照他们民族民间美学的原则，或使人物的性格鲜明，或让人物的品质、民族属性与所在时代等通过服饰而凸显出来等，主要通过艺术化手段来实现。

1. 白马傩舞戏服饰构成的艺术化。白马人没有文字，因此傩舞戏表演没有成形的剧本，演出的内容和要求全靠代代的口耳相传，这是表演服饰的基本依据。表演服饰的现实主体是演出者，白马艺人把语言所规定的角色形象转化成直观的具体表演角色形象，在服饰的造型、色彩、材质、功能性上需要合理构思。

因此，傩舞戏服饰的设计是再创作的艺术，即二度创作，这是一个逐步完成“第二次形象传达”的过程。其重要作用在于把传说口述角色形象转化为活生生的演出形象，使服饰与角色以和谐、统一、完性的风格展现在观众

面前。由于池哥昼、麻昼和甘昼等傩舞戏表演手段的多元化，就要求服饰艺人必须深刻领悟这些表演的综合性特征，包含着对情节环境特性、要素构成的全部认知和对故事审美意识的文化构造。

所以，白马傩舞戏表演的服饰是物质的，也是精神的；是技艺的，也是审美的；是实用的，也是艺术的，演出者的表演是对这种服饰文化的创造性活动，它使得服饰要素灵动而鲜活，贯穿于和观众的互动中。这样，白马傩舞戏服饰的构成要符合主观与客观、内容和形式、个体与整体、继承与创新、变化与发展、真实与夸张等辩证统一美学特质。

2. 白马傩舞戏服饰视觉的艺术化。带有情节表演的池母擀面、拐格达、杀野猪、跳甘昼服饰，在于表现故事情节的角色个性，是角色和环境的外在表现，这就和色彩、造型、图案组成的外部体现密切相关。这里服饰是一种符号，一种信息载体，是在白马人聚居区观众认同的特殊物品带来的视觉语言和视觉艺术。所以，白马傩舞戏服饰视觉的艺术化，实际是这种特定视觉艺术产生种情感冲击的过程，这种服饰良好的视觉表现力能唤起观众的强烈族属的意识和美的享受。

池母擀面所要表达的思想情感和观众视觉感官的参与，实际是故事借助于服饰构成特定的池母形象，形成了一个在指定的环境中，由灵活变化的情感和丰富的想象进行的审美创造活动。演出者的肢体语言、服饰形状、造型色彩作用于视觉感官，使表演意识、审美追求物态化，观众由此获得了视觉的真实感受。

池哥昼逐门逐户的整个演出活动，服饰成为物态化的视觉意象和视觉呈现，从时间、空间、质感二维性质上构成“软雕塑”。特别是麻昼表演服饰，因为这种“软雕塑”很好的解决了视觉与情感的关系，服饰视觉艺术化因素和观众情感体验就成为一种依赖，从而产生内心体验的真实性美感。

3. 白马傩舞戏服饰语言、标识、审美的艺术化。白马傩舞戏具有独到的服饰语言，演出者以视觉、听觉、触觉和运动感受等综合感觉为媒介，通过韵律、色彩和质感等把表演效果、象征效果、社会效果和美学效果艺术化地表达给观众。服饰的色彩、图案通过造型来完成视觉传达的意义，是一种无声的语言在表演活动中流动和传递。

从我们的考察看，无论在白马河流域，还是在白水江流域岷堡沟的薛堡寨，白马傩舞戏角色的服饰体现的是一种标志，有角色身份、地位、主从、年龄等表象性的特征。每个角色的服饰，是一种满载着文化信息的标识，显现强烈的表演主题和审美文化特征。所以，每个角色的服饰可以看成是不同的标识艺术，特别是麻昼表演的集体意识与角色的丰富内涵都饱含在这些多姿多彩的服饰中了。

在每个白马村寨，都可以感受到傩服饰审美艺术化的氛围，主要表现在这些服饰是一种阶层的表象、身份的表象、财富的表象、职业的表象、性别及道德的表象。审美活动运行在由服饰的时空、个性、角色等方面，和角色的情感意识、塑造意识和衬托意识之间有着不可分离的内在联系。在这个特定的地域里服饰审美的艺术化主要体现的是精神价值，观众对每个角色服饰的审美是通过感觉、知觉、表象、记忆、联想、想象、情感、意志、理解等因素达到认可的。

4. 白马傩舞戏服饰形象、情感的艺术化。白马傩舞戏服饰有强烈的民俗风格和民间舞戏特征，服饰的地域形象特点也是这一艺术形式不可缺少的因素。白马人的傩舞戏服饰具有形象属性，能把深层的民俗文化关系体现为感性直观的物质实体。在种种表演中，白马服饰形象是傩舞戏服饰本身，其艺术化就是角色在剧情中体现一定的身份和魅力。表演者根据时代要求把服饰按口传艺人的要求不断进行艺术归纳和重构，使表演角色有效地实现自我传达，以满足特定演出的需求。

艺人通过口传心授制作演出服饰的表现是情感性的表现，每个角色需抒发的情感是服饰设计与创作的纽带。这里傩服饰的情感艺术化，首先表现在角色的服饰与角色性格吻合性，其次是表现在角色的服饰与表演要求和时代背景的关联性。白马服饰在演出活动中与观众进行着的心灵情感的沟通，是用无声的视觉语言实现的，其基本支点是建立在服饰的情感亲和力和情感暗示两个方面。

（二）陇南白马傩舞戏服饰的程式化特点

陇南白马傩舞戏服饰的程式化从实物上和理念上都可以看出来，主要表现在传承性、集体性、地域性、交融性和衍变性五个方面。

传承性就是不论时代如何变迁，地域可能更替，白马人民俗与服饰艺术中那些业已形成的一定程式和固定格局的审美风尚，以及由此影响下的演出服饰习惯总会保留、继承，而不会在较短时间里就归于消失。如源自史前文化的虎神、牛神崇拜，依然在白马傩文化麻昼表演中存在，与之相配的服饰纹样，饱含白马服饰艺术与民俗文化元素，仍有广泛的影响力，会按照一定程式传承下去。

程式化的集体性特点不难理解。因为白马傩舞戏的服饰艺术，是集体智慧的产物。或许在某个时段，如传说明清时期的入贡山村民班启明振兴池哥昼，但也要经过集体的认可、接受、完善和继承，才有可能被保留下来。个别白马艺人的智慧和创造，也离不开集体智慧。比如，薛堡寨池母黑帕裹面，服饰以黑为主色，是否和他们现存“摸锅墨”的习俗有关，服饰程式形成和集体参与、传承有关，也包含着白马人作为一个古老民族（氐族）后裔的传统文化和历史及其向后的延续。

程式化的地域性主要是白马傩舞戏服饰的地域规定性。从纵横维度和空间角度看，白马人所处的自然环境、社会环境等，就决定了这种表演服饰只能在这个地域长期存在，虽然近年来这种表演服饰有改变，但由于历史积淀而成的民族服饰心理和文化质素，却是很难在短时期里得到改变的。白马人生活的区域近邻有汉族、嘉绒藏族、回族等，但各自保持着明显的服饰差异，实际是服饰艺术表现在地域上的区别。白马傩舞戏服饰的特点就是在注重差异中表现出来的，是白马文化在不同文化背景、生活习俗的影响下，由不同物质与社会意识积淀的结果。

交融性就是白马傩舞戏服饰并不是孤立存在，受汉藏等民族服饰文化影响、渗透。池哥昼服饰反穿羊皮袄的程式，在周边汉民族的一些巫傩仪式中可以看到，薛堡寨麻昼的上衫和步裙，也可以看到汉民族服饰的影响，池母的百褶裙和腰带，和嘉绒藏族女性服饰有一定的相似性。这些情况表明，不同的民族服饰风尚，尤其是蕴藏在其背后的更深层次的社会心理、文化心态、审美趋向等，会直接影响白马傩服饰程式化的发展和变化，甚至有时会左右其变化的认识方式、理解方式、审美方式和行为方式，在程式化方面产生积极或消极的影响。

程式化的衍变性，就是白马傩文化服饰艺术的传承过程，是在不断发展变化的。有时是形式尚存，其原始内涵已变易，如强曲村的迎神之处，原来供奉白马神的村庙因地震坍塌、毁坏，现在的神庙，主要供奉的是佛教神像，据说是花很大工夫从云南一代迎奉而来。有时是形式与内涵俱不存在，如麻昼十二相，名称如此，实际表演的路数为十二路，但能看到的傩舞戏服饰有六种已经不见了；因为旅游业的发展，在一些地方是出现了异地或异时传承白马傩舞戏表演的情况，那已经不是本质意义上的白马傩舞戏表演，服饰的程式化随之发生变异。

除此之外，随着近年来国际间、地域间经济、文化等方面交流的日益增多，白马傩舞戏服饰上出现了程式趋同态势（如穿球鞋、皮鞋，知玛服饰随意取材）的情况，应当引起研究界的重视。

四、陇南白马人傩舞戏服饰的穿着规则

陇南白马人傩舞戏以深沉厚重、本质淳朴、独具特色的服饰，展示了独特的民族精神风貌。他们的傩服饰形成于白马族群的生活之中，反映其生活环境的地理方位、气候、物产等自然因素，以及年复一年积累而成的生活习惯、风俗人情及宗教信仰、思想意识等物质生活与精神生活内容。白马傩舞戏服饰遵守着他们的穿着规则：宁穿破，不穿乱。具体体现在以下几个方面：

第一，不同的角色，服饰要求不同。无论是白马河的池哥服饰，还是薛堡寨的池哥服饰，反穿羊皮袄已经成为一种傩舞戏文化符号和标志，是一种由白马生活化服饰加工提炼而成的艺术化服饰。条类似于白马人的历史生活服饰又并非历史生活服饰，而奇妙就在于似与不似之间，脱离了池哥昼驱邪、

娱神、纳吉的意象化服饰氛围，反穿的羊皮袄仅仅就是普通穿戴的生活服饰。所以处在配角地位的知玛角色，不能以肃穆的神祇“正装”反穿羊皮袄来参与表演，因为传说的规定性，他们只能在表演中穿一些随意的“破衣烂衫”。

同样，麻昼角色和动物形象密切相关，体现的是动物图腾崇拜，这就需要按照角色的要求搭配色彩和图案，增加承载的白马文化质素和内涵，用统一的反穿羊皮袄显然是行不通的。同一角色的池母，除有无傩面具的区别外，在白马河流域和白水江流域的岷堡沟，身着的服饰几乎完全一样，但因傩面具的存在规定了白马河流域池母服饰“神圣”性，薛堡寨池母因黑帕裹面就变得更为生活化，“神圣”性特点极为弱化，双手所执的两个笤帚，以及扮演杰勿角色，都很清楚地表现了服饰的世俗化和生活化特征。这一种角色规则，与傩舞戏表演的程式性、虚拟性和假定性相匹配，以“为角色的传神抒情”服务为最高的美学追求，不同角色有不同要求。

第二，穿着白马民族图物信仰服饰来表示场景气氛、人物地位与精神性格。麦贡山池哥昼表演的知玛角色，一个饰演女性知玛角色者，头戴最有民族特点的沙嘎帽，但并不在上面插白鸡毛，身穿的服装有倒三角形、米字型、卍字形图案装饰，表示了白马民族的文化传统和图物信仰的神秘性。另一个知玛头为男性角色，衣着由旧毡片缝制，朱红布料饰边，戴草帽，却在草帽头顶的前部插有池哥面具上可以插的锦鸡羽毛，有标志知玛地位和池哥精神性格的作用。小知玛的沙嘎帽上则插着锦鸡的普通羽毛，手拿的蟠龙权杖上端，是一个纵目的、类似池哥造型的雕像，显示场景气氛和白马文化鬼神莫测之机。因此，白马人有动物图腾崇拜，有三眼神崇拜，在傩舞戏服饰的穿着规则上，还是尽力发挥了他们民族图物信仰的艺术元素。

麻昼表演服饰在这一点上也很明显。黄色流苏的嵌饰，代替了过去的手工富有民族文化意味的刺绣，使得服饰民俗意味淡化但宗教意味加强。戏曲表演服饰加进流苏，有色泽的讲究，即“道家崇玄色，释门尚姜黄，才子香红，佳人绿”，可见一斑。黄色流苏也增加了皇家权威感和富丽堂皇场景气氛。

第三，在色彩上表明角色的身份与环境的气氛，并帮助塑造角色的外部形象。麻昼服饰的色彩搭配，是围绕着傩面角色的身份进行的。狮子傩面角色的服饰以深绿为主，表明在白马人看来与草丛有关。在中国文化中，狮子形象为外来文化，汉武帝时张骞通西域以后才知道印度有狮子的存在，由此狮文化形象的出现最早就是汉魏时期的事件，白马人麻昼狮形象崇拜形成应该要晚，大概在南北朝时期，这也许和那时氐人达到鼎盛的社会历史现实有关。

鸡傩面具在麻昼表演中也占有特殊地位，它的面具有鲜明的立目存在，很明显属于三眼神崇拜。鸡傩面代表鸡、兔属相，却为什么会有角的存在，我们以为这和龙图腾崇拜有关联，是一个龙凤合体意象的傩面具，因为白马人没有文字，我们看不到历史的文献资料，但作为动物崇拜，把鸡崇拜抬高到如此地步，和传说的雄鸡救亡白马民族有直接关联，应该不是妄断。及傩面角色的服饰以蔚蓝和翠绿为主，表明白马人对鸡崇拜的一种圣洁心里。

由这两个角色的色彩运用看以感受到，白马傩服饰用色彩不仅表明了角色的身份，丰富了表演的环境气氛，很好地帮助角色塑造了外部形象。

第四，白马傩舞戏服饰尊重了生活的真实。对于较为成熟的一种傩文化现象来说，白马傩表演服饰尊重生活，“不穿乱”。有时为了取得更好的表演效果，他们会在服饰上赋予更多的内涵和给予观众更多的美感，如同为池哥，为免雷同、呆板，用面具的图案、神态差别等来区别它们四个的大小和排位。虽然会出现当池哥面部背着观众时分不清四个角色的情况，但白马人尊重生活的真实，遵守代代相传的规矩，不加权变，使得远古的风尚和传统延续下来。

当然“不乱”的标准，各种表演也并不是完全一样的，如池哥昼表演的知玛着装，每个村寨各不相同，显得五花八门。入贡山表演有多达四五个知玛，表演类似强曲“杀野猪”的“阿里该昼”，这二者之间到底是一种怎样的区别？令调查研究者感到困惑。入贡山的这些知玛在池哥池母离去后，还有二度入主屋为主人祈福纳吉的祈祷仪式，为其他村寨所罕见，这又是怎样的一种继承或演化？也是要进一步对比研究的。这些表演因为知玛出现较多，服饰显得尤为杂乱。这些既可以看成是尊重了生活的真实，也可以看成是表演程式化出现的挑战。

五、陇南白马人傩舞戏服饰在表演中的艺术体现

陇南白马人傩舞戏服饰给人炫目的美观感受（尤其是第一次接触到表演），具有分辨角色的民族、地位、身份、年龄、品性等的功能。我们认为白马人傩舞戏服饰表演的运用是优秀的，已成为演员表现角色情绪、气质、抒发感情的一种重要的道具，体现出了独有的艺术美感。

1. 白马傩服饰在表演中的程式之美。程式性是白马傩服饰的重要美学特征，傩舞戏程式化的表演，使表演中白马语的运用、白马歌曲的演唱、舞蹈表演、动作与服饰形成一定的范式。白马傩服饰的程式性，主要体现为穿戴的规范性、表演角色时所遵循的穿戴规则。程式化的服饰艺术之美体现在：

第一，款式程式美。白马傩舞戏服饰的款式即服饰的外在式样，包括套装款式和部件款式两类，池哥昼套装、麻昼和甘昼套装代表了表演的角色类型和演出的或祭祀娱神、或新春娱人的活动类型。什么情况下佩戴或不佩戴部件饰物，对于白马傩舞戏表演的服饰都具有一定的程式规范。

第二，色彩程式美。服饰的色彩程式是白马人生活和傩表演的灵魂，主要体现为主体颜色和色彩之间的搭配，均与角色类型密切相关。如池哥表演，主要展示狞厉、雄健、强悍的特点，着装就要古朴凝练，不能大红大紫。表现程序之别或角色主次，也有色彩的程式要求，麻昼表演的出场，先池哥池母以白马生活化服饰引导，其次是颇有夸张、象征意味的麻昼服饰，最后由简洁质朴的甘昼服饰断后，集中体现了传统色彩文化美学理念。

第三，图纹程式美。图案装饰、色彩多样多用于女性角色，如池母服饰，比较看来，麻昼服饰所遵循的图纹程式，应当归于女性服饰一类。白马傩舞戏的男性角色服饰，图文程式简单明了，主要以古朴厚重为主。

2. 白马傩服饰在表演中的律动之美。白马傩舞戏娱神演出重在仪式，娱人演出是以歌舞演故事，舞蹈成分很重，服饰必须适合其载歌载舞的需要。白马傩面具并不是很重，不同村寨均有差异，但大致在 1.5—2 千克，这样便于演员运用颈部力量，将面具抬起或扣下，以适应不同场合的表演需要，也便于演员表现角色的情绪起伏。

服饰与动作的连动，使得表演体现出特有的艺术效果。甘昼傩面角色穿着装饰简单的对襟短衣，外套绣花坎肩，束以红色腰带，要挂彩绣香囊、荷包、丝穗眼袋，下穿黑色裤子，白色裹腿，绣花彩带扎结，表演时模拟挤奶、哺乳、做饭、喂饭等动作，时而身子半蹲扭动，时而后足勾起，右手举过头顶作点头状，整个表演活泼轻快，充满喜庆色彩，于古朴庄重中体现艺术韵味。寨科桥阿里该昼表演，池哥服饰的威严凶悍和知玛随意着装、“破衣烂衫”形成鲜明对比，两种角色中傩面与墨面的对比，表演中相互推挤、搂抱角力、摔跤、扳手劲、斗腿等动作，具备一种的跃动感和律动美，以鲜明的表现力赋予角色造型美和情态美，从而成为傩表演艺术的延伸和补充，大大提高了表演的观赏力和艺术性。

麻昼表演的步伐和服饰律动，有明显的可舞性，服饰发挥了助推白马演出者进行舞蹈表演的功能，服饰成为表演的依托，以辅助表演者（把式）更好地表情达意、创造角色意象、塑造人物形象。甩袖舞帕是麻昼表演的常见语汇，已经形成一套颇为完整的程式，多达 72 个小套路。白马傩服饰表演中的飘逸扬动，可以体现角色特征，还有极强的舞蹈律动美化功能，也成为演舞者借助它的可舞化特点，通过舞蹈表达角色内心情感和外在神态的重要平段。之所以白马傩舞戏成为了独特的艺术审美对象，是与其服饰的可舞化和律动美不断完善和发展分不开的。

3. 白马傩服饰在表演中的符号之美。白马傩服饰的款式符号美主要体现在套装款式上，不同的套装有差异明显的部件款式符号，形成各自的符号美感。白马服饰上色彩符号美的形成是白马社会色彩文化积淀发展的结果，其服饰的色彩源自日常生活服装的色彩内涵，“百褶裙”的艳丽美观具有浓重的民族文化色彩。麻昼服饰的色彩符号美感尤显明了：绿色象征威严，所以狮面具配以深绿主色服饰；红色象征庄严端重，牛面具配以不同红色的巾帕、衫衣显示这一点；黑色象征凝重刚毅，猪面具则配以棕黑色主色服饰；蓝色象征深邃悠远，龙面具相配宝石蓝服饰。

在白马傩舞戏服饰中，图纹符号具有特定的符号美学意义。池母服饰上的三角、圆形，半圆形、米字型、卍字形图案、花卉纹饰发挥着特定的符号作用，具有特定的符号美学表现力。一些纹饰构成的图案所代表的意义和内容，可显示华贵与尊严等内涵。凭借这些图纹符号生发出的艺术效果，使傩表演的角色自然天成地增添了美感效果。

白马傩舞戏服饰中，能完全融入到演员的角色表演之中，并为表演服务的服饰有还有彩色条帕、羊毛腰带、折纸花、毛巾、串铃、木刀、木剑、牦牛尾、小扫帚、拐杖等饰品和小器具，外围还有旗幡、锣鼓、大小钹、三眼铳等为渲染气氛，增添场景的生动感，配合服饰的鲜果发挥重要作用。

陇南白马傩舞戏服饰的美，随着人们的不断了解为人所共识。一个扮演池哥池母或者一个扮演麻昼动物属相的表演者，即便年近花甲，但只要穿戴起特有的白马傩表演服饰，立时就会变得刚健有力或贤淑恬静。所以，它们不是生活服饰，也绝非一般艺术性的服饰，而是融入了民族文化、表演艺术和白马人历代审美倾向会聚的一种服饰。研究陇南白马傩表演服饰，不仅仅是为了弄清与保存一份文化遗产，更重要的是，它对于今日视觉艺术、造型艺术的服饰创新，对于生活服饰的民族化有着积极的意义。

注释

[1] 文县志编纂委员会编：《文县志》，甘肃人民出版社 1997 年版，第 941 页。

[2] 余永红：《白马藏族美术文化中的“凸目”现象再探析》，《装饰》2010 年第 2 期。

陇南白马人傩戏表演艺术论

蒲向明

陇南白马傩舞戏展示的是稚拙热烈、淳朴真挚、色彩饱满浓重的艺术特点和淳朴的老百姓从善向上的性格特征，饱含了对真、善、美追求的艺术本质，其核心，可以概括为：白马人傩舞戏就是动作的艺术，是“动作着的人”。池哥昼表演中的动作，虽然步法固定，仪轨较为严格，但同现实生活中人的动作有相同或相通之处。麻昼表演，虽然是在傩面具的掩盖下，但表演本身所反映的内涵，脱离不了人的言行举止。至于处于发展中流状态的各种傩舞戏表演，如“秋昼”、“阿里该昼”、“甘昼”、“嘛勾池”，接近生活里的人，有目的、有逻辑顺序，合乎情理。

有所不同的是，生活中人的行动是为适应自我本体日常生活、工作和劳动的需要，或是为了表达本我的愿望和抒发本我情感需要而自然产生的，表演特性不强，也无意于影响或感染别人。而白马傩舞戏却是为了表达某种远古保留下来的民族“集体意识”或“集体记忆”，必须按照固定的程式来表现，可以说，虽然这些傩舞戏表演也是来源于白马人的生活，甚至可能符合远古某段白马人民族历史生活的真实，但它们是通过历代很多人的模仿、揣摩，深刻理解和感受，结合想象、虚构，经过提炼加工、再创造而形成的。

根据我们的调查，白马人的口传系统中，就有“班启明振兴面具舞”的传说故事，据称很早以前，文县白马河流域的池哥昼表演以寨科桥为最好，后来入贡山白马人吸收了它的长处，再结合自己的理解和感受，经过提炼、加工改造，最后成为大家公认表演最好看的（据强曲村白马池哥昼传人余杨富城讲述，讲述人信息同前）。班启明牵头，通过族人协商的办法，制定了池哥昼表演组织、准备、试跳、装扮、演出、卸妆、保管器物、确定下届表演等程式，每年正月的固定时期，结合中国最为传统和有影响力的节日——春节，表演人员以他们的演出技艺，展示并传达这种民族远古的“集体记忆”信息给观众，形成一种接受和被接受的文化互动现象。

一、陇南白马傩舞戏表演艺术的本质及其地位作用

巫之为神表演，傩之为鬼表演，优之为人表演。陇南白马傩舞戏体现为敬神、驱鬼、娱人表演的共存一体，角色的差别存在于同一表演之中。薛堡寨的“杰勿”表演，四个池哥（俗称大鬼）、四个池母（黑帕裹面）、两个杰勿（黑墨敷面），再现的是一个跟民族历史有关的故事，角色的职责和内涵，和池哥昼相比，已经发生了演变，但表演角色的差别是不重要的，重要的是表演本身。由此看来，陇南白马傩舞戏的起源来自原始宗教、源于巫活动等说法是不准确的，至少其中一部分来自歌、舞、模仿、滑稽表演等表演艺术，就正如古希腊戏剧起源于酒神节上的“羊”人歌舞、现代欧洲戏剧之起源于圣迹的模仿表演一样，这个本质论的认识观点应该是与戏剧史的事实相符的。

陇南白马傩舞戏中的池哥昼“知玛”（汉语俗称“猴娃子”）表演，就是一种滑稽表演。我们认为，它的表演内涵依托一个传说故事：白马姑娘和四川男子的相爱和私婚，婚后携子回归白马人族群（据陇南文县入贡山村班

正礼讲述。班正礼，男，入贡山村村民，1928年6月生，初中文化。笔录时间：2009年2月），表明它处于傩舞向傩戏的转化阶段，还不是白马文化能够发育出的成熟戏剧。同样，处于白马傩舞戏末流阶段的“池母擀面”、“拐格达”、“杀野猪”、“秦州客”、“杰勿”表演，虽然故事性大为增强，情节显现也较为复杂，但本质上是白马人歌唱的进化及其与动作艺术的结合逐渐演变作用的结果。

王国维指出：“巫以乐神，而优以乐人；巫以歌舞为主，而优以调谑为主”，“古之俳优，但以歌舞及戏谑为事。自汉以后，则间演故事；而合歌舞以演一事者，实始于北齐。顾其事至简，与其谓之戏，不若谓之舞之为当也。然后世戏剧之源，实自此始。《旧唐书·音乐志》云：‘代面出于北齐。北齐兰陵王长恭，才武而面美，常着假面以对敌。尝击周师金墉城下，勇冠三军，齐人壮之，为此舞以效其指挥击刺之容，谓之《兰陵王入阵曲》。’”[1]对照此论，陇南白马傩舞戏的乐神乐人、歌舞调谑结为一体，辅之以代面表演的情况，几乎和一千多年前南北朝时期的表演如出一辙，说明隋唐以后至今，它们的发展变化是非常缓慢的，这也和白马氏在隋唐以后少见于史料记载相对应。它们就是中国中古以前动作的艺术遗留，是那个时期“动作着的人”在今天的反映。

当然，白马人的文化口传系统也有值得琢磨的地方，如上述“知玛”故事的“四川”之说就值得玩味。据史，“四川”之名起于北宋咸平四年（1001年），四川东部连同陕西汉中地区，划分为益州、梓州、利州、夔州四路，官方文书、历史著作称“川峡四路”，简称“四川路”，至元朝时，才正式设置了“四川行省”。看来陇南白马傩舞戏中不同表演类型可见的“知玛”角色，很可能出现于宋元时期，体现了一定的悖反现象，还需进一步探讨。

陇南白马傩舞戏是古代的一种原始宗教文化遗存，作为白马人主要教化手段和娱乐形式，一代一代传承下来，即使经过了“文化大革命”这种空前浩劫，它也没有被完全封杀。究其原因，是有着独到的地位和作用。以池哥昼、麻昼为代表的群舞及小舞剧表演等，融歌、舞、乐、技为一体，配合白马人地道的原始民歌、原始舞蹈、原始道具（面具、乐器、服饰），经过男女的对唱、轮唱、叠唱烘托气氛，融进祭祀、祈求、抗争、诉讼、爱情等内涵，使得表演缤纷多彩，极具故事性和娱乐性，成为他们生活不可或缺的部分，有着深厚和广泛的群众基础。

陇南白马傩舞戏有助于本部族唤醒笑对自然灾害、笑对社会嬗变的勇气和信心。白马人生活的地域山大沟深，交通不便，偏僻闭塞，傩舞戏表演能让他们在自然灾害面前、在社会动荡时期、疾病人祸等不可抗拒的生活现实获得心理的平衡和心灵的慰藉，歌唱、舞蹈和锣鼓可以使他们召回生存奋战的坚毅精神和顽强力量。“池哥昼”装扮完成后的第一个环节是祈祷迎神，这可以看成是一个获取力量的过程。在入贡山，池哥入户表演结束后，还有二至四个知玛再次进入主家上屋烧纸、说唱、颂祷一到两轮次，意图在于给主家以心灵慰藉，以期使之祛除当年不吉的种种心理阴影，而达到在新的一年里禳灾纳吉的心理平衡。在堡子坪，“嘛勾池”表演的两军交战模拟场面，有军傩意味，应该是先民迁徙中反抗强权力量的一种集体回忆，时间可能已经过去了很久（据杨茂青老传人讲述，先民与官兵的战事，发生在雍正年间（1678—1735 年），但于史无考。杨茂青，1930 年生，堡子坪村民，1953 年曾参加西北民族学院民族学习班培训，初中文化。采录时间：2009 年 2 月），但依然可以使人感受到当年白马人面对社会嬗变的勇气和信心。

陇南白马傩舞戏可以满足白马人在不利自然条件下和小部族规模现实中从事农耕活动的驱逐瘟疫、祈求风调雨顺、五谷丰登的民风民俗方面的感情要求。麻昼表演前，“师傅”阴阳先生进行的一系列咒语、挽诀、打卦活动，是在告诉人们白马人先祖神灵的存在和神道之不诬，似乎显露了这种文化的负面状况，但对于他们本部族多数人而言，形式已经不是很重要，而活动过程是一种必须存在的感情内容，是一种感情需求，随后进行的甘昼、杰勿、跳池哥等表演，重在从感情层面获得未来一年或更久的夙愿、诉求。入贡山、寨科桥和迭部的“阿里该昼”表演，入贡山的“秋昼”都体现了白马人民风民俗的感情要求。这一点，可以看成是对周礼以来的傩礼文化在现今白马人农耕生活中的继承。

陇南白马傩舞戏是本部族或本村寨白马人娱乐的重要手段和主要内容。

白马傩舞戏表演生动活泼，幽默滑稽，体现出娱神乐人、热闹欢乐的社祭娱神气氛。薛堡寨的池哥表演，与入贡山等白马河流域的完全不同，四个池哥在表演中互相抖肩扭背、相对或相背扣臂腾跳、角力，动作粗犷而朴素自然，幽默可笑，村人形象地把这种娱乐和合舞称为“跳大鬼”。强曲的杀野猪，表演的是一种集体狩猎场面，动作粗犷奔放，造形富有特点，气氛紧张热烈，戏剧表演性强。入贡山和案板地两个村寨的“池母擀面”表演体态生动自然，技艺展示细腻动人，形象对比鲜明，给人强烈的喜剧性和故事化效果。整个演出伴随着欢快的锣鼓声，气氛热烈喜庆，表现出欢快异常的新年社祭特色，已经融入了白马人辞旧迎新的社会生活，称为娱乐的重要手段。

在今天，陇南白马傩舞戏已经形象地告诉了人们，白马祖先和其他民族先民一样，畏惧某些特殊的动物、植物甚至火、石等自然物，希望赋予超自然威力予以崇拜，企图加以控制和利用，显示了人类本体精神力量的神奇和伟大，白马祖先在主观理念中主动去克服自然灾害和瘟疫疾病，繁衍生息，代代不已，这就是这些傩舞戏的本质。我们从这些艺术形式的存留中感受到了人类对本体精神力量的笃信和人类童年充满稚气的智慧火花，其蕴涵着的极为丰富的历史文化内涵，无不感染和鼓舞着我们，由此从它们的民俗美、艺术美中仍然能感受到不可名状的特殊魅力。

二、陇南白马傩舞戏表演的美学特征

（一）民族文化与表演创造的统一

陇南白马傩舞戏根植于白马民族文化。白马民族文化原始古朴，特色鲜明，虽经数千年的历史风雨的洗涤，依然保持着鲜明的特色，学术界多数专家认为是研究古氐族最好的活化石。陇南白马民族文化的类型、品种较为齐全，具有多样性和立体性。概括起来主要有八大类：一是民间文学，有神话、传说、故事、谚语、民歌、格言和叙事诗等；二是民间音乐，主要有酒歌和山歌；三是民间舞蹈，主要有面具舞、火圈舞、羊皮扇舞等；四是民间曲艺，主要有吉祥说唱；五是民间工艺美术，主要有傩面具、沙嘎帽、五彩服、头饰、花彩带、腰带、蛙鞋、绣花鞋等；六是风俗习惯，包括衣、食、住、行、婚、丧等，还有节庆活动采花节、调牛节等，以及别具一格的“抹锅墨请客”等；七是民间体育，有顶杠、扭窈子、摔跤等；八是崇拜山水日月等自然万物的信仰。

陇南白马人傩表演的每一种形式，都是汲取了白马民族文化的“创造物”。在每一个角色中，都有白马人自己的历史，自己的天性，自己不同时期的生活等，表演的角色和每一个套路达到了在民族文化基础上的创造，如寨科桥的“秦州客”表演，已经成为池哥昼表演不可缺少的一部分。强曲的“杀野猪”表演，帕贵（野猪）角色在表演排序上，紧跟池哥，通过动作展示表演情感、触动、念头等，在渲染气氛和打动观众方面，已表现出表演创造的成功和流畅之处，不仅成为表演者活生生的跳动着的情感、感觉和念头，而且在创造角色的精神内涵方面，通过鲜活的艺术形式将民族文化与表演创造的统一恰到好处地体现了出来。

如前所述，陇南白马傩舞戏的起源是祭祀性的，主要在于娱神，演变发展至今，已经成为一门综合性的表演艺术。尽管每个白马村寨的表演有差别，但每一次成功的表演需要融服装、音乐、舞蹈、雕塑、美术等各门艺术的知识、技巧为一体，再进行综合性的表演创造。各村寨的表演差别，也反映了表演创造中把握表演的神态、步态的差异，从而表现出不同的情绪和韵味。虽然锣鼓大小钹的节奏差不多一样，但阿里甘昼、秋昼表演表现出的刚劲有力、雄健豪放的角色性格，与甘昼、池母擀面表演所显示的沉稳、恬静、热情的神韵和感觉是不一样的。表演创造本身要求傩舞戏表演者必须把掌握民族文化和艺术修养放到第一位，从中吸取营养，充实自己的表演创造。所以，陇南白马人傩表演的村寨差异和表演样式之间的差异，实际是民族文化与表演创造的统一的结果。

根据我们调查了解的情况，做一个优秀的白马傩舞戏表演把式，绝不是有力气、体态轻灵即可，必须要经过良好的民族文化培养和刻苦的表演训练，在对本民族表演艺术的不懈追求中掌握三昧，有继承有创造，才能成为行家里手，通过表演活动展现出它们独有的审美样式和审美内涵。近年来，随着市场经济的发展，建立在农耕文明基础上的白马文化遭到了前所未有的冲击，这种能做到民族文化与表演创造的统一的表演艺人越来越少。新手们表演时的刻意模仿、故作姿态，已经影响到了优美动作和丰富情感展示，甚至一些表演，只有在老传人手把手的表演现场指导下，才能完成符合角色要求的表演，现状堪忧。

（二）古老风俗与历史演变的统一

陇南白马人既不信奉佛教也不信奉道教，在文化上接受儒家学说。在生活中信奉自然崇拜，古老风俗崇拜山神、水神、土地神、火神及其他有“灵性”的自然物。凡有大事必祈祷以告先祖，祈求保佑。说明白马先民在远古对世界的认识是十分粗浅的和混沌的，思维也十分简略单一。恩格斯《路德维希·费尔巴哈和德国古典哲学的终结》中说：“在远古时代，人们还完全不知道自己身体的构造，并且受梦中景象的影响，于是产生一种观念：他们的思维和感觉不是他们身体的活动，而是一种独特的、寓于这个身体之中而在人死亡时就离开身体的灵魂的活动。从这个时候起，人们不得不思考这种灵魂对外部世界的关系。既然灵魂在人死时离开肉体而继续活着，那么就没有任何理由去设想它本身还会死亡；这样就产生了灵魂不死的观念。”[2]在远古白马先民看来，不但人本身具有灵魂，而且世界上的其他万物均具有灵魂，这样，就形成了一种“万物有灵”的原始思维方式。法国人类学家列维·布留尔论原始思维：“原始人的智力活动（因为他们的社会制度）决定于下面这个主要的和根本的事实，即在他们的表象中，感性世界与彼世合而为一。对他们来说，看不见的东西和看得见的东西是分不开的。彼世的人也像现世的人一样子直接出现；彼世的人更有力更可怕。因此，彼世比现世更完全地控制着他们的精神。”[3]远古白马先民为了生存的需要，去摆脱这种控制、并反过来试图控制另一个世界和那一个世界的灵魂，就创造了他们的巫术文化。

陇南白马人的巫术文化成为他们古老风俗的最重要和最核心的内容，利用白马语、斩邪剑、牛尾和池哥昼、麻昼等的展演动作神祇和祖灵来娱乐并力求获得一种预期的结果，在不接触实施对象身体的前提下对神祇祖灵发生作用，也能在不接触观众身体的前提下，让白马族民观众随其显现喜怒哀乐。白马人巫傩风俗转化为具有审美意义上的艺术表演，和他们经历的历史演变关系密切。强曲白马人的“杀野猪”表演，显然带有原始祭仪色彩，野猪既是白马人顾念的对象，又是他们狩猎的对象。扮演野猪角色的“帕贵”要和知玛一起分享知玛馍和腊肉，杀野猪表演的过程，表演者一直念念有词，有些词义是表演者和白马观众所知道的，有些说辞就是因为时间太久，原意已经脱落，即使表演者和白马观众也只知道在说祷，已经不明其意了。在强曲白马人的观念中，野猪要饲养、保护，待到圆肥之时，才可以捕杀。这与西藏墨脱人杀野猪祭仪的祈祷和念经[4]有相近之处，只是更显原始、朴素罢了。白马人在历史演变的进程中将古代风俗和现实生活中的信仰危机与生存危机的冲突协调起来，以求得心灵和肉体的宁静。同样立志山的“拐格达”表演对古代白马先民迁徙活动形成的习俗，随历史演进做了艺术化的改造。模仿的迁徙活动在这里已经完全演变成为了一种反映族民群众祈福禳灾、确保六畜兴旺的群体傩舞戏。

陇南白马人傩舞戏表现为古老风俗与历史演变的统一，有三个方面值得重视：第一，古老风俗随历史演进向艺术表演转化，首先是因为风俗知识的转化。古老风俗是白马先民知识的“传播器”，这里传播的虽然有远古的知识和观念，但不同时期现实生活的知识和观念占主体，显得更为重要。如寨科桥池哥昼表演，师傅（祭师）已经进入现实生活图景，而“秦州客”说唱表演，就是人们把那时的认识——不忘家乡、不忘先祖的美德，固化在这种傩表演之中。原有知识的失落和现实内容的加入，便加快了传统风俗向艺术表演的转化。第二，娱神驱邪的风俗中加入了调侃、轻松和幽默，使得表演更加情景化，提高了傩舞戏表演的艺术情味。池哥昼表演的“知玛鄢摆”（汉语俗称“小猴子”，意为小孤儿）紧随表演队伍之后，动作无拘无束，在居家堂上、庭院甚或村口麦场与观众调侃逗乐，使得表演平添轻松、欢娱气氛，艺术与生活交织在一起。第三，观众在表演过程的参与和互动，也是历史演变进程中古老风俗走向艺术的重要方面。白马河流域的演出时间刚好是村村相差一至两天，观众就会有一个时间差，连续五至六天观看不同村寨的傩舞戏表演。观众虽然处于演出之外，但反馈的信息、评价就使得傩面、服饰、演唱、讲说都赋予美感以取悦于观众，审美便开始主导表演。陇南白马人傩舞戏开始具有了自己独立的艺术品格，以娱人为主的艺术独立的先决条件也就具备了。

（三）表演技巧与艺术表现的统一

在陇南白马人傩舞戏表演中，出色的表演技巧与完美的艺术表现是相辅相成、不可或缺的两个方面。在我们2008—2010年近三年的调查研究中，就曾经了解到入贡山池母擀面年轻表演者技巧达不到先辈要求，而由年长者现场辅助表演保障艺术表现的情况。同样，原来有的一些傩舞戏艺术表现，因时代和条件的变化已经不存在或衰弱，如案板地曾经一度有的“杀猴子”表演，其技巧也因表演的消失而失去了它自身的存在价值。所以，陇南白马人傩舞戏表现为二者的协调统一。

就薛堡寨的麻昼表演而言，表演技巧是属于美学范畴的一种表演技艺，不同于单纯的表演手段与手法。如第三大套“搭昼”表演（汉语俗称“虎舞”），有六个小路，每种小路实际展现的是和老虎有关的代表性动作：四面张望、抖身摇尾，呼啸鸣叫、张臂甩腿、翻滚扑跳、闭目养神，形象逼真。每个小路的连环与进展实际是演出者对艺术手段和各种技巧的精密运用。傩舞戏表演者运用他们的人体奇妙表现才能和动用身体的“运动”、“路线”与“跳跃”等，在围绕篝火场地有限的空间和连续动作的时间内塑造“虎”的艺术形象，反映白马人与自然的相互依存，由此表达群体和演出者个人的审美感情。同样，“狭昼”表演（汉语俗称“拜山神舞”）等其他十一大路表演，勇猛矫健，雄姿栩然，都无不带有演出者对传统艺术和本民族生活的深刻理解，并经历了长期的艺术实践和训练，而且因时代演变批判地继承与吸取了前人和同代人的表演经验，才结晶为一种富有民族特色的艺术表现。

麻昼表演虽然套路很多，表演复杂，但具体的特点是：动作简洁，高难度的技巧、套路并不繁多，复杂的主要在细微动作所表现的相应审美趣味上。表演者的技巧娴练，表演越细腻，动作越舒放自如，观众就越不由自主地为整个表演所吸引。他们注意的并非某一动作或某种“技巧”，自然而然地陶醉于表演的氛围之中，进入自适的审美境界，达到了表演技巧与艺术表现的统一。

在一些白马村寨，也会看到这样的表演情况，有时动作和姿势都不完整，拖泥带水，不够洗练，旋转跳跃毫无条理，跟不上套路稀里糊涂乱转，碎步、搓步、拖步、垫步、滑步和倒退步不能到位，这往往是临时顶替的“跳手”，表演技巧未达到应有的水平，从而限制了它的艺术表现。我们所接触到的陇南白马傩舞戏表演的优秀“把式”，他们的表演并不以显露技巧为能事，而是把高超的表演技巧完全融入这种民族艺术表现之中，真正做到了两者的完美统一，他们的表演“得之心而应之手”，不仅给人以审美的愉悦，而且以其丰富的民族文化内涵与特有情感表现而动人心弦，启人心智。

三、陇南白马傩舞戏表演的形式分析

（一）横向的形式结构分析

陇南白马傩舞戏表演的横向的形式，就是现有我们所能考察到、并且正在表演、有活动能力的傩舞戏形式。其中有些是直接的傩舞戏表演，如池哥昼、麻昼、秋昼、池母擀面、甘昼、杰勿等；有些是傩形象参与其中，如火圈舞、拐疙瘩、嘛勾池等；有些是由和傩舞戏相关的面敷黑墨者表演完成，如阿里该昼、杀野猪、秦州客等。

池哥昼表演，被称为一年一度跳神活动。在白马人中的中青年未形成打工潮外出之前，表演者由贝穆（别称阴阳先生）主持，必须先到山神庙拜祝问吉，然后才开始装扮，态度极其虔诚认真。装扮完成，首先在庙内熟练动作，对未掌握技巧的表演者，村寨中的长辈、艺人进行细致指点，反复训练，直至大家认为技巧合格，艺术表现达标才能出庙，开展村寨中的表演。“出庙”仪式也由阴阳先生主持，做敬神、奠酒、祈祷之仪，鸣炮告神后，才算完成。鸣炮并非燃放一般的烟花爆竹，而是由选定的炮手运用特制工具“三眼铳”，经过装药（黑火药）、填药、燃放等工序完成。池哥昼入村表演，有几个重要环节必须鸣炮，如遇哑炮，视为不吉。近年，市场观念也在潜移默化着这一环节，问神、祈祷、装扮的环节都是在村寨指定的地方进行，步骤也大为简洁，分户表演还基本保持原有风貌，但送神、卸装也在简化。这种变化反映在表演的形式结构上，娱乐、欢庆的作用得到加强，趋向于节日演艺，而祭祀文化的古朴风格似有弱化趋势。从表演角色的特点看，四个池哥和两个池母的表演是整个表演的主体，而四个池哥的表演居于核心地位，历史渊源也应最早，两个知玛的开道和穿插表演属于辅助，一个知玛鄢摆随后的自由耍玩式表演则起到了烘托气氛的作用。

比较而言，薛堡寨的池哥昼表演，已经和白马河流域的池哥昼发生了意义上的变化。四位池哥、四位池母装扮前的求神，以使山神“心领神会”允许表演的仪式与白马河相近，但演出差别（也有装扮差别）很大，它们并不入户表演，均在村中大场院的篝火场，围绕篝火表演。表演分两部分：一是八位池哥池母围绕场地的转圈、行进间跑跳、对跳、斗肩等，二是四位池哥的四人舞，对跳、四人齐跳、跨步跳，套路较为复杂，表达的含义也较为多样。池哥昼虽然有男女角色的区别，但演出均有男性担任，属于男舞范畴。薛堡寨的麻昼表演，十二相只是一种意念上的，真正表演出场的只有六个动物傩面角色。表演内容按十二大套路进行，每个“相”一个大套，共有七十二小路。作为支撑的外围演出还有池哥池母的前导舞，甘昼（汉语俗称“笑面小鬼”）表演的断后舞等，在结构上有明显的主次之分。虽然甘昼的面具不同于池哥昼、也不同于麻昼，但表演的妇女哺乳、擀面做饭、制衣缝纫等内容表明，其形成应该晚出，是在麻昼表演进展到一定时期的产物，结构相对简单。

陇南白马傩舞戏的其他表演，无论是池哥池母傩面直接表演的麻昼、秋昼、池母擀面、杰勿，还是参与其中得火圈舞、拐疙瘩、嘛勾池，以及面敷黑墨者表演完成的阿里该昼、杀野猪、秦州客等，因为晚出的原因，且表演的分工和指向性比较强，其结构相对简单，表演更为直接。他们没有单独的求神、祈神、送神的环节，只是作为表演的构成或附着出现，有一定的独立性罢了。因此这些表演更加生活化、情节化和戏剧化，现出了更加接近戏剧的特性。

（二）纵向的历史发展分析

从纵向的历史发展进程看，陇南白马傩舞戏的源头，是池哥昼表演，这可以从其复杂程度、祭祀祈祷、对后续的影响等方面看出。池哥昼在白马河流域长达一个星期的表演，成为白马村寨一年一度最为神圣、最为欢娱的节庆活动。火圈舞、拐疙瘩、嘛勾池有池哥池母的加入，显然形成时间上要晚。

火圈舞，又称“圆圆舞”，白马语称“逮昼”，因一般在有篝火的场院绕火而舞，故名。舞蹈过程中有多种队形队列变化，是白马人最喜欢的一种自娱自乐的集体舞蹈。《文县志》载：“白马人性喜斗，刀剑不去身，遇急则结阵以待，喊声震山谷。”追溯白马人的历史，不难寻觅出火圈舞最早的雏形、演变过程和发展历史都与战争息息相关。在历史演进过程中，频繁的征战和迁徙，使白马人时常处于高度警惕状态，因此刀剑不离身，以随时还击敌人。每当他们狩猎、与外村发生冲突、或去征战时，总要携带砍刀和弩箭，出发前对空鸣炮三声，全村集体口喊“噢喂”，表示对天发誓，同仇敌忾。池哥池母领头的火圈舞队列，在“噢噢噢”的呐喊声中，显现出“军舞”、“军傩”的一些特性。火圈舞把“火”与“舞”完美地结合在一起，歌因火激昂奔放，火为歌壮势增辉，舞者越多场面越壮观，舞时，不分男女老幼、富贵贫贱，大家手拉手、肩并肩，连成一个大圆圈，围着熊熊大火歌舞。时而曲跳，上身前俯后仰、双脚多跺地，时而反背跳，臀部撅起、左右踢腿，舞步简练明快，随圈左右盘旋，走三步一蹴，踢一次腿。边舞边唱，男唱女合，女唱男合，气势磅礴，时而高亢粗犷，似有裂地惊天，时而悠扬婉转，如同行云流水。

与此相比，拐疙瘩、嘛勾池知名度低，跳演范围有限。拐疙瘩仅见于立志山表演，场地在村口田地，并不在场院，祭祀舞或记忆舞性质明显，重在场面的追忆性气氛，有肃穆、凝重的特点。直拐折曲的队列变换，似在唤起对往昔甚至远古白马人迁徙的“集体记忆”。嘛勾池仅见于堡子坪，分队列的格斗和两队对抗性的“战斗”表演，因为池哥昼的参与，显现出一些军傩的特色，场面雄浑，也应该是对民族某段时间军事事件的“集体回忆”。

面敷黑墨者表演的阿里该昼、杀野猪、秦州客、杰勿等，出现和形成时间应该更晚，情景性更强。这些舞蹈在步法、身法、韵致方面时而相望互动，时而独动说唱，时而厮拼角力，时而轻松逗笑。单跳、分开跳，都协调自如，给人一种有情节、有故事含义的整体感。阿里该昼和杀野猪风格粗犷豪壮，奔放有力，结实干净，节奏强烈，优美无羁。而杰勿表演情节环环扣紧，魅力独具。秦州客登场踊跃，呼喊说唱，诙谐滑稽。反映了白马人傩面（黑面）表演的生活化和近代化趋向，更为今天的观众理解和欣赏。

（三）民族精神与感性体验相结合

民族精神，是指某民族共同的心理、文化特质。陇南白马社会是一个有民族共同心理的世俗社会，但白马文化至今是一种民间文化而不是精英文化。无论是宗教精英贝穆（阴阳先生）还是文化精英（为数不多的接受过高等教育的白马人），在白马村寨的社会地位都不高。白马文化无法得到精英系统地提升和总结，现今基本上由村干部或村中有威望的人主导，而处于民间状态。这一点，从池哥昼各村寨表演的差别，以及对各种面具和仪式的无序和多样的解释中就可以看出。此外，白马人没有自己的文字，没有系统的文化传承系统。这些都导致陇南白马文化在面临外部冲击（现今市场文化冲击）时，缺乏坚强的核心阶层进行抵抗。所以陇南白马人民族精神的文化特质存在逐步弱化的趋向，这是由历史发展和大环境造就的，似乎很难逆转。

鉴于此，陇南傩舞戏的表演就更多的结合了感性的生活体验，来弥补这种文化特质弱化的不足。薛堡寨杰勿表演中的白马“皇帝”、“皇后”和“公主”角色的出现，应该就是东晋白马氐人杨氏建立仇池国以来生活体验结合表演的例证，其中表演“皇后”和“公主”的角色，均由面裹黑纱的池母来表演，实际这些角色以前应该是有傩面具的。在中国的傩文化中，戴面具时，裹布男相用白布，女相用黑纱，[5]是一种惯例，可见傩面具的丢失，并不影响白马人结合生活体验来保留演出活动的延续。

陇南白马傩舞戏表演中的池母擀面、甘昼、嘛勾池、杀野猪等出于白马人生活的感性体验，成为插科打诨和世俗性短剧表演，应该成为孕育白马戏剧的一个重要因素，但由于文化发展的弱化，并未有成熟的白马戏剧形式出现，表演的发展只是停留在一个由傩“舞”向戏剧发展的转折阶段。同时，从另一角度考察，这些世俗化的傩舞戏演出，因为结合了白马人生活的感性体验，愈来愈贴近生活。感性体验带来的人性化，使傩面表演愈来愈注重刻画神祇的内在性格和喜怒哀乐，狰狞恐怖的鬼神原形象所包含的意义相对减弱，人性化逐渐上升使傩表演充满了生活气息。麦贡山的池哥昼表演，虽然可以视为一种对于其祖先记忆的神话故事的文化展演，包括驱鬼除疫的意蕴在内，但是从演出的整体结构来看，从最初的准备到出发前的驱邪过程再到巡游，最终完成使命并把池哥神祇送走，整个过程都与麦贡山人在一个相对封闭的自然环境中的农耕活动相吻合。所以对先祖神话故事的文化展演，也包含了现世生活的感性体验。

注释

[1] 王国维：《宋元戏曲考》，东方出版社 1996 年版，第 96 页。

[2]《马克思恩格斯选集》第 4 卷，人民出版社 1972 年版，第 219 页。

[3][法] 列维・布留尔：《原始思维》，商务印书馆 1981 年版，第 376 页。

[4] 姚兴奇：《孤岛狩猎文化中的图腾、面具与巫术》，《西藏艺术研究》1990 年第 4 期。

[5] 王童：《傩舞的形成、傩文化特征与历史价值》，陕西师范大学硕士论文，2008 年，第 13 页。

陇南白马人傩舞戏源流考

蒲向明

20世纪70年代后期，费孝通先生在政协全国委员会民族组会议上把“平武藏人”或“白马藏族”作为民族识别工作遗留问题的典型予以介绍[1]，由此引起国内外研究界关注“白马人”，众多学者开始研究该民族的识别问题，拉开了关于“白马人”研究的序幕。近30年来，我国学术界对“白马人”进行了全方位较为系统的探讨，研究大体集中于以下领域：如对“白马人”的概念、族属、族缘等问题多维度有价值的界定，对“白马人”宗教崇拜、信仰特征、语言和口头文学、歌舞形式的调查整理，对“白马人”社会状况、社会变化和民族发展、时代发展现状中所存在问题及对策的研究等。

一、白马人和陇南白马人简况

白马人是一个自周秦以来历史上形成的有共同语言（即白马语）、共同地域（即西汉水流域至白水江流域延及川甘交接地至川西平武地区一带居住地）、共同经济生活以及共同特色的文化（音乐、舞蹈、宗教崇拜、丧葬、婚俗等），生理和心理素质特别而又稳定的共同体。白马人现今主要生活在甘肃省陇南市文县铁楼乡及石鸡坝乡、甘南州舟曲县博峪乡和四川省绵阳市平武县白马乡及木座乡、阿坝州九寨沟县勿角乡及草地乡村寨，其中铁楼、白马、勿角、博峪 4 个乡白马人聚居最为集中。据最新统计，白马人总人口近两万人。[2]他们没有被认定为一个独立的民族，在我国现有的56个民族中，被归为藏族的一个边缘地域分支，定名为白马藏族，但他们的风俗习惯、文化、宗教信仰都不同于藏族，他们自称氐人，有自己的语言——白马语，没有文字，不认识藏文，多数人会使用汉字。他们不信仰藏传佛教，却信仰太阳神、山神、火神、五谷神；他们不修庙宇，不供佛像，只在家供奉祖先的牌位。因此，近二三十年来学界大多数人认为，白马人是中国古代北方重要民族——氐族的后裔，至今依然保持着古氐族语言、文化传统的唯一土著族遗。“搞民族学、历史学、语言学、民俗学的专家教授，众口一致，认为这是解放以来我们国家民族研究的重大发现，发现了中国古代氐人后裔的存在。”[3]

陇南白马人主要聚居在文县铁楼乡的白马河流域和石鸡坝乡的岷堡沟河流域。白马河发源于铁楼乡海拔三千五百多米的石垭子梁，从全乡穿境而过，在城关镇汇入白水江，流域面积 324 平方公里，西南接平武县，西北接九寨沟县，北连文县石鸡坝乡。该区域白马人主要聚居村寨有迭堡寨、案板地、枕头坝、腰坪山、夹石山、中岭山、麦贡山、立志山、入贡山、强曲、草坡山、竹林坡，杂居的有寨科桥、阳尕山。岷堡沟河为文县石鸡坝乡至石坊乡段白水江段最大支流，流域内有薛堡寨、堡子坪、博达峰三个白马人聚居村寨。另外，在文县丹堡、刘家坪、中寨、天池、梨坪、堡子等乡镇还散居着一定数量的白马人。据 2009 年的统计，陇南白马人总数八千多人[4]，占整个白马人总数量的 40% 多。

历史上陇南白马人居于僻远之地，因此其民族传统文化受其他外来因素影响相对较小，至今留存的原生态风俗要较之于其他白马人聚居区为好。每年春节有不少四川平武、松潘、九寨沟的白马人来陇南白马河流域观摩、学习和文化交流，近年来海内外专家学者来陇南白马人聚居地研究调查逐年增多。学界主流观点白马人系古氐族后裔的论断，揭示了陇南白马人更近于白马人自古居住的中心区域——氐族早期居留地西汉水流域，居于包括四川平武白马人等在内的整个白马人族群南迁集体记忆路途的中转地带。所以研究陇南白马人民俗文化意义重大，对帮助我们认识陇南古代波澜壮阔的历史、瑰丽多彩的文化，从而丰富陇土文化研究内涵，也极有价值。

二、陇南白马人傩舞戏简论

陇南白马人的民俗文化在耕织、饮食、服饰、起居、婚俗、丧葬、信仰、歌舞、游艺等方面特色鲜明，其中最引人注目的是他们的歌舞。白马人的音乐、舞蹈种类很多，田间地头，村庄院落，到处都是他们引吭高歌、施展舞技的场所。白马歌舞是白马人从先祖的信仰和崇拜里继承至今的一种传统祭祀活动中的民间歌舞形式，每逢重大节会喜庆时日，每个村寨都要表演，意在驱邪除鬼，祈祷吉祥安宁。陇南白马人最具代表性、最热闹、最隆重的歌舞样式是正月新年搞祭祀活动时跳的傩舞戏。陇南白马傩舞戏展示了其文化的典型性、原始性和稀有性，主要种类是“池哥昼”、“麻昼”和“甘昼”。

陇南白马“池哥昼”（别称“仇池舞”、“鬼面子”）傩舞戏源流层累经历了白马人族群最早自陇而蜀南迁和以后由蜀而陇迁徙两个阶段。白马人崇拜的总神“叶西纳蒙”（汉语称“白马老爷”）传说是从东方“暗以陇”（甘肃）来的，他的配偶是女神“霞古若淖曼”（地母），平武羊峒河与火溪沟交会处的一座独峰石岗（文县白马河源头的大山）就是白马老爷的象征。[5]“池哥昼”傩面具的四位“池哥”（汉语称“山神”）形象属于凶猛恐怖的人像造型，已经脱离了平武“曹盖”所表现的“达纳氏界”形象自然（动物）傩仪的原始性和随意性，但“池哥”傩形象狰狞刚猛的三目神文化元素，既保留了白马人“叶西纳蒙”时期原始的底层民族记忆，又反映了它和其他白马部族傩文化的相异之处：由自然原始崇拜向人神本体的回归，与平武夺博河流域的曹盖傩舞相比有明显差异，呈现源流的分野和文化亚系的多样性。

陇南白马“池哥昼”傩舞戏中的四位“池哥”傩神的形象，层累了白马人后续由蜀而陇迁徙的第二阶段的部族文化底层信息和民族记忆。从蛮坡渡（在今江油市青莲乡）北迁文县山林的传说和诸葛亮“一箭之地”的划界故事交织，[6] 反映了汉末时期白马人民族记忆中的北迁缘由，向后的延伸就有了“四山班家”和四位“池哥”傩神意义所指[7]，象征该部族白马人的祖先达嘎、达玛的四个儿子。相比之下，两位“池姆”的傩形象，丰腴而秀媚，神情谦和，带着甜蜜的微笑，体现了白马人历史变迁中的女性审美观，与英武犷悍的三目神“池哥”们形成了鲜明对比。“池姆”在歌舞中的从属地位和擀面、做饭等表演，使其更接近该白马部族的现实意义指向。

在“池哥昼”傩舞戏表演的九个角色中，还有三个角色：脸抹锅灰、涂黑墨扮成猴夫妻的“池玛”和儿子猴娃子“鄢拜”（少年儿童扮成）。丈夫身穿麻布长衫，头戴草帽，妻子身着白马人普通妇女装束，唱说白马人的苦难和历史的变迁，猴娃子前后随意乱唱狂跳，喜乐无常，表现与之相称的顽皮和淘气。“池玛”和“鄢拜”相当于戏剧中的丑角，说笑话，唱怪歌，行动夸张怪诞，作用是逗乐，增加欢乐气氛。这三个角色的形成是随时间层累而来，固化了一个部族传说：相传白马人由四川北迁陇南时，遇一四川男子，后与一白马女子相爱私奔，遭族人蔑视，故在表演时他俩和儿子脸抹锅灰，扮作“另类”。由此可见，“池玛”和“鄢拜”角色的出现，使得“池哥昼”傩舞戏表演内涵远远丰富于其他不足的傩面舞，层累的痕迹也要显得更为复杂。

对于陇南白马人而言，“池哥昼”在傩舞展演的同时，融入了较为丰富的故事情节，出现了从傩舞向傩戏转变的过度特征，尽管没有唱腔和剧目，仍可视为一种对于其祖先记忆的神话故事的文化展演。从仪式的整体结构来看，它都是围绕着祖先记忆、部族迁徙的传说故事展开，作为傩文化当然也包含了驱鬼除疫的意蕴在内，集体性显明，如“池哥昼”在各村寨套场结束后，傩面具和相关服装用品，都在专门的地方收藏起来，秘不示人。这是白马人其他部族傩舞所没有的，因而更显其所具有的独特性和稀有性。

陇南白马“麻昼”（别称“十二相”）傩舞戏在文县石鸡坝乡薛堡寨流传，该村村民并不认可称“麻昼”为“十二相”。[8] 从实地考察的情况看，“麻昼”确实有别于九寨沟“十二相”，它属于两个“池哥”在前面领路，六个生肖傩面具随后的行进式舞蹈。跳“麻昼”傩舞，其套路和步法、路式远丰富于“十二相”，有十二大阵、七十二小路的讲究，完成整个表演需要 4 个小时。在薛堡寨，有十二生肖傩面舞一起出场舞蹈对村落不吉利的说法，所以禁忌十二个动物傩面同时出场表演，通常只跳六个生肖傩面，其余六个则摆放在舞场中央供人们观赏敬奉。[9] 这种情形表现出其多种影响在不同时期的层累现象。

“麻昼”属于一种男性群体祭祀舞，模仿十二生肖动作，古朴刚毅，情趣盎然，旨在驱灾避祸、纳祥祈福。每年只在正月十五至十六跳，一般在村里固定场坝围着篝火按照节拍和白马语词叙事情节起舞，伴随铿锵鼓点锣声，男女歌者在外围合唱“麻昼”歌曲伴唱。陇南白马人“麻昼”有“全堂”、“半堂”之分。“全堂”主要在大寺院里跳，娱神色彩浓厚，舞时全体傩面舞者十二人均出场，而“半堂”主要在村寨里跳，主要娱人，兼有娱神意味，六个舞着头戴六个不同生肖面具，即狮、牛、虎、龙、鸡、猪，出场而舞。从傩仪和傩义的需求出发，六个面具表达并代表了十二生肖的所有意义。狮，白马语称“生梗”，代表鼠、兔；牛，白马语称“捞梗”，代表牛、蛇；虎，白马语称“达梗”，代表虎、马；鸡，白马语称“谢梗”，代表鸡、羊；龙，白马语称“主梗”，代表龙、猴；猪，白马语称“帕梗”，代表猪、狗。“麻昼”的舞蹈动作，主要以腿部为主，成屈腿半蹲状，舞步时缓时疾，表现耕耘、围猎、伐木事项，显得原始、古朴、粗犷、豪放，在突出个性的同时，又不失深沉稳重，这应该与他们的生活环境和生活方式在民族传承的经验层累有密切关系。

陇南白马“甘昼”傩舞戏仅见于薛堡寨。通常在“麻昼”傩舞戏结束后，由两个头戴女性傩面具舞者（类似于白马河流域村寨“池哥昼”中两个“池姆”，但形象滑稽、俏皮一些）跳“甘昼”。这两个女性傩面具舞者被称为“笑面小鬼”，她们所跳“甘昼”傩舞基本上带有情节，就是模仿生活中妇女哺育孩童，烹煮做菜，擀面做饭，裁剪制衣等动作，并结合伴唱来述说一些故事、传说、本族民俗或者追忆历史，在外部表征上也处于傩舞向傩戏的转变期。抑或因为部族发展中遇到的种种因素，使其由舞到戏的转变和文化层累未完成，以一种在某一个阶段历史形态戛然而止的状态持续到了今天。所以，陇南白马人“甘昼”傩舞戏具有古代傩舞戏的“活化石”标本性质。

陇南“甘昼”傩舞戏与九寨沟“十二相”傩舞戏的“阿里尕”（汉语俗称“跳小鬼”）双人傩舞应该是同源而流变，均属于正仪舞表演的后仪傩舞，主要以娱乐为目的，取材于不同白马部族传说、民间故事和历史演示。无论“甘昼”俩女舞者还是“阿里尕”的一男一女傩舞者，在表现妇女劳作生活或男欢女爱场景上，已经摆脱了傩仪主要的肃穆气氛，不拘泥于形式。舞者充分发挥动作表现的才能，伴唱更显直率自由、质相清新之特征，很受观者赞赏。所以，“甘昼”傩舞戏的风格和所体现的白马人风俗意识标明，它是一支独特而稀有的傩舞戏种类，目前人们对其重视和研究还很不够。至于它和“阿里尕”的同源流变情况，尚需进一步考察。

三、陇南白马人傩舞戏源流

中国的巫文化在北方是萨满教，在南方是傩舞、傩戏、傩文化。傩舞戏是带有浓厚宗教色彩的舞蹈戏剧形式，表演中保存着大量具有原始风貌的巫术信息，陇南白马傩舞戏也不例外。从现有表演形式和表演内容看，“池哥昼”属于陇南白马傩舞戏最源头的文化遗存，其次是“麻昼”源于白马人自然神崇拜而又继承了古“十二神兽”和十二生肖文化。在“池哥昼”和“麻昼”的基础上，演化出入贡山“秋昼”、薛堡寨“甘昼”、堡子坪“嘛勾池”、寨科桥和迭部寨（入贡山）“阿里该昼”等傩舞戏形式，体现了陇南白马傩舞戏从娱神到娱人的继承、变化和发展。沿此派生出的案板地村（麦贡山）"池母擀面"、立志山村"拐格达"、强曲村"杀野猪"、寨科桥"秦州客"、薛堡寨"杰勿"傩舞戏表演则成为陇南白马人傩舞戏的末流，主要发挥着娱人、吉庆的作用。

（一）"池哥昼"考源

1. 川北平武"跳曹盖"和陇南文县"池哥昼"。"池哥昼"，俗称"鬼面子"、"仇池舞"，是陇南白马人最具代表性的一种傩祭仪式，属于傩文化的一种原始形态。"池哥"（别作"曹盖"）是白马语的音译，意为"面具"；"昼"（别作"们"），意为"舞"。"池哥昼"在四川平武一带称为"跳曹盖"，就是跳面具舞，祭祀神鬼、驱灾祈福，具有傩祭、傩戏祛邪纳吉、求福避灾的功能。

平武"跳曹盖"和文县"池哥昼"的傩面形态和表演形式有异。平武白马人属于黑熊部，崇拜熊的勇猛和强大，因此"跳曹盖"奉祀黑熊神，是一种在巫师主持下驱赶疫鬼的祭祀活动[10]。曹盖傩舞领头的是熊头面具，平武白马人称为"达纳氏界"，"纳"是"黑"之意，"达"即指"熊"，"氏界"指"神灵"，"达纳氏界"即黑熊神。白马藏人崇奉黑熊神，认为它是鬼怪们最惧怕的神灵，故将面具舞蹈动作以手为主，主要模仿熊等猛兽的动作，力争凶猛怪诞。它没有以古老神话和传说为依据的戏剧故事，甚至连简单的唱词也没有，唯一的内容例是戴上面具跳舞，而舞蹈动作又极为简单，除了模仿猛兽外，便是跳跃，高潮时，还要从火堆上飞身纵过，但没有敷衍故事情节。从面具上看，平武"跳曹盖"全是动物形象，很少人的形象因素，且色彩鲜艳斑斓，装饰多样，或披以散发，或贴有胡子，或绑彩色纸扎，表现了很大的随意性；演员浑身花花绿绿，或披兽皮，或插牛尾，或佩羊角，力争扮成兽形，借其"请神"、"酬神"、"通神"、"驱鬼"、"逐疫"，在最大限度上体现傩信仰者心目中的神鬼形象。所以，它是一种处于傩仪向傩舞转变时期的特有傩文化活动，其中的神鬼形象还是自然物（动物）的本来面目，它"尚处于纯粹的傩祭阶段"[11]。

陇南文县的“池哥昼”则不同，四位“池哥”（汉语称“山神”）的傩面具形象属于凶猛恐怖的人像造型，已经脱离了平武“曹盖”所表现的“达纳氏界”形象自然（动物）傩仪的原始性和随意性，“池哥”傩形象狰狞刚猛的三目神崇拜，明显反映了它和其他白马部族傩文化的相异之处：由自然原始崇拜向人神本体的回归，呈现源流的分野和文化亚系的多样性。近年来，“池哥昼”面具的“纵目”、“凸目”和“三目”特征，已引起了学界对其起源新的探讨。有人认为它来源于古氐蜀人的祭祀生活，与三星堆青铜文化有密切联系，白马人是氐人，与三星堆的蜀文化一脉相承，是三星堆二、三期文化（古蜀国鱼凫王朝时代）的主人，是古蜀国的遗民，白马氐文化是古蜀国文化的活化石，说明古蜀国的蚕丛、柏灌、鱼凫是白马氐部落中的一支。此说最有力的地方在于把“池哥昼”面具和三星堆出土青铜器予以比较印证，在造型上有令人信服的一致性。但是，“池哥昼”傩舞戏产生的最初源头在哪里？时限肯定要比古蜀国、三星堆时期的夏商时期要早。

2.“池哥昼”傩面具三目神造型考论。追溯“池哥昼”傩舞戏的源头，最有价值的是其傩面具的三目神造型。三目神（人）古文献多有记载，如《山海经·海外西经》所记奇肱国人“一臂三目”，《古今图书集成·边裔典》卷八八引《述异记》所记之三瞳（国）：“人皆有三眼睛珠”等。但三眼神作为中国文学形象，首见于《楚辞》，《楚辞·招魂》云：“土伯九约，其角觺觺些；敦脄血拇，逐人駓駓些；参（三）目虎首，其身若牛些。”是说土伯（巴蜀氐羌部落第一代鬼帝）虎首牛身，有三只眼，显然是作者虚构的文学典型，却与古氐羌有关。《太平御览》卷八八引《风俗通义》逸文，把秦代治理都江堰的李冰和二郎神联系起来，是三目神为二郎神之始，《华阳国志》卷三载“冰凿崖时水神怒，冰乃操刀入水中，与神斗”，这里的李冰已具备神力，于是，二郎神的主庙立于灌口，宋代曾敏行《独醒杂志》卷五始称“灌口二郎神”。但考之史料，李冰为“二郎神”于史无据。三目二郎神究竟为何人？宋人作品穿凿附会为杨戬，洪迈《夷坚支志》乙卷五“杨戬馆客”条为始作俑者，其后明冯梦龙《醒世恒言》第十三卷《勘皮靴单证二郎神》演绎为宋徽宗恶名宦官杨戬，《封神演义》以此沿袭称二郎神为“杨戬”，今人杜颖陶编《董永沉香合集·沉香救母雌雄剑》载三目神为二郎神：“当先显出一神将……身披锁子甲黄金；白面微须三只眼，手使三尖二刃锋……众神看罢杨小圣，认得是临江灌口二郎神。”——由传说混淆身份牵强臆造而成，实难置信。从今白马人所在的平武县玉虚观存宋制封二郎神碑的情况看，当时人们也是不承认官宦杨戬为三目二郎神的，但由于《封神演义》、《西游记》的广为流传，三目二郎神杨戬已经至今固化为一个文学形象，而是否因宋官宦杨戬演绎而来，似乎不是太重要了。此外，还有三目神为灵官马元帅（马王爷）之说，《三教搜神大全》卷五：“（帅）以五团火光投胎于马氏金母，面露三眼因讳三眼灵光”，此系神道传奇，无需细考。

上述文学发展演变史系统的“三目神”形象，可作为我们了解陇南白马人“池哥昼”傩面具三目神重要价值的参照。从实地调查采录的资料看，白马人口传系统认为，很早以前白马人就跳面具舞“池哥昼”，其中“池哥”、“池母”为天神（讲述人：杨富成，文县铁楼乡强曲村白马人1925年生，国家级非物质文化遗产“池哥昼”传承人。笔录时间地点：2009年2月7日强曲村），最早有代表性的“池哥昼”表演在寨科桥白马村寨，位于白马河流域源头的石垭子梁山麓，后来才有麦贡山村白马人班启明规整“池哥昼”表演的面具制作、表演程式、活动秩序等，使得“池哥昼”傩舞戏表演相对固定下来。还有些白马老传人指出，“池哥昼”中的四位“池哥”是四大天王，“池母”只是搭配神（讲述人：杨双幸，文县铁楼乡枕头坝村白马人1927年生，采录时间地点：2009年2月11日枕头坝村）。这是白马人族内传说的有关“池哥昼”与神的说法，他们认可“池哥昼”傩面具眉间额头立目为天眼，但不能解释天眼和天神、天王之间的联系。除此以外，口传系统还有“池哥昼”傩舞戏纪念白马人祖先异装涂面逃离仇池说、庆祝白马先民反抗土司暴政取胜说、纪念白马远祖云游天下说、庆祝白马先辈反抗官府匪盗取得业绩说等溯源说法，形成了繁复杂乱的阐释现象，通过陇南白马人口传系统探寻“池哥昼”傩舞戏的源流奥妙、试图接近其人文历史真相，尤显治丝益棼，困难重重。

3.“池哥昼”傩面具三目神溯源。陇南白马人没有文字，口传系统的文化质素在向后传承过程中，会不断地受到汉文化和其他民族文化因素的冲刷、浸淫和纷扰是一种客观存在。如果剥离云游兰州、抗击土司、对抗官府这些明显属于宋元后起附着内容，那么有两点值得注意：其一，“池哥昼”傩舞戏是一种祭祀仪式演化来的娱神傩仪傩舞，只是傩面具的三目神造型在传说中与二郎神无关罢了；其二，它与仇池有关，故又称“仇池舞”。鉴于此，不少学者对“池哥昼”傩舞戏的起源和族源归并一处加以探讨，用功最勤者当属赵逵夫先生。据赵逵夫研究，中国三目神起自“雕题（形天）风俗，本是氐族祖先神的特征，追溯起来，源于原始公社末期的炎帝集团的一位氐族首领“形天”（刑天）。[12]《山海经·海外西经》云：“刑天与帝至此争神，帝断其首，葬之常羊之山，乃以乳为目，以脐为口，操干戚以舞。”这是一个远早于夏商时期就已经产生的神话英雄形象，至今五千年来一直是英勇奋斗、至死不屈的伟大精神的象征。《路史后记》载：“炎帝命作刑天《扶犁》之乐，制《丰年》之咏，以荐釐耒，是曰下谋。”形天“为下民而谋”，即为百姓寻求幸福，让后世又认识了这个先神形象的另一方面。赵逵夫认为三眼二郎神乃氐族之神，氐族先民最早生活在我国西北部西汉水流域，一直保持有“剠（黥）额为天”的习俗雕题，即用刀在额上刻上痕迹，然后在伤口涂上墨，使其长入肉中，形成永久的痕迹，看上去像一个竖起来的眼睛，即所谓“天眼”。《礼记·王制》：“南方曰蛮，雕题交趾，有不火食者矣。”汉郑玄注：“雕文，谓刻其肌以丹青涅之。”唐孔颖达疏：“彫谓刻也，题谓额也，谓以丹青彫刻其额。”东汉以还，氐人由今陇南扩散到川北、西康，这一带不仅二郎神的庙很多，以“二郎”名山者也很多，最著名的便是西康的二郎山。《邛崃县志》卷三记“蜀中古庙多蓝面神像……头上额中有纵目”，反映了氐人宗教的遗存。唐以后，氐人逐渐融合于汉族和藏族，氐族的三目祖先神即二郎神也随之成了大一统中华民族神仙世界中的成员。

在陇南白马人的口传系统中，“池哥昼”傩面角色很早以前一支亲族只装扮一个“池哥”，入贡山有四支亲族，各族装扮一个，所以有四个“池哥”（讲述人：班正联，文县铁楼乡入贡山村白马人1930年生，陇南白马人著名工匠、艺人，通晓白马歌舞，擅长白马人腰带、服饰工艺，精于制作“沙嘎帽”、雕刻傩面具和白马传统绘画。笔录时间地点：2010 年 2 月 26 日入贡山村），这个传述值得重视，由此可以推定，“池哥昼”傩舞戏最早只有一个角色，就是三目神傩面形象。

口传文献的缺点在于它的不确定性。有关“池哥昼”傩舞戏的白马传说未提及与三目二郎神的关系，抑或是在口传过程中相关信息脱落或丢失造成。陇蜀傩舞戏中二郎神为一个重要神祇，故多有关于二郎神的正坛仪式与二郎神的面具。如庆坛戏有《出二郎（二郎降孽龙）》、《扫荡：二郎撵孽龙镇宅》、提阳戏有《二郎神》等。二郎神经过《封神演义》和《西游记》的渲染，几乎已经家喻户晓了。但究其来历，从来有多种说法，前已述及，但出现时间多在宋后。有人认为二郎神或为隋朝的道士赵昱或后蜀的皇帝孟昶（张仙）、晋朝的名将邓遐，但所据失之确凿。考察陇蜀之地二郎神塑像，却可以发现其民族特征。陇蜀相连地带民间祠庙中所塑的二郎神均做武将状，周身着铠甲，披战袍，面有三眼，一眼纵立于双目之间，而脚下还伏有一神犬。李思纯先生撰《灌口氐神考》一文，对此曾加以考证，谓二郎神原为“氐族的牧神或猎神，而非李冰之子”，所言极是。他又进而推论二郎神的原型，“所依托的是氐族的英雄人物仇池白马氐杨氏的领袖杨难当。”[13] 我们认为，主张二郎神的原型是古代氐羌人的猎神是正确的，因为迄今为止，作为与古代氐羌有族源关系的白马人所祀的山神（猎神）都是三只眼睛。至于具体说到二郎神的原型所托是仇池氐人领袖杨难当，一则与理有悖，二则求之太近。

陇南白马人的口头传说中，创世纪说属于神话阶段，远早于杨难当时期，但已经有天老爷罗拉甲武第二次派“立目人”的说法，三国至晋时期，有诸葛亮一箭之地的传说、白马氐王太子武都逃难的传说，唯独没有颂扬杨难当的传说故事，当然也就谈不上神话杨难当为三目神的可能，于史也无据。从时限看，史前刑天“断首之创，双乳为目”的形象演化为“剠（黥）额为天”的习俗，实际那个额头的立目应该是“断首之创”的印记遗存，三眼神形象定型并且作为傩面具，应该在周秦时代，而不是在晚很多的两晋时期，所以三眼二郎神在时限上也与杨难当无涉。

4. 土伯、方相氏与“池哥昼”傩面具三目神。前述屈原《楚辞·招魂》

云土伯“参目虎首”很值得我们重视。土伯和氐羌关系密切，为巴蜀鬼帝，在汉时已经与武都(今陇南成县)白马氐有关联[14]，《汉书·地理志》说：“武都杂氐、羌……民俗略与巴蜀同。”汉王逸《楚辞·章句》注“参目虎首”谓：“其状如虎而有三目”，近两千年来无人提出不同的解释。把“参目”释为“三目”，从一般训诂上讲，“参”“三”古通用，这是没有问题的。汤炳正先生认为 1978 年出土的曾侯乙墓主棺所绘棺画中“持双戈同秘或双戈戟的神兽像，当是用来表示守卫的武士”[15]，经对照研究实即《招魂》里所描写的“土伯”。[16]这个发现有助于我们进一步考证陇南白马人最具代表性的傩舞戏“池哥昼”的源流问题。郭沫若曾认为：《招魂》谈“土伯”时有“此皆甘人”之语，以“皆”字看，则屈原所写“土伯”绝不只是一个[17]，曾侯棺画上的“土伯”存现情况，印证了这一点。棺的左右侧绘有十个相对称的“土伯”，且每个的形态也不完全一样，而是奇形怪状，各具特征，也正对应了《招魂》里所描写的“土伯”形象特征，并不是一个“土伯”兼而有之，而是不同“土伯”的不同特征。根据图画的相似性和对称性分类，可以归纳出“土伯”的三种典型图式如下[18]：

“土伯”的三种典型图式

曾侯棺画上“土伯”的三种典型，雕题三眼、凸目而视的印痕依稀可辨，与现存白马各部族傩面具有惊人的相似。图一对应四川平武系白熊部戴熊猫头面具，图二对应四川南坪系黑熊部戴熊头面具，图三对应文县诸部系山神

（猎神）部戴三眼神面具。曾侯棺画绘制于战国初，而《招魂》作成于战国末期，虽有时限上的前后差别，但很难说二者存在因袭关系。最大的可能，就是上溯至春秋，下延及秦汉，"土伯"文化作为陇蜀氐羌文化的主体部分，向南已经渗透到了楚文化圈内。众所周知，傩礼大致形成于西周春秋时期，其演变形式一直延续到清代，"土伯"文化自春秋在陇蜀之地发展融会了当时傩礼的形式，并向后延续演变持续到今天，造就了我们今天看到的陇南白马人"池哥昼"傩舞戏程式。《周礼·方相氏》载："方相氏掌蒙熊皮，黄金四目，玄衣朱裳，执戈扬盾，帅百隶而时难（傩），以索室驱疫。"此为傩文化研究者所采最为源头的文献记录，所以王国维《古剧角色考》余说二《面具考》据此称方相氏蒙熊皮、戴黄金四目面具，"似已为面具之始"。但从 20 世纪八十年代四川广汉三星堆出土的凸目铜面具看，早在殷商时期面具就有了。近年来一些学者认为三星堆凸目铜面具和远古氐羌民族有关，进而和白马人傩舞戏有渊源关系。从陇南文县白马河流域出土的石质傩面具看，二者确实存在着联系。这样看来，白马傩舞戏的溯源时限远较方相氏驱傩还要早。"黄金四目"作何解释？自汉以来诠释者甚多，至今莫衷一是，但有一点是肯定的，面具上有四目。

5. 关于"池哥昼"源流考证结论。联系形天神话形象、三星堆铜面具、雕题风俗、白马三眼神面具、方相氏黄金四目面具、曾乙侯棺画、土伯形象等前文所论，我们得出关于陇南白马人"池哥昼"源流的如下结论。

第一，陇南白马人最具代表性的傩舞戏"池哥昼"人物内涵溯源于父系氏族公社初期炎帝时代的刑天，和商周时期的雕题风俗有关，在春秋时期或略早形成氐羌三眼神土伯、二郎神崇拜的同时，融合殷周傩仪造就出傩舞戏形式并随之演进，延及明清至今，无论赵沨《傩文化刍论序》称："傩文化可能产生在夏代中期，到商（殷）代已有定形"，还是饶宗颐《殷上甲微作裼（傩）考》主张："傩肇于殷，本为殷礼，于宫室驱除疫气，其作始者实为上甲微……知傩的渊源可追溯到殷代，此治傩文化者所宜同声称快者也。"等学术观点[19]，都可为此做强有力的支撑。

第二，在漫长的流变过程中，"池哥昼"还同时伴随着二目神（三星堆凸目面具）、四目神傩面（方相氏黄金四目），但四目神演进时间较短，或在历史的某个时期消失，直到《旧唐书·礼仪志》，才明确黄金四目为镶嵌“四目”的面具，所以至今未见到任何四目神傩面样式遗存，因而形成了至今四目神傩面现象众说纷纭，未有定论的情况。

第三，“池哥昼”的傩舞戏扮相和表演形式在不同的时代有不同的状态。《周礼·夏官·方相氏》、曾乙侯棺画所示周代傩舞者执戈、扬手、扬盾，身敷熊、牛、虎等兽皮，“池哥昼”表演在那时应该是三目神面具，蒙皮和执物应该相同或相似，从《后汉书·礼仪志》因袭《周礼》傩仪载录的情况看，“池哥昼”在两汉还是这样，变化不是很大。现今“池哥昼”表演右手执钢刀，应该是从土伯、方相氏一类执铜戈兵器一类演化而来；左手所执牛尾，应该在傩舞出现的殷商时期就有了，因为传说中的“葛天氏之乐”，就是三人执牛尾歌舞，远古遗存的阴山岩画就有手执牛尾的舞人形象，金文、甲骨文中的舞字，就是像人两手执牛尾而舞的象形字，可见以牛尾作舞具有非常古远的历史；“池哥昼”表演反穿羊皮大氅，应由蒙熊皮的傩仪装扮演化而来；从曾乙侯棺画“土伯”三眼神形象看，初创时期的“池哥昼”傩仪，表演者只是有腰带一类的饰物自腰间悬垂过膝，是赤着腿脚的，现在见到的饰物、裤子和番靴，应该是随时代和民族遭际变化而来。

（二）“麻昼”考源

陇南白马人“麻昼”（别称跳“十二相”）于每年正月十五在文县石鸡坝乡的薛堡寨表演，分“全堂”和“半堂”。“全堂”12 个人跳，头戴十二生肖面具，主要在寺院里跳；“半堂”6 个人跳，头戴六个生肖面具，主要在白马人村寨跳，其他六个生肖动物面具摆放在场地中，供人们敬奉观赏。薛堡寨等白马山寨跳“半堂”，出场狮、牛、虎、龙、鸡、猪 6 个生肖面具，每个面具代表两相：狮代表鼠、兔，牛代表牛、蛇，虎代表虎、马，鸡代表鸡、羊，龙代表龙、猴，猪代表猪、狗。届时，在两个“池哥”（俗称“大鬼”、“小鬼”）的率领下，面戴各种木雕动物生肖面具的“麻昼”舞者，身着特定服饰，在打击乐队节拍伴奏下，模拟生肖动物不同的神态、动作，围绕篝火，边舞边跳，并模拟再现传说故事的种种情节，在肃穆中透显着热闹，场面特别。白马人跳“麻昼”的动作样式极其丰富，有12大阵（相当于“场”）和72小路（相当于“小节”）的程式要求，紧锣密鼓地完全跳一遍“麻昼”，需要四个多小时才能完成。

尽管薛堡寨白马人认为“麻昼”与十二相不同，因此不能互称，但从实际表演的情况看，肯定与历史上的十二生肖文化有密切的渊源关系。我国傩文化研究中，对周代傩礼“方相氏黄金四目”颇为重视，研究甚多，但对大傩中的“十二兽”表演往往语焉不详。据《礼记·月令》、《吕氏春秋·十二纪》、《淮南子·时则训》诸书记载，周代定时举行的傩礼分为季春三月举行的“国难（傩）”、仲秋八月举行的“天子之难（傩）”和年终举行的“大难（傩）”三种。大难（傩）是年终举行的傩礼，需要全民参与，规模最大，故称。《礼记·月令》说“（季冬）命有司大难、旁磔，出土牛，以送寒气”，郑玄认为“此难，难阴气也”。看来周时的大傩牛相已经出现，用以驱寒阴之气。其后至汉代的时段里，很少见到十二兽或十二相的文献记载。《后汉书·礼仪志》：“先腊一日，大傩，谓之逐疫。其仪选中黄门子弟年十岁以上，十二以下，百二十人为侲子，皆赤帻皂制，执大鼓。方相氏黄金四目，蒙熊皮，玄衣朱裳，执戈扬盾。十二兽有毛衣角，中黄门行之。”还提及傩仪进行中，“十二兽追恶凶”，“作方相与十二兽舞”。说明汉代已有傩仪十二兽舞与方相氏同台驱疫，可证汉以前十二兽或十二相已经出现并定型，这一点在考古资料已得到印证。20世纪七十年代中期湖北云梦睡虎地11号墓发现的秦简《日书》背面《盗者》一节载有“子，鼠也。丑，牛也。寅，虎也。卯，兔也。辰，（按：原简缺漏生肖）也。巳，蟲也。午，鹿也。未，马也。申，环也。酉，水也。戌，老羊也。亥，豕也。”[20]1986年天水放马滩1号墓发现的秦简甲种《日书》的《亡盗》和乙种《日书》的《巫医》，所述十二生肖为子鼠、丑牛、寅虎、卯兔、巳鸡、午马、未羊、申猴、酉鸡、戌犬、亥豕。[21]比较这两段史料，可以看出，十二兽或十二相定型是在战国秦惠文王时期前后。汉以后的志书对十二兽或十二相的具体特征交代不多，“有衣毛角”或“皆朱发，衣白，画衣”、“与方相作十二兽舞”

等，表明汉魏至隋唐，十二相在驱疫、食疫的活动中变化比较缓慢。傩面有角，身着画衣，和今天所见“麻昼”装束一致，似乎存在一定的渊源关系。

唐段安节《乐府杂录·驱傩》载：“（驱傩）用方相四人，戴冠扩面具。黄金为四目。衣熊裘，执戈扬盾，口作‘傩傩’之声以除逐也。右十二人，皆朱发衣白口画衣。各执麻鞭，辫麻为之，长数尺，振之声甚厉，乃呼神名。”[22]说明唐时的十二兽傩仪驱疫，在继承传统时已有发展，麻鞭振声，应该就是现今陇南白马人用爆竹、炮仗，特别用三眼铳振声驱疫的源头。钱茀等考证，中国北方“十二神家”即是“十二兽”的遗迹，山西曲沃“扇鼓滩舞”（扇鼓傩戏）中“十二神家”请神时，反穿羊皮袄，其中属马青年所执麻鞭，更是唐以来十二问事、十二执事挥麻鞭的直接留存。[23]那么，今陇南白马人“麻昼”表演队列中的两个引领神“池哥”反穿羊皮长袄，手执钢刀、牛尾也应该是这种演变的蜕变和遗留，从这个意义上说，“麻昼”戴动物面具，拟兽舞蹈以驱疫的傩舞，在众多形式的傩舞戏中甚为罕见，跳“麻昼”（十二相）可谓研究十二兽、十二相文化的一块活化石。

上述分析说明了“麻昼”对古傩仪有继承和迁延关系，主要在形式方面，但并不等于说它就起源于十二兽或十二相，其起源应是和该民族的精神内涵密切相关的。从陇南白马人的口传系统考察，“麻昼”起源说法不一。有称“麻昼”就是十二生肖（讲述人：金贵，文县石鸡坝乡薛堡寨村白马人 1941 年生，笔录时间地点：2009 年 2 月 9 日薛堡寨），就是祭拜山神的舞蹈，代代相传，不清楚产生于什么时期，从小就知道这些傩舞戏，面具前前后后有兴衰变化（讲述人：杨茂清，文县石鸡坝乡薛堡寨村白马人 1927 年生，笔录时间地点：2010 年 2 月 27 日薛堡寨），几经辗转，现存最古老的面具距今约一百年左右。从访谈和实地察看的情况看，“麻昼”应源于陇蜀氐羌的各部族图腾神祇崇拜。陇蜀氐羌（白马人自称氐人后裔）诸部族盛行部族神祇崇拜，如熊部、熊猫部等，也有举虎、举龙、举蛇、举熊，为自己部族标志者。

从文献记载看，“麻昼”对周秦以来的古傩仪十二兽、十二相继承的同时，也出现了汉唐宫闱傩十二兽（相）在陇蜀民间的变异。古时十二兽傩仪，既是一种仪式程序，又是可以娱神并逐渐转化到宋以来的娱人为主。“麻昼”

是白马人祭祀礼仪的一种，也是群众自娱的文化活动，其特色在于注入了白马人的民族色彩，不仅以十二种动物来发挥驱疫逐魔的功能，而且以本部族神祇崇拜为前提，逐渐变成以娱人为主的一种民族文化活动。“麻昼”不仅具有新春驱邪纳吉作用，还与白马人的生产活动相连，把宫廷的驱傩礼仪，转化为白马人生产、生活的组成部分，并沿为习俗，代代相传。“麻昼”流传至今，与时俱进又注入了新的内容，除保留传统的活动习俗、表现风格外，每逢重大节日，盛大集会，陇南白马人也要戴上傩面具，欢跳“麻昼”，使之成为人们自娱娱人的白马人文化生活重要内容。

“甘昼”是在“麻昼”基础上所做的更为生活化的演绎。在“麻昼”跳完后，两个头戴女性面具（类似池母傩面，别称“女鬼”）、俗称“笑面小鬼”的人开始跳“甘昼”。[24]“甘昼”表演主要是选取了陇南白马人重要的生活场景。

（三）陇南白马人其他傩舞戏探察

1.“秋昼”、“阿里该昼”、“甘昼”、“嘛勾池”。随着历史的发展和时代的演进，在“池哥昼”和“麻昼”基础上，陇南白马人演化出了处于中流阶段的其他傩舞戏样式，其代表是“秋昼”、“阿里该昼”“甘昼”、“嘛勾池”。

“秋昼”见于白马村寨入贡山等地，该傩舞具有情景性，表演通过肢体语言和手势语展示一定的故事情节。两位“池哥”各自双手执牛尾表演双方激战厮杀的壮烈场面，有“史剧”的意味，舞势节奏明快，动作坚实有力，充分体现了作战的刚强威猛。《文县志》载，宋理宗端平三年（1236年），蒙古太子阔端率军陷文州，州县俱废，建西番（今白马人）军民元帅府，[25]“秋昼”的产生很可能与此重大事情有关。

“阿里该昼”傩舞戏表演见于入贡山、寨科桥和迭部寨。由三个“知玛”表演，其中一个扮演猎物，两个扮演猎人。两个扮猎知玛手执牛尾，通过追逐、跳跃、跨步、按压等动作表现出猎、围猎、捕获、降服猎物等内涵。在鼓、锣、钹等打击乐器的伴奏下，池哥和知玛通过推搡、抱摔、掰手、抵腿等动作，表现猎人对猎物的征服，通过三到四个回合的较量，知玛屡次被孔武有力的池哥摔倒，直至知玛向池哥鞠躬认输，臣服其神力的不可战胜。

“甘昼”傩舞戏表演仅见于薛堡寨。如前所述“甘昼”表演，以戏剧的因素渗入傩舞之中，傩舞与戏剧因素的融合，不仅形成傩舞戏品种，而且借此可以使我们看到中国戏剧发展的基因和较为源头的质素，从这个意义上讲，称“甘昼”表演是中国戏剧发展史上现有的活化石，应该是毫不为过的。

“嘛勾池”表演仅见于堡子坪。据白马人口传系统，“嘛勾池”傩舞戏反映的是雍正八年（1730 年）白马人与官兵的战斗经过（讲述人：尤玉明，1934 年生，国民政府初小文化，采录时间地点 :2010 年 3 月 3 日文县石鸡坝乡堡子坪村），思想内容当是反映白马人部落为捍卫自己的利益征战、御侮的历史场面。

2.“池母擀面”、“拐格达”、“杀野猪”、“秦州客”、“杰勿”。“池母擀面”现存于入贡山和案板地两个白马村寨，傩祭的色彩已经大为减弱。该表演已经具备了傩戏的主要特征，只是因为演出过程不用语言、缺少固定脚本等情况，才体现了这种傩戏的原始性和粗放型。“池母擀面”存留今天，其表演包含着一段段故事的内容，这种傩舞戏虽不足以表现陇南白马人的更为内涵的东西，但它演故事的事实却已存在了，这是它的价值和意义所在。

“拐格达”（别称“拐疙瘩”）表演仅见于立志山村，该表演穿插于池哥昼队舞在白马村寨逐门串户驱邪祈福期间，队列直拐行进中伴随着男性“噻噻”的喊声，女性则手拉手在行进中唱“玛知玛咪”颂神曲。表演意象应该是反映了白马人历史上生存的艰辛、不断迁徙、不断征战、刀耕火种的民族群体记忆。该表演是在池哥昼傩舞戏的基础上，结合追述先辈历史和祭祀怀想先辈功业等实际需要，派生出的叙事性傩戏情景表演，娱人娱神功能俱存。

“杀野猪”见于强曲村，腊月十六日表演。通过表演搜寻野猪、围追堵截野猪、逐猎擒获野猪、抬送野猪返回、肢解分肉等情节，表现陇南白马人在先祖早期集体狩猎的原生态场景。该表演在锣鼓、大小钹打击乐的强节奏氛围中，体现出一种激烈、欢快、喜庆的独有特色，情节性强，娱人效果非常突出。

“秦州客”傩舞戏表演仅见于寨科桥白马村寨，为该村正月十六日池哥昼表演的一个重要组成部分。该表演的源头于史无考，今据对白马人口传系统的语言考察，它应该出现在清光绪年间，至今有百余年历史。表演有很强的故事性，戏剧色彩鲜明，其唱词和吉言均有文字底本，是陇南白马人傩舞戏表演中最具有戏剧特质的表演，从中反映了傩舞戏表演的顺势和顺时特点，符合戏剧发展的时代性特征。

“杰勿”表演傩舞戏表演仅见于薛堡寨，为该村正月十五日的重要傩舞形式，更多的带有哑剧特色。演出剧情和“月月”传说有关，由四个池哥、四个池母和两个面敷黑墨的“杰勿”跳演完成。演员只以动作和表情表达，演出是一种想象的、情感的、故事性的沟通方式，情节的传达不会超出文字可以传达的范围。“杰勿”夸张诙谐的舞戏表演，推动剧情发展，让观众通过观看和内心体验去感知“月月”传说的内涵。

注释

[1] 费孝通：《关于我国民族的识别问题》，《中国社会科学》1980 年第 1 期。

[2] 唐光孝、罗光林:《北川羌族与平武白马藏族当前文化现象之比较》,《中华文化论坛》2005 年第 2 期。

[3] 曾维益：《多元文化下的白马（氐人）文化——“西南田野的当地经验”北大讲座录之二》，《民俗研究》2006 年第 1 期。

[4] 邱正保等主编：《陇南白马人民俗文化研究·调查资料卷》，甘肃人民出版社 2009 年版，第 5—6 页。

[5][6] 四川省民委民族识别调查组：《“白马藏人”调查资料辑录》，收入四川省民族研究所编的《白马藏人族属问题讨论集》，《四川民族研究丛刊之二》1980 年第 5 辑，第 120、136 页。

[7] 王越平：《敬神与狂欢——白马藏族三个村落“跳曹盖”仪式的比较研究》，《中南民族大学学报》（人文社会科学版）2008 年第 2 期。

[8] 邱正保等主编：《陇南白马人民俗文化研究·调查资料卷》，甘肃人民出版社 2009

年版，第 229 页。

[9] 刘启舒：《文县白马人》，甘肃民族出版社 2006 年版，第 73 页。

[10][11] 李鉴踪：《白马藏人的跳曹盖习俗研究》，《天府新论》1994 年第 2 期。

[12] 赵逵夫：《形天神话钩沉与研究》，《民间文学论坛》1988 年第 5—6 期。

[13] 李思纯：《灌口氏神考》，收入李思纯编的《江村十论》，上海人民出版社 1957 年版，第 63—74 页。

[14] 黄永林：《三星堆青铜直目人面相的历史文化意义研究》，《武汉大学学报》（哲学社会科学版）2004 年第 5 期。

[15] 随县擂鼓墩一号墓考古发掘队：《湖北随县曾侯乙墓发掘简报》，《文物》1979 年第 7 期。

[16][17] 汤炳正：《曾侯乙墓的棺画与〈招魂〉中的"土伯"》，《社会科学战线》1982 年第 3 期。

[18] 湖北省博物馆编：《随县曾侯乙墓》，文物出版社 1980 年版，第 55 页。

[19] 柯琳：《傩文化刍论》，中央民族大学出版社 1994 年版，第 3—5 页。

[20] 于豪亮：《于豪亮学术文存》，中华书局 1985 年版，第 161—162 页。

[21] 秦简整理小组：《天水放马滩秦简甲种（日书）释文》，收入甘肃文物考古研究所编的《秦汉简犊论文集》，甘肃人民出版社 1989 年版，第 3—4 页。

[22] 中国戏曲研究院编：《中国古典戏曲论著集成（一）》，中国戏剧出版社 1959 年版，第 45 页。

[23] 钱茀：《十二兽：傩戏的雏形》，（台湾）《民俗曲艺》第 69 辑，第 112 页。

[24] 邱正保等主编：《陇南白马人民俗文化研究·调查资料卷》，甘肃人民出版社 2009 年版，第 231 页。

[25] 文县志编纂委员会编：《文县志》，甘肃人民出版社 1997 年版，第 61 页。

永靖傩舞戏明代文化特色论

庆振轩 张馨心

观看永靖傩舞戏，翻检相关资料，考索其源流，有一个很固执的想法挥之不去，我们认为，在永靖傩舞戏演变的历史年轮上，刻下了十分明晰的明代文化印记。兹试阐其说，以就教于方家。

由于永靖傩舞戏世代师徒相继，口传心授，少有文献录载，因此石林生同志《甘肃永靖傩舞戏》、《河湟鼓舞》中所录民间《跳会禀说词》和有关剧目为我们的探讨提供了十分宝贵的第一手资料。

《跳会禀说词》是传统傩舞戏表演的开场白，石林生所录仅千余字，但却蕴涵了丰富的历史文化信息。永靖傩舞戏就像“老君的铁帽——源远流长”，但就傩舞戏的三大类别而言，永靖傩舞戏应在乡傩之列，石林生所录《跳会禀说词》径曰：“唐宋元朝以后，清朝以前，明代时间，刘都督射猎，遗留了哈拉（乡傩）会事。”“这哈拉（乡傩）会事，一年一遍，一年一换……源远流长。”[1] 跳会禀说者的身份应是乡民中的文化人：“我乃是农家宅留，草木之人，身在山中，少知人间礼仪，肚里无才，口里不来，在生人众目之下，战战兢兢，不敢浪言。请各位父老，众位亲戚，给我说几句话。”[2]显而易见，永靖傩舞戏属于乡傩。但就其源承流变、组织形式、地域特点和社会作用以及相关剧目表演而言，则更应该说永靖傩舞戏是具有军傩色彩的乡傩。

石林生《甘肃永靖傩舞戏》已经论及永靖傩之“浓厚的军傩色彩”。其论据之一，谓傩之始，方相氏“执戈扬盾”，与武事有密切联系；其论据之二，谓“明代刘都督射猎，将士们戴着傩面，其间已包括着浓厚的军傩色彩”。[3]刘都督即刘钊，明嘉靖《河州志·名宦》、清宣统《甘肃新通志·职官志》皆有传。刘钊作为地方军政长官，镇守河州多年，颇有政声，于其时形成的“哈拉（乡傩）会事”，本身就具有兵民合一的“民兵”性质。我们之所以这样讲，有以下理由：其一，《跳会禀说词》明确说明了这一点，“哈拉”会事之设，是因为“贼盗劫掠，出没无定，无可事则旗帜伞帮，团结跳会，和合人心。有事时，则干戈齐扬，耀武扬威，守望相助的意思。”[4]其二，就永靖特定的地域特点而言，多民族民众相邻而居，在融合中有矛盾，在矛盾中融合，是一种常态。据有关资料记载：“天宝年间，每岁积石麦熟，辄被吐蕃获之。”[5]联系唐高适《九曲词》三首之一：“铁骑横引铁岭头，西看逻逤取封侯。青海只今将饮马，黄河不用更防秋。”[6]可以想见，边防军将，麦秋之时，负有护秋之责，而唐时的军队防秋，至明代有了永靖乡傩，由乡傩会众承担此任。

永靖傩舞戏，民间俗称“七月跳会”。据老人们传说，很早以前此地方与西蕃接壤，以关为界。每年麦熟时，蕃人乘夜掠收麦子，关内百姓为了防止骚扰，便想出了一个妙计，即戴上狰狞可怖的面具，打上旗帜，鸣锣击鼓，奏乐跳跃。蕃人见之，以为神兵天降，吓得慌忙逃回，再也不敢抢收麦子了。为了纪念这次胜利，每当丰收的年景，祖祖辈辈形成了戴面具跳会的习俗。[7]

与之相应的是，今天我们所能看到的永靖傩舞戏剧目中三国征战故事占了相当大的比重。诸如《斩貂蝉》、《三英战吕布》、《出五关》、《山五将》、《长坂坡大战》、《华容道释曹》、《川五将》、《单战》、《下西川》等。所以，石林生经过长期研究统计后认为“永靖傩舞戏里以三国故事、人物占主要部分”。[8] 但我们也注意到，除了三国征战故事之外，带有军傩影响的还有《变化赶鬼》、《杀虎将》、《目连救母》、《三娘子降老虎》、《庄稼佬教猴》等剧目。前者表现三国人物杀伐征战、威猛武勇，自不待言；后者表现相关人物的降虎、教猴等，自然也需展示一定的“功夫”。合而观之，其军傩影响的迹象是十分明显的。

尤其令人印象深刻的是，观看永靖傩舞戏中的这一类“武戏”，诸如出场人物较多的《山五将》，剧中角色吕布、张飞、关公、刘备、曹操“分别着白、黑、绿、黄、红战袍，手执兵器，在锣鼓伴奏下相继出场”，队形“时而分”“时而合”，变化多端，“动作优美大方”。[9] 笔者在永靖观看傩舞戏时，曾十分震惊于主要演员的表演，其旋转腾挪迅疾有力，发辫舞也健朗优美。舞台上的打斗动作，虽也已经程式化，但台上十分钟，台下十年功，其长期刻苦的演练是可以想见的。我国民间素有三个好把式打不过一个唱戏的说法，说明传统舞台上的武生是确有一定功夫的。特别是看到永靖傩舞戏班子培养的年轻人在表演中，常常跟不上旋转打斗的节奏，其满头大汗的窘迫之状，往往引起观众的善意的笑声，这也从侧面说明了中老年艺人的功力深厚。由之可以推想，当年负有护秋之责的乡傩会众，不是麦田中吓唬鸟雀的草人，而是可以切实负起责任的。

在确定了永靖傩舞戏是具有明显的军傩色彩的乡傩之后，我们进一步要探讨的是永靖傩舞戏的源流。检索相关资料，结合现有的永靖傩舞戏表演，永靖傩舞戏的近源在明代的线索十分明晰。兹从以下几方面试阐其说。

其一，石林生同志所著《甘肃永靖傩舞戏》所录《跳会禀说词》，历数永靖傩舞戏之源流特色。其中一段文字直接叙说永靖傩舞戏起于明代：

明代时间，刘都督射猎，遗留了哈拉（乡傩）会事。

这哈拉（乡傩）会事，一年一遍，一年一换，遂成了老君的铁帽——流长源远。[10]

刘都督即刘钊，其人其事，史有明载：“刘钊，滁州全椒人，历升右军都督府同知。永乐五年镇守河州，号令严明，番夷畏服。在镇三十余年，居民安堵，创修之功居多，后莫能及。”[11] 清宣统《甘肃新通志·职官志》

亦载刘钊："正通中为都督，奉命整饬贵德，抚有积石关番人七十二族，开设诸屯，垦辟田土，主茶马司易马一千七百匹，诸番咸悦。于是官廒充实。沿途广设番驿，与河州消息相通，经营守御，皆钊之力。"[12]

其二，永靖傩舞戏所奉请诸神之一为金花娘娘，在当地传说中，金花娘娘的神异故事产生在明代洪武年间。据《皋兰县志》遗碑载："明洪武二年七月七日，兰州井儿街有一民女金花，端庄聪慧，不荤不帛，仙风自若。年将及笄，父母许配于南山王姓。六礼既成，金花不从，迎聘者临至，金花手执火棍，将麻线一头系之灶龛，飞身越墙西行，至大岭山今松树岘时，其兄已追到眼前，欲追妹回府。金花言：'肩负普度众生脱离苦海之重任。'执意不肯后退半步。遂将火棍插于路旁巨石，瞬间生枝生叶，变为一棵大松树，冠盖如云……金花行至吧咪山时，线尽功成，脱凡飞升无影洞。众信士迎神接驾，屡显神灵。清光绪七年正月，兰省曹炯禀请封'带雨菩萨'。陕甘总督左宗棠加'灵感'二字。明成化四年始建金花庙。"[13] 金花娘娘的传说故事始于明初，金花庙建于成化四年，则刘钊及其继任者把由中原传入的傩舞戏与当地神异传说、民俗民情结合，教化抚镇地方，是颇为明智的做法。

其三，与之相类似的是，大明王朝的开国元勋常遇春等也是永靖傩舞戏奉请的神祇。常遇春，《明史》有传略谓："常遇春，字伯仁，怀远人。貌奇伟，勇力绝人，猿臂善射。""沉鸷果敢，善抚士卒，摧锋陷阵，未尝败北。虽不习书史，用兵辄与古合。"屡立战功而英年早逝，"追封开平王，谥忠武。配享太庙，肖像功臣庙位皆第二。"[14] 史籍明载，常遇春因奉王命并未参与平定河湟之役，但自明代以来，河湟民众却奉为神明。当地有常遇春的庙宇，"在河州西乡最西端大力架山的主峰鸡窠山上，有一座'天池'叫'五山池'，池旁有一座庙叫'五山庙'，供奉着'感应五山大王之神位'的牌位。据说这个大王就是常遇春。"[15]

当地还有"常爷池"。"常爷池位于临潭县和康乐县交界处的冶力关的北侧，是白石山的一座高山湖泊，现称长冶池，也称冶海（爷海）。周边汉藏群众深信'常爷'（常遇春）曾在'爷海'之滨秣马屯兵，保卫地方。还不时在池中显灵，济困扶贫，惩贪除恶。"所以"老百姓给常遇春在池边修了‘常爷庙’”。[16] 常遇春成为永靖傩舞戏迎奉的福神之一，当地的傩歌唱道：

号洪武，都金陵，九要行军闹乾坤。
元朝有个王彦龙，无端作恶欺万民。
大明前朝忽必烈，清代殿前闪地裂。
地穴之中一石碑，字字句句写的明。
天苍苍，地茫茫，干戈阵，未决防。
混一统，东南方，元需改，日月旁。
石人闪出一只眼，挑动黄河天下反。
常遇春家住不自由，跟上黎民反九州。
追杀鞑子到翰林，遇着终南刘真人。
传授他的武艺精，一根仙刀一根绳。
十八样武艺件件通，人马来到红罗岭。
马踏海牙十七营，三更打破采石林。
一统山河管万民，洪武酒醉牡丹亭。
八位官神被火焚，冤魂不散绕龙亭。
当殿哭坏一条龙，金龙玉藏怀中抱。
先斩后奏护国公，常遇春、胡大海，
康茂才、李文忠，徐达、赵德胜，
郭英、朱良祖。
此诏原来八个人，封住了八个总官神。
金龙盖国白马将，唯有灵感五将军。
有圣旨，到坛中，无圣旨，回龙官。[17]

这段傩歌词将史实神话传说融为一体，细加体味，在永靖傩舞戏所礼敬的一百余位神祇中，明代的开国“官神”应有八位。《河湟鼓舞》尚收有关于李文忠的颂词《金龙大王传》，文辞套路与上引称颂常遇春的《常山盖国传》如出一辙。此外，永靖傩舞戏迎请诸神中有二郎神杨戬、黑池龙王哪吒，其说唱故事情节多出于《封神演义》；傩舞戏表演也多为三国人物故事，且多出于《三国演义》。这一切都使永靖傩舞戏具有十分浓厚的“明代文化”色彩。

众所周知，我国的傩文化源远流长，一提及傩舞戏，人们自然会追溯到《礼记·月令》、《周礼·夏官·司马》，继而述及汉魏、唐宋有关史料；言及永靖傩舞戏中的神祇二郎神、黑池龙王哪吒，论者又往往会引证唐代《升天传信记》等佛家故事的哪吒太子和《吡沙门仪轨》中吡沙门大王的第二个儿子独健，再加以联系推论，认为“二郎独健和三太子哪吒正是亲兄弟”，[18]考诸文献，二郎神与哪吒太子确乎有这样的关系，但这些已与永靖傩舞戏所奉请神祇无有关联，因为综观永靖傩舞戏，二郎神、哪吒太子和常山盖国常遇春、金龙大王李文忠、红山锁脚龙王——“老子名叫牛魔王，你娘名叫铁扇公主”的红孩儿，他们或为明代开国功臣，或为明代或以后小说故事人物，再加上永靖傩舞戏所表演的人物故事，又多出之于《三国演义》，所以我们特别关注并强调永靖傩舞戏的明代文化色彩。

当然，论及永靖傩舞戏的明代文化色彩，强调永靖《跳会禀说词》中明初“刘都督射猎，遗留了哈拉（乡傩）会事”，强调永靖乡傩迎奉诸神的“明代身份”，强调永靖傩舞戏故事人物的明代色彩，但我们并不想割裂历史传承，而是想论证永靖河湟傩舞戏的“明代文化”现象，是一种历史文化发展进程中，在特定时代、特定地域、特定的多民族文化背景下产生的个例。

永靖所在的河湟地区是多民族聚居地，在漫长的历史长河中，一直是多民族争夺征战的边地，在这多民族汇融的过程中，我们没有看到一个单一民族文化作为主导文化的系统传承，而是看到了特定的地域文化在发展中断裂，在裂变后整合，不断吸收融会成一种独特的地域文化。“大禹导河，始于积石”的传说，是悠久的历史回响。在夏代，该地区属雍州地，商周时为羌戎地，战国时，归入秦人辖治。秦始皇统一华夏，该地属陇西郡。西汉时，先后属陇西郡、金城郡。东汉时，先属金城郡，后归陇西郡。中平元年（184 年），陇西宋建据枹罕聚众自立，号河西平汉王，设百官，改元自立三十年。汉献帝建安十九年（214 年），曹操派夏侯渊率兵攻拔枹罕，斩杀宋建，河湟遂安。三国时期，位处魏蜀征战之地，姜维四伐中原，兵出陇西，攻入河关、临洮、狄道，后败绩，迁徙羌人于绵竹、繁县。南北朝时期，该地先后隶属前赵、前凉、后赵、前秦、后秦、西秦、南凉、吐谷浑、北魏、西魏、北周等地方割据政权。隋一统天下，地属枹罕郡。唐王朝建立，置河州，后设积石军，属陇右节度。玄宗时，改河州为安乡郡。唐蕃征战，哥舒翰平定河湟。代宗宝应元年（762 年），该地又陷于吐蕃。宣宗大中二年（848 年），张议潮举众起义，收复河西及兰、河、岷等十一州，该地复归于唐。不久，又陷于吐蕃。入宋，真宗大中祥年间，吐蕃唃厮啰政权控制河湟地区，神宗熙宁元年，木征以河州归附，附而后叛。熙宁五年，王韶击败木征，是为熙河之役，置熙州路。金天会九年（1131 年），金兵入陇右，取熙、河、兰诸州，河州入于金。南宋理宗宝庆二年（1276 年）蒙古灭西夏后，攻拔河州、积石州，地属蒙古汗国。元世祖至元六年（1269 年），置河州路。明洪武二年，明将徐达、邓禹克复河州。纵览明代永靖及河湟地区之历史变迁、朝代更替中，地方民族割据政权更迭之频繁，多年连绵不断的战火，使当地多民族民众饱受战乱杀伐之苦，战乱迁徙，使得当地很难有一民族主流文化或主导文化贯穿始终。在长期的历史大潮中，羌戎、鲜卑、吐谷浑、藏、汉、女真、蒙古、回、保安、东乡、撒拉、土族……曾先后聚居经往此地，有的民族迁徙了，有的民族在长期的民族融合后，只留下了历史的背影，有的民族则在多民族文化融会后新生。譬如，原系鲜卑慕容部落的一支，在西晋末由吐谷浑率领迁入今甘肃青海间，传至其孙叶延，始以吐谷浑为姓氏，北魏太武帝神鼎元年（431 年），夏灭西秦，六月，吐谷浑灭夏。于是洮河以西尽归吐谷浑。7 世纪中叶，吐蕃崛起，灭吐谷浑国，原吐谷浑属地归吐蕃所有。唐以后，留在青海、甘肃的吐谷浑人，大部融入藏族，部分融入汉族，部分与藏、蒙古等民族融合，形成今天的土族。再如东乡族人，他们是由 13 世纪随蒙古军东迁的撒尔塔人、色目人与当地的回、汉、蒙古等民族长期相处融合而成。撒拉族也是由元代迁入青海的撒马尔罕人与周围的蒙古、回、汉、藏等民族长期相处，相互融合，发展而成。多民族文化融合是河湟永靖地区十分突出的地域特色，而“新生”的民族在特定时期必然有其鲜明的地域的时代的独特印记。令我们十分感兴趣的是，与河湟地区有着极深渊源的土族神话传说中的真武祖师竟然是“明永乐皇帝”的唯一的儿子，修道一千五百年。[19] 土族法师吟唱的《二郎生传》

也具有“明代文化”色彩。大意是说，玉皇大帝的三个公主下凡洗澡，杨天佑盗取了三公主的衣衫，使其不能升天。后来生下二郎，在玉皇授意下，土地山神让两只狼喂养二郎成长到十二岁，太乙真人收其为徒，传授其七十二变术。二郎得道之日，玉皇大帝赐其三山火焰帽、八卦九龙袍、照妖镜、三叉戟、白龙马，命其降妖除魔，造福百姓。因为两只狼喂养了二郎，所以称其为“二郎。”[20] 尽管神话传说情节离奇，但整体故事让人感到似曾相识。其神话传说明显的受到明一统后宗教艺术文学艺术的影响。

如果说带有强烈的军傩色彩的乡傩是永靖乃至河湟地区的傩舞戏突出的地域性特色之一的话，联系有关跳会禀说词中明初刘钊都督地方，遗留下乡傩会事，再联系其乡傩会事所奉请诸神中有数位大明开国功臣，有产生于明初的神话传说人物，更有明代神话小说《西游记》、《封神演义》中的神话人物，其表演又多为《三国演义》中的人物故事，再加之相关民族神话传说人物的明代文化色彩，我们推论，永靖及相关地区的傩舞戏近源当在明代，是特定地域特定时代的产物。是为论，不当之处，望批评指正。

注释

[1][2][4][10] 石林生：《甘肃永靖傩舞戏》，贵州民族出版社 2005 年版，第 12—14 页。

[3][7][8][9] 同上书，第 15、11、72、68 页。

[5][11][12] 同上书，第 11 页，引《河州志》、《甘肃新通志》。

[6] 刘开扬：《高适诗集编年笺注》，中华书局 1984 年版，第 271 页 。

[13] 包继红主编：《永靖史话》，甘肃文化出版社 2006 年版，第 159—160 页 。

[14]《明史》，中华书局 1974 年版，第 3732—3734 页 。

[15][16][17][18] 石林生：《河湟鼓舞》，江西高校出版社 2006 年版，第 75、76、70—71、46 页。

[19][20]《中国各民族宗教与神话大辞典》，学苑出版社 1990 年版，第 576、577 页。

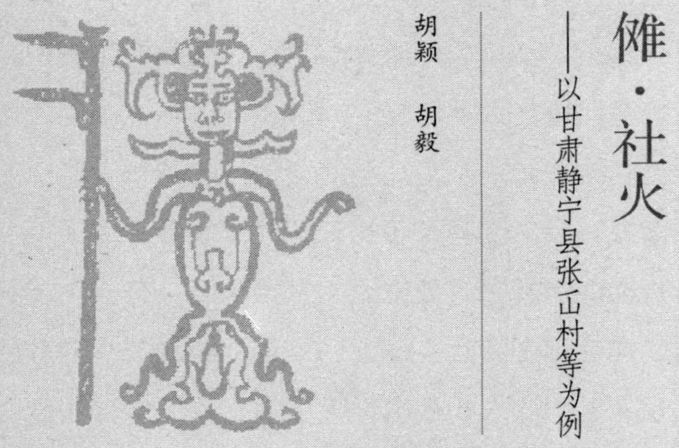

傩·社火

——以甘肃静宁县张屲村等为例

胡颖　胡毅

社火，是春节期间民间举行的大规模祭祀、杂耍、歌舞等庆典、欢娱活动。从发生学的角度上讲，一般认为它源于古老的土地与火的崇拜。土地与火都是人类赖以生存的基本条件，民间的老百姓希望通过社火，来达到土地、自然万物赐福于人类，保佑来年五谷丰登、人畜兴旺的目的。正是由于这种原因，社火从它产生之日起，就与另一种宗教祭祀活动——傩结下了不解之缘，尤其是在古代宫廷傩曾一度消失的情况下，民间社火便成了我们考察不同地域傩文化形态的重要途径之一。笔者通过对目前甘肃许多地区社火内容的调研，发现社火中的大部分仪式、表演内容，实际上就是以驱傩为动机和目的的，从其形态和功能上说，古代民间社火很有可能就是驱傩活动，只是发展过程中娱乐成分逐渐增强，掺杂进了一些非傩元素而已。本文主要以甘肃静宁县张屲村社火为例，来说明社火中蕴涵的驱傩活动及风俗。

一、时间

张屲村的社火从农历正月初四（在正月初三送完家神之后）断断续续一直延续到二月二“烧社火”仪式结束方才告罄。而这个时段，正好与古代的春傩时间相吻合。

据《礼记·月令》记载，周代一年要举行三次傩仪，分别在春、秋、冬三季，而且春傩、秋傩和大傩举行的具体时间都是固定的：“季春之月……命国傩，九门磔攘，一毕春气”“仲秋之月……天子乃傩，以达秋气”，“季冬之月……命有司大傩，旁磔出土牛，以送寒气”。之后，秦至西汉，大部分是一年两次或一年一次傩仪，时间在春、冬。清代以来，由于许多地方腊月农事较忙，民间许多地方的傩仪都在正月举行，且其中掺杂进了春祭等其他民俗活动。

此外，有资料显示，古代有在夜晚驱傩的风俗，比如周代的民间傩与宫廷傩都有在除夕之夜举行的记载。东汉的宫廷傩至少有部分是在夜晚举行，《后汉书·礼仪志》曰：“夜漏上水，朝臣会，侍中、尚书、御史、谒者、虎贲、羽林郎将执事，皆赤帻陛卫。乘舆御前殿，黄门令奏曰：‘侲子备，请逐疫！’于是中黄门倡，侲子和，曰：……因作方相与十二兽舞，欢呼，周遍前后省三过。持炬火，送疫出端门；门外驺骑传炬出宫，司马阙门外五营骑士传火弃雒水中。”

静宁张屲村在正月初五夜晚由村民手举火把到农户家里驱傩的风俗可能正是古代上述傩俗的遗迹。

二、挨家挨户驱傩

在包括静宁张屲村在内的甘肃大部分地区，社火的一项重要内容是走村串户或游街。对村民们而言，社火中表演的节目内容可以增减，但社火队伍走村串户却必不可少。傩事活动除祭祀、娱神等活动外，一项重要的内容就是进入房屋，走遍各个角落驱鬼逐疫，以达到人畜平安的目的。古代的驱傩活动虽然不同时期呈现出不同的特点，但这项内容却始终未变，且体现在各种类型的傩中，下面的例子足以说明这一点。

《周礼·夏官·方向氏》："方相氏掌蒙熊皮，黄金四目，玄衣朱裳，执戈扬盾，帅百隶而时傩，以索室驱疫。大丧，先柩，及墓，入圹，以戈击四隅，殴方良。"

唐代李善注《文选·东京赋》中引用《汉旧仪》（已佚）进一步说明了"索室驱疫"的原因：

"颛顼氏有三子已而为疫鬼，一居江水为疟鬼，一居若水为魍魉蜮鬼，一居人宫室区隅，善惊人，为小鬼。于是，以岁十二月使方相氏黄金四目，玄衣朱裳，执戈扬盾，帅百隶及童子而时傩，以索室中而驱疫鬼也。"

三、驱傩中用桃木（汤）、五谷等除秽

静宁张𠚤村社火队伍在举行"断瘟"仪式时，队伍中有一人提着一个内盛主要由桃木等植物熬制的"药水"桶，用来洒向途经道路及人家。而在"断瘟"仪式接近尾声时，队伍中又有人将糜面等五谷撒向空中，边撒边喊"瘟神爷断出门了！"（"断"：方言，为"赶走，撵走"之意）

用桃木熬制的汤水辟邪的风俗，应该源于《山海经》中度朔山大桃树的神话传说，简称"度朔神话"，原文已佚，东汉王充《论衡·订鬼篇》引录：

"沧海之中，有度朔之山，上有大桃木，其屈蟠三千里。其枝间东北曰'鬼门'，万鬼所出入也。上有二神人，一曰'神荼'，一曰'郁垒'，主阅领万鬼。恶害之鬼，执以苇索而以食虎。于是，黄帝乃作礼，以时驱之；立大桃人，门户画神荼、郁垒与虎，悬苇索，以御凶魅。"因为可捉鬼的神人神荼、郁垒居于度朔山大桃木上，于是黄帝制定了在门口矗立木质大桃人用以辟邪驱鬼的傩俗。之后逐渐演变、扩大形式，只要是与桃木有关的、或桃木制作的都可辟邪这一观念在民间广泛流传，并用于驱傩活动中，静宁张

屲村的桃木熬制的桃汤就是桃木辟邪观念在傩仪中的体现。

而在《太平御览》卷五百三十一引《礼纬》中显示：古人用以辟邪的植物除桃木制品之外，还有“赤丸五谷”：

“方相氏……而时傩以索室，而驱疫鬼，以桃弧苇矢土，鼓且射之，以赤丸五谷播洒之，以除疾殃。”

东汉卫宏《汉旧仪》中也有类似记载，可以互为佐证：

“方相帅百隶及童、女，以桃弧棘矢，土鼓，鼓且射之；以赤九五谷播洒之。”

四、春官

春官是甘肃很多地区社火队伍中最为醒目的角色之一，常常起着组织、引导、贯穿始终的作用。比如永登苦水社火以“春官发牌”拉开序幕，春官由能说会道者装扮，往往吉庆喜话出口成章，他们头戴乌纱帽，身着官服，颊戴三绺胡，手拿一把小笤帚（有时为鹅毛扇），做出清扫的动作，象征为人们扫尘除秽，驱疫避邪，口中常念诵着诸如“老爷我今日带了一身喜气，路过此地，人寿安康，百业兴旺，福禄无疆……”之类的话语 。春官的随从是被称作“衙役”的，他们手执竖牌，上书“风调雨顺”、“五谷丰登”、“物阜年丰”等字样。观众则争先靠前让春官的扫帚（或扇子）扫到自己，以期扫掉往年的种种晦气。

在武威的很多地方，社火队伍分成若干部分，第一部分为社火队的前导部分，打头的便是“春官”，俗称“春官老爷”，“春官老爷”是整个社火队里的代表性人物，是“元首”，也是领队。按照民间的传统习俗，“春官老爷”必须由当地辈分最大、年高德劭者担任，而被选上的人，也是一生中之幸事，一份难得的殊荣。“春官老爷”象征着春的来临，代表着“春神”行使职权，在社火队里有着至高无上的权威。按照当地的传统习惯，正在行进中的“春官老爷”，文官见了必须落轿，武官见了必须下马，恭敬地为“春官老爷”让路。闹完一天后再将“春官老爷”敲锣打鼓送回家。“春官老爷”的官服，在宋元以前穿六部春官制服；明代春官坐四抬大轿，戴乌纱帽，着青色或者大红蟒袍，手持羽毛或竹签扇子，以象征掌春发的东方青帝。至清朝，则为顶帽补褂，改坐七品官轿。入民国，穿长袍，外套蓝衫，头冠礼帽，乘鞍辔讲究的大骡骏马，轿马前有杏黄色锯牙三角旗旄导引；全副仪仗执事，牌上大书“回避”“肃静”及“国泰民安、风调雨顺、四季平安、五谷丰登”等吉祥字句。尚有陪老爷两个，地位仅次于春官，穿袍子马褂，手拿羽毛扇，左右前后有道锣，探马、报子、门子、或穿青衣的春姐及戴牛吃水帽、手拿无情棒的皂役前呼后拥。其中有两个英姿飒爽的武士，肩头交叉斜挂两串鏁子，手持三角红黄旗，腰系战裙，足蹬军靴，在春官的前方左右走八字步或跳跃舞蹈，随着鼓点的旋律，鏁子发出和谐的音响！ 春官引领社火队在公众场所表演完毕后，还要“串庄子”，即到各家各户的院子里进行旨在驱邪的表演。

春官在不同地区的称呼不尽相同，比如在正宁县社火队伍中的驿程官，笔者认为就是相当于春官，他也是古代官员装束，是挨家挨户驱傩时的“先锋”，赐福语、驱邪活动也主要由他来完成，总之，其在社火中的地位、作用几乎等同与春官，只是他的面部化妆为白鼻子、白眼区，类似戏曲中丑行的面部化妆，这可能与春官在社火活动中幽默风趣的语言及表演动作有关，体现了社火“娱神、娱人”之“娱”的特征；同时，也符合古代驱傩时戴面具及黄帝之次妃嫫母充当方相士的传说所体现出的古人“以丑制丑”的驱傩思想。

与甘肃其他地区一样，静宁县张山村社火中春官，一般是在表演社火之前，走在队伍的最前面的人，很受人尊敬。而且这一角色一般总是由口齿伶俐、反应敏捷的人担任，社火队伍每到人家门口都说一些吉利的话语，中间不乏笑话、戏谑之类，其内容则根据各家情况而定，说完后，这家主人一定要给春官一些钱物作为赏赐，等等。所不同的是其虽然戴官帽，手持折扇，但上身却反穿皮袄（这也是甘肃许多地区社火中常见的装扮），这一点很容易让人将他与“蒙熊皮”的方相氏联系起来，正如上面我们提到的《周礼

·夏官·方相氏》：“方相氏掌蒙熊皮，黄金四目，玄衣朱裳，执戈扬盾，帅百隶而时傩，以索室驱疫。”，是否有这种可能：社火中的春官，就是古代驱傩首领方相氏？一种理由是，社火中这位举足轻重的人物之所以叫“春官”是因为《周礼》等书记载，古代曾设天、地、春、夏、秋、冬六官，其中春官是负责掌管礼仪、祭祀、历法的官员，周代的宫傩就是由他主持。流传到民间，春官就既有了“春官送春帖（节气表）”的作用，也有了社火中春官带头驱傩的职能。因此春官在社火中的装扮要么是一身官服，要么反穿着皮袄。这都源于与古代春官的职能和地位。

五、烧社火仪式

每年社火表演结束后，静宁张𡉏村还要进行隆重的“烧社火”仪式：社火队伍吹吹打打，连喊带闹，走到离村子最近的河边，将耍社火的用具(纸狮、纸花、纸条、灵官的面具等)由一个装扮成“瘟部天官”的烧掉，然后将灰烬等投入河中，象征一切瘟疫随水流走，当地的百姓从此可以幸福安康，免受灾难的侵扰。之后全体成员收锣息鼓，不再发出任何喧嚣声，悄然回庄。

将鬼疫赶出门户、村庄或宫廷，赶到荒郊野外，甚至焚烧之，弃之于水，是自古以来驱傩风俗的一项重要内容和仪式。前面我们引用的《后汉书·礼仪志》中记载的汉代宫廷傩在进行完驱傩仪式后，由手执火把的骑士将“疫”送出，并且投入雒水：“……因作方相与十二兽舞，欢呼，周遍前后省三过。持炬火，送疫出端门；门外驺骑传炬出宫，司马阙门外五营骑士传火弃雒水中。”，只是这种“疫”可能是无形的。

类似的行为是“埋祟”：宋孟元老《东京梦华录》卷十“除夕”条云：“至除日，禁中呈大傩仪，并用皇城亲事官诸班直戴假面……共千余人，自禁中驱祟，出南薰门外转龙弯，谓之埋祟而罢。”

在有些地区，并且有了装载瘟疫的纸船，最后将纸船烧掉，钱茀《傩俗史》载：“江西萍乡傩坛有还傩愿，又称接福神。每年农历七月开始，为许愿人家送瘟神。整个过程分四步进行。首先是起师。用竹篾扎一船形骨架，供奉在主家神案，燃香，鸣竹；由掌案人念‘起师咒’。其次造船。唱‘造船咒’，一边唱，一边用纸糊裱‘船’壳。着是收瘟。船造好之后，抬着船到屋内各个角落收瘟摄毒，表示将它们装入船中。然后焚船。傩队抬船到河边，唱：‘弟子行来到江边，河伯水官坐两边。五瘟使者随船去，光明大路到西天。’然后磔鸡，并将鸡血淋在纸船上。”

被曲六乙先生归为“寺院傩”的“羌母”，也常常以与烧社火类似的“烧朵玛”仪式——“朵甲”收尾，“朵甲”即抛出驱鬼“朵玛”之意，是藏传佛教密法的一种威猛活动，经过念经诵咒，咒师抛出朵玛，以驱邪魔的一种密宗法事，俗称“打鬼”。朵玛是由糌粑捏成用以供神施鬼的“三棱供”。比如位于四川木里藏族自治县境内桃坝乡的木里大寺每年十月二十九日，表演完盛大跳神舞会之后，全寺僧众从大经堂出来排起宏大的仪仗队和全体着装法面具的舞者，拿枪持剑的天兵天将浩浩荡荡，跟随抬着朵玛的僧人与咒师随后，鱼贯踏踊路走南大门，一直到百余米的“朵拉”，僧人们齐声诵咒经，把朵玛抛倒向熊熊燃烧的大火里。这时，法乐猛震，鸣枪放炮，那轰轰的火气，熊熊的火焰，烈烈彩旗，无数的乐器，共鸣齐奏，威震天地，光芒万丈，又夹着喇嘛们的诵经声，以及观众的呐喊声，使得整个宇宙震荡激动，便表示诸灾已消，诸恶已除，把一切邪恶逐出法界之外，这时现场的老幼，高兴非凡，僧人们候至烧尽火熄之后，方才兴高采烈回寺。

从发生学的角度来说，傩事活动的关键词是“驱”，它是基于远古人类万物有灵观念而产生的人类试图与自然万物和谐相处、甚至掌控自然消除灾异的最早的尝试之一，它的核心精神是积极的，体现了人类童年时期对异己世界的态度不是完全的臣服、膜拜，而是试图掌控它并驱散其中的不利因素。社火也是一种古老的民俗活动，从名称看，它的关键词是“祭”，祭祀与农业生产及人类生活息息相关的有益神，从这个角度说，它的发生应该迟于驱傩活动，是在有了农业生产之后（而广义傩的产生，应该是在狩猎时期）。但随着时间的推移，这两种活动由于客观上的关联性（比如前述驱傩时借助神威，而对社火来讲，有神就有魔，祭祀神的目的事实上也是用神力来压制魔；

驱傩与社火在目的与动机上几乎完全相同：阴阳平衡，五谷丰登，人畜平安），在民间逐渐合二为一。在甘肃等广大的北方地区，全民性的驱傩活动常常部分或全部融入到社火活动当中是一普遍现象，上述张冚村仅是其中的一个案例，而在河西武威等地区的社火，几乎所有的内容体现的都是驱傩意图。

参考文献

[1] 钱茀：《傩俗史》，广西民族出版社、上海文艺出版社 2000 年版。

[2]《礼记》，上海古籍出版社 1987 年版。

[3]（南朝・宋）范晔：《后汉书・礼仪志》，中华书局 1965 年版。

[4] 梁萧统：《文选》，中华书局 1977 年版。

[5]（东汉）王充：《论衡・订鬼篇》，上海人民出版社 1974 年版。

[6]（宋）李昉编：《太平御览》，中华书局 1960 年版。

[7]（清）孙星衍辑：《汉宫六种》，中华书局 1990 年版。

[8]（宋）孟元老：《东京梦华录》，中华书局 1982 年版。

敦煌“儿郎伟”研究综述

张勇敢

“儿郎伟”一语最早见于唐代司空图《障车文》，其后各朝均有“儿郎伟”作品问世。1900年（一说1889年）敦煌千佛洞“儿郎伟”的问世，引起中外学者的高度关注，研究者就“儿郎伟”内涵、文体、曲调等方面形成不尽相同、甚至相反的观点。本文拟对敦煌“儿郎伟”研究现状作一综述，以窥“儿郎伟”的历史风貌和研究进程。

一、涵义论

“儿郎伟”的涵义阐释始于宋代楼钥，他以方言俗语为视角将“儿郎伟”释为“儿郎懑”，此说见于《攻媿集》卷七十二《跋姜氏上梁文稿》，其云：

姜氏在京师以财雄，南来吾乡，子孙遂以儒显。舅氏适斋尚书汪公，跋语甚详，七夕书此卷，阅两旬而下世，殆绝笔也。钥以外门之故，向来亲见上梁文，属稿之。初，宣奉公度七十时，丞相寿春魏公见委以乐语有云："生长东都，亲见开元之盛际；从游诸老，及闻正始之遗音。"又云："今日王孙，犹有承平之故态；当年竹马，得见会昌者几人？"丞相颇以为然。姜氏家风，盖有自来，其兴则未艾也。上梁文必言儿郎伟，旧不晓其义，或以为唯诺之唯，或以为奇伟之伟，皆所未安。在敕局时，见元丰中获盗推赏刑部例，皆节元案，不改俗语。有陈棘云："我部领你懑厮去深州。"边吉云："我随你懑去。"懑本音闷，俗音门，犹言辈也。独秦州李德一案云："自家伟不如今夜去"云。余哑然笑曰："得知矣。"所谓"儿郎伟"者，犹言"儿郎懑"，盖呼而告之。此关中方言也。上梁有文，尚矣！唐都长安循袭之，然尝以语尤。尚出延之，沈侍郎虞卿，汪司业季路诸公，皆博洽之士，皆以为前所未闻。或有云用相儿郎之伟者，殆误矣，因附见之。宣奉公。

不难发现，宋代"博洽之士"对"儿郎伟"已很陌生，楼钥借方言俗语释其为"儿郎们"，此说影响极大，后世响应之声不绝。明王世贞即有云："宋时上梁文有'儿郎伟'。'伟'者，关中方言'们'也，其语极俗。"

赵宋时期，"儿郎伟"含义的另一学说也响彻文坛，宋末叶某在《爱日斋丛抄》卷五引楼氏之言后提出了"邪呼说"：

……楼公考证如此。予记《吕氏春秋·月令》："举大木者，前呼与謣，后亦应之。"高诱注："为举重劝力之歌也。""与謣"注：或作邪謣。《淮南子》曰："邪许"。岂"伟"亦古者举木隐和之音？

叶氏认为"伟"是"举木隐和之音"，元代陶宗仪《郛说》卷十七、明方孝孺《通雅》卷四皆有相似论述，清代梁玉绳《瞥记》卷六引录楼说后亦云：

余又案：《北史·儒林传》，宗道晖被鞭，徐呼"安伟！安伟！"盖犹"伶"也。则"儿郎伟者，邪许之声"。抱经先生以为然，尝著其说于《钟山札记》。

20世纪八九十年代，"儿郎伟"研究取得重大突破，何为"儿郎伟"依然是学者们的青睐点。

中国古代对“儿郎伟”的含义认知形成上述二元格局，楼钥之说被今日相当一部分学者认可，法国学者艾丽白《敦煌写本中的〈儿郎伟〉》（1981年）即认为：“‘儿郎’可以被毫无疑义地译作‘青年人’，事实上，这种意义可以圆满地与我们的文书相容，因为这是一些青年人在年末的驱傩仪礼、婚礼和于其中念诵《上梁文》的建筑仪轨中扮演了非常积极的角色。”[1] 周绍良先生《敦煌文学“儿郎伟”并跋》（1985年）以敦煌“儿郎伟”作品和清梁玉绳《瞥记》资料为据认为：“颇疑这种文体，盖为唱者至此，和者加以和声，正如楼钥所谓‘盖呼而告之’的用途。”[2]。语言学家吕叔湘先生（1985年）以宋人楼钥《攻媿集》中上梁文作品为例说：“唐代文献里弭和伟这两个字，都当们字用……”[3] 黄笑山先生《“儿郎伟”和“悉昙颂”的和声》（2001年）则以任半塘先生《敦煌歌谣总编》中22首《悉昙颂》和声为考察对象，他认为：“‘儿郎’应该是有实际意义的（犹言‘男儿’），‘伟’可能正如吕叔湘先生所说是表示复数的形式。”[4] 敦煌学家李正宇先生亦赞同宋之方言俗语说，其作《敦煌傩散论》（1993年）表示：“楼氏之言可信”“‘儿郎伟’确是西北方言‘儿郎们’之意。”[5]

另有学者对楼钥提出质疑，黄征先生于“儿郎伟”致力颇深，其文《敦煌愿文〈儿郎伟〉考论》称“儿郎伟”是一种标志语，字面是“儿郎气勇”[6]，其自身并无特殊含义。黄先生的硕士生蔡艳通过对P.3909《障车文》和S.6207中“儿郎伟”具体应用分析，认为“把‘儿郎伟’称为‘儿郎们’的说法并不能与每一篇《儿郎伟》内容相符合。”[7] 钟书林《也论“儿郎伟”》（2009年）则不同意宋人“儿郎们”“邪呼说”的解释，其文通过对东汉、三国时期“伟”的实例分析，认为“儿郎伟”是“表示对儿郎的美称。”[8]

以季羡林、高国藩先生为代表的一部分研究者认为“儿郎伟”没有实在的意义，它只是作为一种“和声”而存在。季羡林先生《论〈儿郎伟〉》（1993年）对Danielle Eliasberg、周绍良先生提出异议：“不管中外学者怎样坚持‘儿郎’的含义是‘年轻人’，我却总怀疑，这两个字，再加上第三个‘伟’字，都没有任何意义，只表示一种声音，一种当作和声用的声音。[9] 在对《悉昙章》《佛说楞伽经禅门悉谈章》中众多“和声”歌辞的声韵分析和规律总纳后，季先生肯定地说："'儿郎伟'三字只是和声，并无实际含义，与'儿郎'无关，也与'伟'字无关。这就是我必须得出的结论。"[10] 高国藩先生（1999年）也表示"唐末五代《上梁文》采取了唐代敦煌民谣《儿郎伟》中的伟儿郎驱邪的精神及其'儿郎伟'之和声，终于用之于建屋上梁时的祝吉与表事。"[11]

由上可见，宋代开启的"儿郎伟"含义争论至今日仍未得到圆满解决，诸先生或从方言入手，或以声韵为视角；或视"儿郎伟"为整体，或分而析之，其结论迥异之甚令人惊叹。

二、文体论

在"儿郎伟"内涵争议不休之际，"儿郎伟"的文体问题也成为议论热点之一。诗词？歌谣？祝文？愿文？诸说莫衷一是，甚至有人提出根本不存在"儿郎伟"文体的学术观点。

敦煌"儿郎伟"总括驱傩文、上梁文和障车文的观点日益为多数学者接受，然驱、障二类于宋渐失其用，独上梁一体绽放异彩，古人对"儿郎伟"文体研究多以"上梁文"为对象。明代贺复征《文章辨体汇选》据内容性质将上梁文纳入祝文之列，黄征、吴伟先生《敦煌愿文集》定义"儿郎伟"作品亦如此法。明徐师曾《文章辨体序说·文体明辨序说》则对上梁文的具体情况予以归纳，其曰："（上梁文）首尾皆用俪语，而中陈六诗。诗各三句，以按四方上下，盖俗体也。"此可视为"儿郎伟"文体方面的较早论断。

今日学者打破古人以"内容"判定文体的方法论，以"儿郎伟"作品的形体特征为探讨依据。高国藩先生（1989年）认为："《儿郎伟》是唐代敦煌民间流行的一种六言体歌谣……是在每年十二月民间驱傩时所唱，因此它是与民间驱傩风俗相联系而产生的歌谣。"[12] 钟书林《也论"儿郎伟"》（2009年）又提出"儿郎伟应是当时流行的一种辞赋体文学"[13] 的说法。

黄征先生多篇文章涉及"儿郎伟"文体问题："《儿郎伟》作品是诗？是词？还是文？这是个破费踌躇的问题……《儿郎伟》从整篇上来说应全部

收入文类，但韵文部分则根据需要既可收入诗类也可收入词类。而在文类中，全部《儿郎伟》（包括传世文人作品）又可归之于‘愿文’这一分类。”[14] 在《敦煌愿文研究述要》一文中他指出“《儿郎伟》不是诗也不是词，而是文，或者是韵化了的文。因为有时《儿郎伟》作品在韵文基础上还增添了不入韵的散句”。“敦煌的《儿郎伟》作品，其结构具有散文的叙述特征。”[15] 在《敦煌愿文〈儿郎伟〉考论》中黄先生对“儿郎伟”作品形式方面的具体情况给以表述：“全部《儿郎伟》作品，除了上述P.4011一首及司空图《障车文》中第一首《儿郎伟》有转韵外，几乎都是一韵到底，这是诗的用韵特点；又《儿郎伟》三、四、五、六、七、杂言并备，每一首少则十几句，多则几十句，只有宋以后的才有固定格式，这也是诗的特点。然而，《儿郎伟》有固定不变的名称，这是歌词的特点；末尾往往标注‘音声’二字，正文中又多‘儿郎齐声齐和’（P.3270）、‘承受先人歌调’（P.4995）之类句子，也表明具有歌辞性。这些特点表明《儿郎伟》与诗、歌辞接近，但又是独立的一种文学体式。”[16]

杨挺通过对“儿郎伟”作品的辨读，认为不存在“儿郎伟”文体，其文《不存在儿郎伟文体和儿郎伟曲调》（2003年）说：“我们要认定某一文体，必须从功能和结构两方面去考察，前述上梁文、障车文、驱傩文中，我们已经知道这三种文体分别属建筑上梁习俗、婚姻障车习俗、驱傩习俗的实用文，功能各异，应用场合不同。从结构上看，句法、段落层次差异甚大。作为关键因素的‘儿郎伟’语词时有时无，似无规律可循。这使我们很难界定儿郎伟文体的内涵和外延。我们不禁要想到是否存在总括上梁文、障车文、驱傩文的儿郎伟文体，事实上没有一种从功能上、结构上都涵括诸端的儿郎伟文体。”[17]

王小盾先生《从朝鲜半岛上梁文看敦煌儿郎伟》（2008年）谈及“儿郎伟”文体特征时曾指出：“儿郎伟是见于敦煌遗书中的一种特殊的韵文，主要用于节日驱傩、新房上梁、婚仪障车等形式。其文体特点是在作品的开端或语气转折处，出现由‘儿郎伟’三字领起的一段韵文。其体裁和敦煌俗赋等韵颂作品相近，多骈体，主要使用六言或四言的句式。”[18] 继之王先生通过对朝鲜、宋代上梁文的分析，认为上梁文有三种体式，在书写中运用了“省略”的方式。

敦煌文书“儿郎伟”文献的复杂性是造成其文体诸说纷纭的客观因素，窃以为王小盾先生的一段话颇具启发意义，现引录如下：“从上梁文文体形成的角度看，唐五代是一个过渡时期，其时出现了‘儿郎伟’同上梁文的结合。因此之故，也出现了多种文体的并存；既有六言韵文独立之体，也有六言韵文与四六言骈文联合之体，还有‘三三七七七’体与四六言骈文联合之体。后两体便代表了儿郎伟与上梁文的结合。正是从这种结合当中，宋代形成了上梁文的正体，即‘骈文+《儿郎伟》三七言韵文+骈文’之体。”[19]

古今之论皆是对“儿郎伟”作品文体若干特征的归纳总结，诸说并起反映了“儿郎伟”作品形式的多样性和复杂性。就句式而言，“驱傩文”以四、六言为主，杂以三、五、七言，三言则连读，五、七则多是三二、三四结构，另有 P.3552 第五首、P.3552 第六首和 P.3468 三篇“驱傩文”全为五言。不妨说，驱傩文、障车文于唐五代未来得及生成固定体式便退出了历史舞台，而“上梁文”则在宋朝发展成固定之正体；敦煌“儿郎伟”处于文体演变过渡之际，其作品形成一种相对稳定的体式，但内部又具有错综复杂的特点。

三、曲调论

相对于“内涵论”“文体论”，“儿郎伟”“曲调论”争议较小，但生成两种截然相反的观点。

目前大多数学者对“儿郎伟”“曲调说”持肯定态度，他们对“儿郎伟”曲调的特征、用途、形成时间诸方面皆有论述。高国藩先生《敦煌民间文学》指出：“（儿郎伟）变成一种曲调，六字句是主要标志。”[20] 谭蝉雪先生在《岁末驱傩》中说：“‘儿郎伟’是一种民间歌谣的曲调名，它主要用于驱傩词，还用于上梁文（建筑）、障车词（婚嫁）等，为群众性的喜庆场合。”[21] 黄征先生在《敦煌愿文〈儿郎伟〉辑考》提出：“儿郎伟在本质上只是个曲调名，同样的曲调可用于不同内容的表达、不同场合的吟诵。”[22] 李正宇先生则对敦煌傩文曲调运用时间作一推测，他认为“敦煌于乾元大历间岁末驱傩歌调可能是采用《还京乐》调。至于改用《儿郎伟》，似不早于大中二年（848 年）张议潮起义归唐之日。”[23]

在“儿郎伟”曲调似无异议之时，杨挺认为儿郎伟作品众多不规则句式不符合曲调要求，他说：“不能以六言韵文句式作为判定儿郎伟曲调的依据。”“从篇幅来看，有的长达数百言，有的则只有几十字，长短悬殊。上述的不规则无疑会使儿郎伟曲调难以适从。即使以六言韵文为主体的驱傩文中，也难以抽绎出儿郎伟曲调来。”[24] 钟书林赞同杨说，其云：“儿郎伟作为一种辞赋体，不可能存在一定的曲调。”[25]

对于杨挺所说的“儿郎伟”句式不规则情况，蔡艳针锋相对地指出：“从现在已有的 22 卷《儿郎伟》来看，《儿郎伟》句式上的变化是非常多的，但并非毫无规律可循，四言、六言中如果间杂有五言、七言句，则此五言、七言一定是三二、三四结构，决不以奇字词结尾。”[26] 她坚持曲调说时又有发展：“‘儿郎伟’应是曲牌名的一种，包括驱傩文、上梁文和障车文在内，内容都是祝愿、颂赞之类。十分符合歌曲规律，充满韵律之美，非常适合于吟诵与演唱。”[27]

王小盾先生于“儿郎伟”曲调亦有独特见解，他在批评把“儿郎伟”释为“儿郎辈”，不唱入曲调的观点时说：“历史资料表明，‘儿郎伟’这样的称呼词，恰好是形成民歌曲调的重要元素。比如六朝民歌中的许多歌曲，便是因它的称呼词或起调之声——‘莫愁’‘碧玉’‘桃叶’‘杨婆儿’‘丁都护’‘白团扇’等——形成的……不妨说‘儿郎伟’代表了一种依起调和声而形成的歌调。”[28]

和“曲调”密切相关的是驱傩文中“音声”一语，它往往成为“儿郎伟”是否存有曲调的判定因素，季羡林先生即认为“多数《儿郎伟》标有音声二字，可见是可以入乐的”[29]，故何为“音声”的问题亦值一书。

姜伯勤先生《敦煌音声人略论》对寺属音声人的身份、任务和官府音声人论述甚详，使我们得以知晓敦煌文献中存在众多“音声”即为“音声人”

省略的事例。李正宇先生认为：“（驱傩文）篇末所注‘音声’二字，就是指明音声人在儿郎们唱过之后接奏乐曲的提示语。”[30] 高国藩先生则认为“音声”是“一种群众性合唱和呼吼的符号，以壮驱鬼的声势。”[31]

杨挺认为：“《驱傩文》有六篇章节附注‘音声’，据 P.3350《祝愿新郎文》‘每日音声，娱乐更如北方’，可推知‘音声’即奏乐之意。”[32] 蔡艳指责杨说犯有“以点概面，以偏论全”的错误，并以 S.6452、P.2613、P.4640 说明敦煌文献中有“音声”指代“音声人”的实例。

面对《儿郎伟》时有时无的现象，黄征先生《敦煌愿文〈儿郎伟〉辑考》曾给以解说：“《儿郎伟》末标有‘音声’字样的都应指该作品吟诵时需有音声人奏乐配合，其中大多数可判断参与者为官府音声人。一些未标有‘音声’字样的，可能有些不须音声人参与伴奏，但大多数则仍可推断为有伴奏，尤其是同一卷中有的标‘音声’而有的不标的，不标的当是被省略掉了。”[33]

“儿郎伟”作品有固定之曲调的呼声明显盛于“‘儿郎伟’不存在曲调”的观点，黄征先生“‘曲调’为‘儿郎伟’本质”说，王小盾先生提出的“称呼词”转变为“曲调”的普遍现象，诸此种种深化了学术界对“儿郎伟”“曲调论”的认识。

四、高黄之争及其他

高国藩、黄征二先生对“儿郎伟”有全面、深入的研究，其观点相异性形成“儿郎伟” 论争局面，可谓是“儿郎伟”研究史上一道亮丽的风景。高、黄观点差异除上文“含义论”“文体论”外又体现在“儿郎伟”命名、作品范围等方面。

高国藩先生《敦煌风俗和敦煌民间歌谣〈儿郎伟〉》（1988 年）就命名“儿郎伟”时指出：“（“儿郎伟”）全称是《儿郎伟驱傩》，又名《儿郎卫》，或《驱傩文》……”[34]

黄征先生不同意高氏命名之法，他批评高氏把《儿郎伟》定名《驱傩文》

的做法犯了“误读原卷，断章取义”的错误，其曰：P.3468首题‘达夜胡祠（词）一首’、末题‘驱傩祠（词）’，但其中有一首见于P.3552、P.2569两卷，皆题作‘儿郎伟’三字。这并不能证明《儿郎伟》又名《驱傩文》，只是表明《驱傩词》采用了《儿郎伟》形式，与上梁文、障车文采用《儿郎伟》形式略无二致。我们不能因此便说《儿郎伟》又名《上梁文》《障车文》。”[35]黄先生认为“《儿郎伟》绝无异称，高说的几种‘全称’‘简称’都是子虚乌有。”“至于《儿郎卫》之名只见于P.4055一处，‘卫’字纯系‘伟’字形、音上的讹变或通假，别无深意，高先生认为具有‘保卫敦煌之义’，并因此确立一个《儿郎卫》的‘又名’，缺乏《儿郎伟》曲调名义来源上的根据。”[36]

高先生在《敦煌俗文化学》就黄氏诸多批评给以回应，他以王重民先生《伯希和劫经录》、刘铭恕先生《斯坦因劫经录》、李正宇先生《敦煌傩散论》分别将“儿郎伟”称为《儿郎伟驱傩》、“驱傩文”、《驱傩儿郎伟》为证指出：“综上所述，定名儿郎伟的全称为《儿郎伟驱傩》，或者定儿郎伟的又称为《驱傩文》，没有什么不妥当的，更不是子虚乌有的，完全是敦煌学界的共识，此文（按：《敦煌愿文〈儿郎伟〉考论》）的指摘是不能成立的。”[37]就命名《儿郎卫》高先生又说：“‘儿郎伟’又转称为‘儿郎卫’。这除了因为‘伟’‘卫’二字音同可谐外，也有实际生活的原因。由于敦煌长期处于异族奴隶主军事力量的威胁之下，需要勇敢雄伟的青壮年挺身而出……这种心理状态也反映到驱傩活动中，驱鬼的伟儿郎又成为保卫敦煌的力量的象征，而《儿郎伟》的‘伟’字也就或写作‘卫’。”[38]

黄征、吴伟先生为《驱傩文》、《上梁文》、《障车文》合称《儿郎伟》的始作俑者，《敦煌愿文集》即以“儿郎伟” 领辖三者，此法引起高先生不满，谈及敦煌上梁文不带“儿郎伟”（P.3302、S.3905）的问题时他说：“上梁文是历经南北朝、唐宋元明清、现当代一种源远流长的建筑风俗，已经构成了民俗的系统性，有什么必要硬将不带儿郎伟的上梁文从历代上梁文中割裂开来，像此文（按：《敦煌愿文〈儿郎伟〉辑考》）那样硬塞进《儿郎伟》并取消上梁文的存在。”[39]同理，对于不带儿郎伟的障车文（S.6207），他认为文人作的《障车文》“传到了敦煌民间，在五代时期由于受到敦煌六言体民谣《儿郎伟》之影响，故转变为四六文，而似乎以六言为主了。明显可看出障车文受有儿郎伟之影响。”[40]在《敦煌俗文化学》他再次强调：“请注意，我只是说这种《障车文》是受了《儿郎伟》的影响，而并不能将这篇敦煌障车文看作是敦煌儿郎伟的本身，或其一部分。”[41]

总之，高先生认为：“进夜胡词 、儿郎伟驱傩、上梁文、障车文，不能笼统像该文（按：《敦煌愿文〈儿郎伟〉辑考》）那样简单的一律称之为‘儿郎伟’。这种形式主义划分法，无助于深入认识这四种文体的特征。”[42]“上梁文与障车文，一是属于建筑风俗，二是属于民间婚俗，不论从内容与形式上，都不能也不应当分到儿郎伟类别去。”[43]

至此可以对“儿郎伟”作品范围作一小结，高国藩先生承袭前辈学者依敦煌写卷之貌命名之法，认定“四体（进夜胡词 、儿郎伟驱傩、上梁文、障车文）并立”，黄征先生则据敦煌写卷内容的共性破旧立说，坚持“三分（驱傩文、上梁文、障车文）归一（儿郎伟）”。

上文可谓是敦煌“儿郎伟”研究争议较大的若干方面，但诸学者对“儿郎伟”研究绝不限于此，下文就“儿郎伟”研究中的“儿郎伟”与驱傩文和上梁文关系、“儿郎伟”歌调生成、“儿郎伟”流变、上梁文表演等问题作一简介。

高国藩先生《敦煌俗文化学》对“儿郎伟”产生的客观环境及“儿郎伟”与“上梁文”“驱傩文”的关系曾作一交代，其曰：“此种文体乃敦煌六言歌谣，《儿郎伟》作为一种文体之产生，自有其特定的历史环境与现实背景，不能脱离那敦煌唐人抗击异族奴隶主入侵的社会因素，否则一切均变为无本之木，无源之水。实际上，并不是‘儿郎伟’之语原出于《上梁文》中，相反，而是唐末五代《上梁文》采取了唐代敦煌民谣《儿郎伟》中的伟儿郎驱邪的精神及其‘儿郎伟’之和声，终于用之于建屋上梁时的祝吉与表事。”[44]

高先生认定“儿郎伟”是歌谣的同时，又指出：“敦煌石室遗书中《儿郎伟》文中通常有‘驱傩’字样……这些驱傩字句，都写在每一篇《儿郎伟》的题目后，标志着这种歌谣是伴随驱傩风俗产生的。”[45]王小盾先生进一步指出：“从各种情况看，儿郎伟的歌调是在驱傩仪式上形成的。正因为这样，敦煌儿郎伟的主体是驱傩儿郎伟。”[46]

李正宇先生对“儿郎伟”作品中的“学郎”“子弟”“学士”称谓给以关注，他认为三者都是唐宋时期敦煌人对学生的称谓，他们是驱傩者的一部分，“但不论什么单位组织的驱傩队，其中的‘侲子’一概都不叫做‘侲子’，而叫做‘儿郎’。《儿郎伟》便是傩队唱歌儿郎们的唱词。”[47]

王小盾先生提醒我们应当从两个角度理解上梁文：“一是书写上的上梁文，二是表演上的上梁歌。”上梁文采用省略“儿郎伟”等号呼之词形式给上梁表演者——工匠提供了发挥和补充的空间，应该把“上梁文”“儿郎伟”看作彼此有别但相互联系的两个名称。“‘上梁文’从功能角度命名，指的是全篇文辞；‘儿郎伟’从表演角度命名，特指文中富于表演性的、类似于举重号子歌的部分。”[48] 王先生对敦煌俗赋和宋代教坊乐研究时，讨论了“韵诵”“致语”等流行的表演方式，他认为上梁文亦含此二者：“一是楼钥《跋姜氏上梁文稿》所说的‘乐语’的方式，即朗诵骈文；二是相和而歌、呼应而歌的方式，亦即用举重号子歌的方式来歌唱韵文。徐师曾所说的‘工师上梁之致语’，指的是前者；‘儿郎伟’则是关于后一方式的名称。”[49] 此说关涉“上梁文”表演之法，宋代上梁文系敦煌“儿郎伟”派生之苗裔，其从风俗来源到文体形式都与敦煌上梁文相关，因此宋代上梁文的若干表演特点对敦煌“儿郎伟”富有借鉴意义，王说理应受到特别关注。

古今中外先贤时俊不懈努力，敦煌“儿郎伟”研究取得重大突破，但此历程并未终结，对某些有争议的论点仍有探讨的必要，对若干悬而未决的问题则寄托于中外敦煌文献的进一步搜集整理和研究。

注释

[1] 艾丽白：《敦煌写本中的〈儿郎伟〉》，收入《法国学者敦煌学论文集选粹》，中华书局 1993 年版，第 243 页。

[2] 周绍良：《敦煌文学“儿郎伟”并跋》，收入《出土文献研究》第 1 辑，文物出版

社 1985 年版，第 183 页。
[3] 吕叔湘著，江蓝生补：《近代汉语指代词》，学林出版社 1985 年版，第 54 页。
[4] 黄笑山：《“儿郎伟”和“悉昙颂”的和声》，《河南广播电视大学学报》2001 年第 3 期。
[5] 李正宇：《敦煌傩散论》，《敦煌研究》1993 年第 2 期。
[6] 黄征：《敦煌愿文〈儿郎伟〉考论》，收入《敦煌语文业说》，台湾新文丰出版股份有限公司 1997 年版，第 606 页。
[7] 蔡艳：《“儿郎伟”若干问题考辨》，南京师范大学硕士学位论文，2008 年。
[8] 钟书林：《也论“儿郎伟”》，《社会科学评论》2009 年第 2 期。
[9] 季羡林：《季羡林文集》第六卷，江西教育出版社 1996 年版，第 368 页。
[10] 季羡林：《季羡林文集》第六卷，江西教育出版社 1996 年版，第 370 页。
[11] 高国藩：《敦煌俗文化学》，上海三联书店 1999 年版，第 216 页。
[12] 高国藩：《敦煌民俗学》，上海文艺出版社 1989 年版，第 494 页。
[13] 钟书林：《也论“儿郎伟”》，《社会科学评论》2009 年第 2 期。
[14] 黄征：《敦煌愿文〈儿郎伟〉辑考》，《九州学刊》1993 年第 20 期。
[15] 黄征：《敦煌愿文研究述要》，《艺术百家》2009 年第 2 期。
[16] 黄征：《敦煌愿文〈儿郎伟〉考论》，收入《敦煌语文业说》，台湾新文丰出版股份有限公司 1997 年版，第 615 页。
[17] 杨挺：《不存在儿郎伟文体和儿郎伟曲调》，《敦煌研究》2003 年第 1 期。
[18] 王小盾：《从朝鲜半岛上梁文看敦煌儿郎伟》，收入《古典文献研究》第 11 辑，凤凰出版社 2008 年版，第 114 页。
[19] 王小盾：《从朝鲜半岛上梁文看敦煌儿郎伟》，收入《古典文献研究》第 11 辑，凤凰出版社 2008 年版，第 134 页。
[20] 高国藩：《敦煌民间文学》，联经出版事业公司中华民国八十三年版，第 256 页。
[21] 谭蝉雪：《岁末驱傩》，《西北民族研究》1990 年第 2 期。
[22] 黄征：《敦煌愿文〈儿郎伟〉辑考》，《九州学刊》1993 年第 20 期。
[23] 李正宇：《敦煌傩散论》，《敦煌研究》1993 年第 2 期。
[24] 杨挺：《不存在儿郎伟文体和儿郎伟曲调》，《敦煌研究》2003 年第 1 期。
[25] 钟书林：《也论“儿郎伟”》，《社会科学评论》2009 年第 2 期。
[26] 蔡艳：《“儿郎伟”若干问题考辨》，南京师范大学硕士学位论文，2008 年。
[27] 蔡艳：《“儿郎伟”若干问题考辨》，南京师范大学硕士学位论文，2008 年。

[28] 王小盾：《从朝鲜半岛上梁文看敦煌儿郎伟》，收入《古典文献研究》第 11 辑，凤凰出版社 2008 年版，第 139 页。

[29] 季羡林：《季羡林文集》第六卷，江西教育出版社 1996 年版，第 368 页。

[30] 李正宇：《敦煌傩散论》，《敦煌研究》1993 年第 2 期。

[31] 高国藩：《敦煌驱傩风俗和民间歌谣〈儿郎伟〉》，收入《文史》第 29 辑，中华书局 1988 年版，第 297 页。

[32] 杨挺：《不存在儿郎伟文体和儿郎伟曲调》，《敦煌研究》2003 年第 1 期。

[33] 黄征：《敦煌愿文〈儿郎伟〉辑考》，《九州学刊》1993 年第 20 期。

[34] 高国藩：《敦煌风俗和敦煌民间歌谣〈儿郎伟〉》，收入《文史》第 29 辑，中华书局 1988 年版，第 291 页。

[35] 黄征：《敦煌愿文〈儿郎伟〉考论》，收入《敦煌语文业说》，台湾新文丰出版股份有限公司 1997 年版，第 607 页。

[36] 黄征：《敦煌愿文〈儿郎伟〉辑考》，《九州学刊》1993 年第 20 期。

[37] 高国藩：《敦煌俗文化学》，上海三联书店 1999 年版，第 227—228 页。

[38] 高国藩：《敦煌俗文化学》，上海三联书店 1999 年版，第 229 页。

[39] 高国藩：《敦煌俗文化学》，上海三联书店 1999 年版，第 224 页。

[40] 高国藩：《敦煌民间文学》，联经出版事业公司中华民国八十三年版，第 255 页。

[41] 高国藩：《敦煌俗文化学》，上海三联书店 1999 年版，第 255 页。

[42] 高国藩：《敦煌俗文化学》，上海三联书店 1999 年版，第 221 页。

[43] 高国藩：《敦煌俗文化学》，上海三联书店 1999 年版，第 224 页。

[44] 高国藩：《敦煌俗文化学》，上海三联书店 1999 年版，第 216 页。

[45] 高国藩：《敦煌民俗学》，上海文艺出版社 1989 年版，第 494 页。

[46] 王小盾：《从朝鲜半岛上梁文看敦煌儿郎伟》，收入《古典文献研究》第 11 辑，凤凰出版社 2008 年版，第 139 页。

[47] 李正宇：《敦煌傩散论》，《敦煌研究》1993 年第 2 期。

[48] 王小盾：《从朝鲜半岛上梁文看敦煌儿郎伟》，收入《古典文献研究》第 11 辑，凤凰出版社 2008 年版，第 138 页。

[49] 王小盾：《从朝鲜半岛上梁文看敦煌儿郎伟》，收入《古典文献研究》第 11 辑，凤凰出版社 2008 年版，第 138 页。

参考文献

[1] 艾丽白：《敦煌写本中的〈儿郎伟〉》，《法国学者敦煌学论文集选粹》，中华书局 1993 年版。

[2] 周绍良：《敦煌文学“儿郎伟”并跋》，《出土文献研究》，文物出版社 1985 年版。

[3] 吕叔湘著，江蓝生补：《近代汉语指代词》，学林出版社 1985 年版。

[4] 黄笑山：《“儿郎伟”和“悉昙颂”的和声》，《河南广播电视大学学报》2001 年第 3 期。

[5] 李正宇：《敦煌傩散论》，《敦煌研究》1993 年第 2 期。

[6] 黄征：《敦煌愿文〈儿郎伟〉考论》，《敦煌语文业说》，台湾新文丰出版股份有限公司 1997 年版。

[7] 蔡艳：《“儿郎伟”若干问题考辨》，南京师范大学硕士学位论文，2008 年。

[8] 钟书林：《也论“儿郎伟”》，《社会科学评论》2009 年第 2 期。

[9] 季羡林：《季羡林文集》，江西教育出版社 1996 年版。

[10] 高国藩：《敦煌俗文化学》，上海三联书店 1999 年版。

[11] 高国藩：《敦煌民俗学》，上海文艺出版社 1989 年版。

[12] 黄征：《敦煌愿文〈儿郎伟〉辑考》，《九州学刊》1993 年第 20 期。

[13] 黄征：《敦煌愿文研究述要》，《艺术百家》2009 年第 2 期。

[14] 杨挺：《不存在儿郎伟文体和儿郎伟曲调》，《敦煌研究》2003 年第 1 期。

[15] 王小盾：《从朝鲜半岛上梁文看敦煌儿郎伟》，《古典文献研究》，凤凰出版社 2008 年版。

[16] 高国藩：《敦煌民间文学》，联经出版事业公司中华民国八十三年版。

[17] 谭蝉雪：《岁末驱傩》，《西北民族研究》1990 年第 2 期。

[18] 高国藩：《敦煌驱傩风俗和民间歌谣〈儿郎伟〉》，《文史》，中华书局 1988 年版。

敦煌『驱傩文』探析

张勇敢

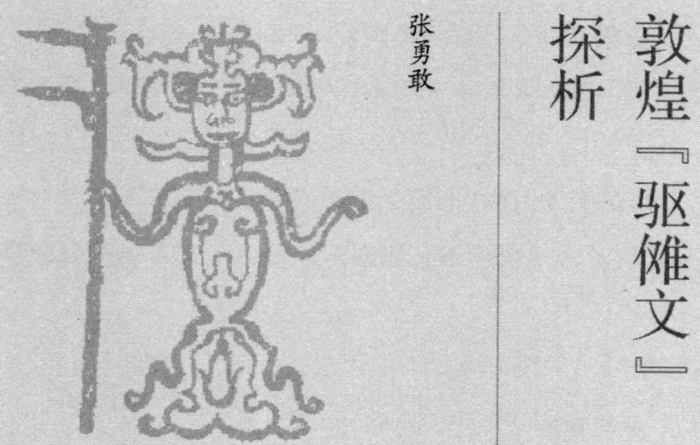

“傩”在中国历经3000余年的历史演变，在不同的文化氛围中繁衍生息，积聚了深厚的文化内涵，成为一种融会民俗、宗教、艺术等多种因素的复合文化体系。20世纪80年代，“傩”引起国内外多学科学者的高度重视，但因其资料匮乏造成今日“傩”研究举步维艰亦为不争的事实。1900年（一说1889年）于敦煌千佛洞石室发现的一批文献，黄征、吴伟先生《敦煌愿文集》录之并以“驱傩文”命名，其不但具有文学、史学、民俗学价值，更为“傩”研究提供了新的视角，堪称唐代傩文化史上的一座丰碑。目前学术界对“驱傩文”理解不一，本文以《敦煌愿文集》收录的“驱傩文”为研究对象，对其若干问题略作讨论。

一、敦煌“驱傩文”主题说略

“傩”在中华大地源起极早，周代已形成了完备的驱傩仪式，《周礼·夏官》即云：“方相士掌蒙熊皮，黄金四目，玄衣朱裳，执戈扬盾，帅百隶而时傩，以索室驱疫。”作为一种源远流长的历史存在，傩包含了多方面的文化信息，而言语当是驱傩活动中的构成因素之一，康保成先生在《傩戏艺术源流》中即指出“用呼叫、呐喊、叱咤这种最原始的方式逐鬼是傩仪的基本手段。”[1]傩文献极其缺乏，驱傩言语在古代文献中尤为少见，两周时期驱傩活动是否涉及言语不便明断，但现存最早的驱傩言语是汉代“十二兽吃鬼歌”，为汉宫廷举行大傩时侲子演唱之歌，又被称作“驱傩词”“驱傩歌”。敦煌“驱傩文”系指唐五代时期敦煌地区府县、民间举行驱傩活动时驱傩者的吟咏部分，审其风格，当为下层知识分子和民众所作，其内容丰富多样，现详论之。

（一）敦煌“驱傩文”反映了敦煌民众年终驱鬼逐疫的生动情景

人类童年时期，先民在“万物有灵”观念下，对于众多因时代局限无法解释的现象敬而远之，驱傩活动可视为先民对未知世界的抗争方式之一。敦煌“驱傩文”形象地记录了敦煌人民岁末逐除疫鬼的情形，其以驱鬼逐役为直接目的，此主题在“驱傩文”中体现颇多。

面对神秘的世界，先民有感于个体生命的弱小，往往对驱傩者进行化妆以创造一个比鬼、疫更为强大的神灵形象，这种“以‘恶’治恶”的原则在敦煌“驱傩文”中极为普遍。“虎（步）领十万熊罴。衣领铜头铁额，魂（浑）身总着豹皮”（“驱傩文”文本皆以黄征、吴伟先生辑录的《敦煌愿文集》为准）给我们刻画了一个勇武的“神灵”形象，他们手握“桃符”，施展“药术”，“捉取浮游浪鬼”（S.2055）；于是乎，“四门之鬼”到处逃窜，它们“偎墙下，傍篱栅。头朋僧，眼隔搦。骑野狐，绕项脤（巷陌）”（P.3552 第七首）；最终“神灵”捉拿住各类鬼疫，把它们“弃头上，放气熏。慑肋折，抽却筋。拔出舌，割却唇”（P.3552 第四首）“面上掴”“磨里磨”“放火烧”“刀子割”（P.3552 第四首）。驱鬼逐役自古以来就是驱傩要旨，此主题在 P.2058

第二首、P.3468第一首、P.3468“第二首”等文中亦有体现；通观此类作品，驱傩主角多以“钟馗”为首，辅以“太山府君”“五道大神”“阎罗王”和异兽“白泽”，鬼疫种类既有“眼赫赤，着非（绯）裤”的“郡郡（群群）之鬼”，又有敦煌先民世俗意识下的“职业之鬼”，如醋大之鬼、贫儿之鬼、田舍之鬼、市郭儿之鬼、工匠之鬼、奴婢之鬼、僧尼之鬼、瘦病之鬼、窃盗之鬼、悖逆之鬼、咬蛇之鬼、过（遇）箭之鬼等（P.3468第二首）。驱傩者戴上狰狞面具或涂面装扮以威慑鬼魅，手持“桃符”法器，念诵咒语，以种种追逐击打动作来驱疫捉鬼，此为驱捉鬼疫类“驱傩文”的基本风貌。

李正宇先生在《敦煌傩散论》中正式提出“敦煌傩”概念，通过对驱傩文的研读不难发现：敦煌“驱傩文”不但作为驱傩者吟咏之歌，而且其本身也包含了敦煌傩表演方面的信息。敦煌傩为周傩“蒙熊皮”“执戈扬盾”“索室驱疫”不同程度的衍化，中国傩文化“假面逐疫”的基本形态在敦煌“驱傩文”中得以继承和发展。傩文作者通过对驱傩队伍、捕捉动作和惩戒手段的夸饰，凭借凶丑的化装、狂呼粗犷的气势驱鬼，铺排一场惊心动魄的驱傩场面，实践着人定胜天的理念，民众借此求得心理的平衡。

（二）敦煌“驱傩文”表达了敦煌民众祈福纳吉的美好愿望

敦煌居民饱尝沧桑之变却不失乐观自信，原始先民“土反其宅，水归其壑，昆虫毋作，草木归其泽！”（《礼记·蜡辞》）的精神面貌在敦煌“驱傩文”中得以淋漓尽致的呈现，“驱傩文”中存在大量表现人民渴求幸福生活的作品。

长期以来，我们对驱傩词的认知仅仅停留在汉代《十二兽吃鬼歌》，《后汉书》志第五礼仪中曰：“甲作食凶，胇胃食虎，雄伯食魅，腾简食不祥，揽诸食咎，伯奇食梦，强梁、祖明共食磔死寄生，委随食观，错断食巨，穷奇、腾根共食蛊。凡使十二神追恶凶，赫女躯，拉女干，节解女肉，抽女肺肠。女不急去，后者为粮！”[2]与其相异，敦煌“驱傩文”却体现了另外一种风貌，它将隐而不言的驱傩目的直接诉诸驱傩活动之中，如“已后家兴人富，官高日进日迁。牛羊遍满，谷麦如似太山。兄供（恭）弟顺，姑嫂相爱相连（怜）。

男女敬重，世代父子团缘（圆）……”（P.3270 第二首），此文内容涉及人富家兴、高官升迁、牛羊遍圈、谷麦如山、兄弟和睦、姑嫂相爱、男女敬重、父子团圆等方面。再如“縠干大于牛腰，蔓菁贱于马齿。人无饥色，食加鱼味”“淮西残贼，不日应死。海内生灵，垂衣而理。刑罚不滥，车书无二。九合越于齐桓，一统超于秦始”（P.3468“第五首”）；“齐声皆唱快活，万户谣（徭）役不扁（偏）。急总荣（营）作着，莫交谷（縠）莳兰珊。但愿尚书万岁，共贼世代无缘。”（P.3270 第一首）谭蝉雪先生在《岁末驱傩》中说：“通过这类驱傩词，可以触摸到当时群众的心理状态，他们需要的是什么？希望的是什么？他们的所爱与所憎。”[3] 此说极是，此类驱傩文直接由民众的愿望构建而成；同时亦可发现傩愿内容已超越家庭和睦、五谷丰登、驱瘟疫、保六畜的狭隘范围，国家一统，政治明清亦在祝愿之列，内容之丰富可见一斑，此主题亦于 P.3270 第一首、P.4055、P.4976 等文中得以表现。

异于汉代宫廷大傩时的侲子所唱之歌，敦煌“驱傩文”呈现出与其相异的风格特征，敦煌民众把与自己生活密切相关的东西纳入“驱傩文”，借驱傩活动展现自己对美好、幸福生活的追求。面对众多祈福纳吉类的“驱傩文”，季羡林先生主编的《敦煌学大辞典》指出：“（驱傩文）歌词内容主要为祝愿来年国泰民安、家兴人和、五谷丰登、牛羊繁盛，侧重对社会人事的美好祝愿，而渲染驱祟逐疫的性质已被淡化。”[4] 祈福纳吉本系驱傩活动的终极目的，这种近似命令的祝福之语蕴藏着先民对幸福、安宁生活的渴望。同时亦需指出的是驱鬼逐役类的“驱傩文”在结束时也有祈福之语，然往往以二三语言之，表现为傩文中“逐疫”和“祈愿”的混合，本部分所谈的“驱傩文”则以祈福纳吉语为主体，二者因“量”的不同在主题上存在“质”的相异。

（三）敦煌“驱傩文”反映了历史情境的“傩文”化现象

傩在数千年的发展中，不断从佛教、道教和其他民间宗教中吸纳各路神灵，借此形成庞大的神灵体系，同时历史人物和“当代”人物亦成为神灵体系的源泉。曲六乙、钱茀先生《东方傩文化概论》指出：“这类保护神多为历史人物，曾在本地区担任过要职，为本地区黎明百姓做过好事，或者在战乱中拯救黎明百姓而壮烈殉职。出于感恩戴德，黎明百姓在长期缅怀过程中逐渐把他们神性化，尊称为神灵，建庙立祠，祈求恩泽乡里，永世荫护一方免受各种灾难。”[5]曲、钱先生所云的“地方保护神”是一种普遍的文化现象，今日四川庐山之姜维、江苏南通地区之张巡、云南玉溪澄江小屯之关索皆为其例，据此则敦煌“驱傩文”中张议潮、曹议金诸人亦当如是观，他们为敦煌地区的和平安定作出重大贡献，被人民尊奉为神灵而步入“驱傩文”。

敦煌人民把历史生活写进“驱傩文”，重塑了新型的“神”“鬼”形象，面对“甘州数年作贼，直拟欺负侵陵”的情况，“太保”“亲领精兵十万，围绕张掖狼烟”，叛乱之“鬼”们“一起投（批）发归伏，献纳金钱城川”。但“一岁未尽，他急逆乱无边”，叛乱者言而无信，“又动太保心竟（境）”；“太保”再次“缉练精兵十万，如同铁石心肝”，摄于威势，“猃狁狼烟”们“魂胆不残”，他们“便献飞龙白马，兼及绫罗数般。”（P.4011）可见，敦煌“驱傩文”已不限于驱鬼逐役、祈福纳吉的传统主题，历史生活业也成为驱傩文的表现对象，荣新江即认为“这篇《儿郎伟》或许是天成二年岁末曹议金太保、令公称号并用时的产物。”[6]这种历史情境的“傩文”化现象并非个例，荣先生对 P.2058 背《儿郎伟》第一首中的“令公”为曹议金持肯定性态度；邓文宽先生则认为 P.3270 第五首中的“太保”是张淮深，“猃狁”指占据甘州梗塞“东路”的回鹘政权。由此可见，部分敦煌“驱傩文”把历史生活化入傩文，客观上记录了张淮深、曹议金等英雄人物的事迹，邓文宽先生在《张淮深平定甘州回鹘史事钩沉》中谈及“儿郎伟”作品时称：“……沙州文人对过去一年乃至再上一年里主人的功德作了热情的颂扬，同时也表达了祝福祈稔的愿望。其中 P.4976、P.4055、S.6181 同曹议金‘再收甘、肃二州’有关，由其称‘我大王’、‘大王’、‘天公主’和‘二州八郡（镇）’可得二知，暂置不论。此外有九篇直接或间接地追述了张淮深平定甘州回鹘，‘再开河陇道衢’的功绩，编号是：P.3270（除第二篇外共四篇）、P.4011、P.3552（前三篇）、P.3702（一篇，前残）。”[7]毋庸置疑，傩文把历史事实艺术性地化入驱傩活动之中，此极大地拓展了“驱傩文”的表现领域，敦煌傩文的特色性借此得以彰显。

敦煌居民消解了千篇一律的以神逐鬼内容，重构了更为宽泛的傩文内涵，把刚刚逝去的历史或现实生活中的重大事件诉诸“驱傩文”，P.2058 第一首、P.3552 第一首、P.3552 第二首、P.3702 诸篇也体现了这一主题，于此李正宇先生即谓：“（敦煌驱傩）不仅继承了古老的驱傩传统，而且加进了时代的、现实的新内容”[8]。由此敦煌先民岁末所驱之“鬼”已由人类意识中的迷信之鬼扩展到现实世界中妄图颠覆国家政权、损害人们幸福生活的“鬼疫”，如文中被“太保”镇压的“猃狁”。

总之，敦煌“驱傩文”突破了汉代宫廷大傩时驱傩歌的单一性内容，祈福纳吉之愿和历史生活的“傩文”化构铸了敦煌“驱傩文”内涵的多元性特征。

二、敦煌“驱傩文”表达范式

相对于“驱傩词”“驱傩歌”而言，敦煌“驱傩文”无疑更凸显了“文”的特征，黄征先生在《敦煌愿文研究述要》中指出了这批敦煌文献“文”的特性：“《儿郎伟》不是诗也不是词，而是文，或者是韵化了的文。因为有时《儿郎伟》作品在韵文基础上还增添了不入韵的散句”“敦煌的《儿郎伟》作品，其结构具有散文的叙述特征。”[9] 而对于这批文献的行文构成黄征、吴伟先生在《愿文号头四段·题解》中认为：“敦煌愿文的写作，无论其所述内容如何变化，文章格式一般都可分为三段：首段为弘扬佛教的教义和教法；二为实际内容，即写作的原因和目的；三为祝愿和祈求。”[10] 是论为黄征先生对敦煌愿文结构的宏观把握，但以此审视属于愿文的“驱傩文”诸作，则不免有削足适履之嫌，笔者对“驱傩文”剖析后认为其有自己特定的结构范式。

和汉代驱傩歌直接表述十二神逐鬼不同，敦煌“驱傩文”的行文范式具有一定的模式化：其多由驱傩时间或驱傩活动渊源、逐疫纳福和祈愿三部分构成。周傩一年举行三次，汉唐之傩多以岁末举行，《后汉书》志第五礼仪中曰："先腊一日，大傩，谓之逐疫。"[11]《旧唐书》卷四十四志第二十四职官三云："岁季冬之晦，帅侲子入宫中堂赠大傩。"[12]敦煌傩继承了汉唐傩文化岁末逐除的传统，"驱傩文"多以"驱傩之法，送故迎新""驱傩岁暮，送故迎新"等语开篇；或以"驱傩之法，出自轩辕"诸语领起全文，此或与"东海有度索山，或曰度朔山，有神荼郁垒神，能御凶鬼，为百姓除患，（黄帝）制驱傩之礼以象之"（《轩辕本纪》）的记载有关，窃以为此更可能是敦煌先民神化驱傩活动，借其神圣源头来恐吓鬼疫，其功用相当于傩文中诸夸饰之语。"逐疫纳福"是敦煌"傩驱文"的主体部分，各主题的主体部分可分别描述为驱捉鬼疫的情景化、发愿内容的多元化、历史情景的"傩文"化。"祈愿"为各类"驱傩文"的必备之式，如果说驱鬼逐役是驱傩的直接目的，祈福纳吉则是驱傩活动的终极追求。现将"驱傩文"行文的基本范式以表释之：

范式卷号	时间或渊源	逐疫纳福	祈愿
P.3552 第三首	驱傩之法，自昔轩辕。	驱捉鬼疫的情景化	从此不闻枭鸲，敦煌太平万年。
P.2058 第二首	若说开天辟地，自有黄帝轩辕。		自从今年之后，长幼无病安眠。
S.2055	正月阳春佳节，万物咸宜。		学郎不才之器，敢请恭奉□□。
P.3270 第一首	驱傩岁暮，送故迎新。	发愿内容的多元化	但愿尚书万岁，共贼世代无缘。
P.3270 第二首	今夜旧岁未尽，明朝便是新年。		儿郎齐声齐和，皆愿彭祖同年。
P.4055	玄英斯夜将来，孟春来旦初闻。		从此学童呪愿，社稷劫石同階。
P.2058 第一首	今者时当岁暮，新年鬼魅澄清。	历史情境的"傩文"化	如此赏设学士，万代富贵刻铭。
P.3552 第二首	驱傩圣法，自古有之。		从此敦煌无事，城隍千年万年。
P.4011	驱傩之法，送故迎新。		万姓感贺太守，直得千年万年。

"历史情境的'傩文'化"敷衍出一场人世的"神""鬼"斗争，此和"驱捉鬼疫的情景化"在内容上呈现出巨大的差异性，但从"主题"角度而

言，二者不妨说是同一主题的两个层次，它们统一于“驱鬼逐疫”。因此，敦煌“驱傩文”的内涵体系是由“驱鬼逐疫”和“祈福纳吉”两部分构建的，上表又可简化为：

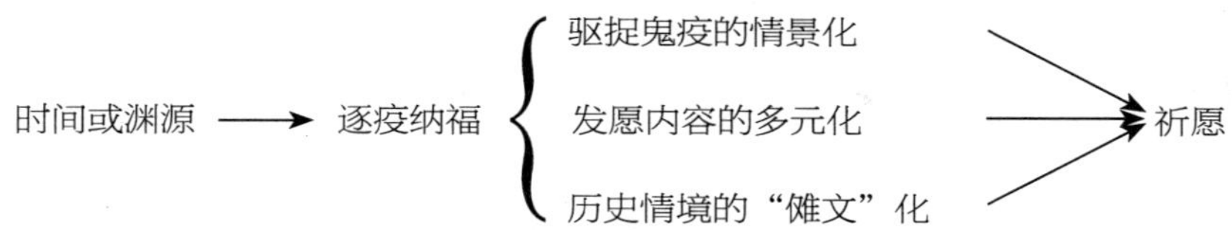

敦煌驱傩文表达范式图解

应当承认此范式是对多数“驱傩文”的概括归纳，部分作品不循此式亦为事实，敦煌“驱傩文”的不同面貌反映了其源生的民间性和流变的多样性。

相对于傩记载，驱傩词尤为罕见，吴尔泰、吴炼在《“儿郎伟”与“军傩”及其他》中说：“目前可资查证的，仅两篇，一是《汉书·礼仪志》所载宫廷傩的祭词，（按：即上文的“十二兽吃鬼歌”）；“另一篇为《通典》所载唐代州、县傩祭词。其文曰：‘维某年岁次月日，予祝姓名，敢昭告于太阳之神：寒往暑来，阴阳之常度，惟神以屏凶厉。谨以脯酒之奠，敬祭于神。尚飨！’”[13]驱傩词之少见可见一斑，笔者认为唐代方相氏口作的“‘傩’、‘傩’之声”亦为驱傩词，“‘傩’、‘傩’之声”首见于梁皇侃对《论语·乡党》一章下乡人傩的疏，此本为皇侃误解，富有戏剧性意义的是杂唐代“‘傩’、‘傩’之声”被纳入驱傩活动，借以呵斥鬼疫，其身影在今天的驱傩表演中时时可见。吴尔泰、皇侃所述皆为宫廷驱傩吟咏之词，敦煌“驱傩文”弥补了民间驱傩词的历史空白，其主题多样，形式完备，有特定曲调，已是一种相对成熟的文学样式。

作为一种历史存在，敦煌傩在今日显得神秘而陌生，“驱傩文”对揭开这层面纱起了重要作用，使我们得窥一斑。兹傩已逝，其迹犹存，如今日流行于西北地区的“打醋弹”，又写作“打醋坛”“打醋碳”“打醋蛋”，又叫“送五穷”，便深深打上敦煌傩的烙印，对此道光《敦煌县志》记曰：“除夕各家祭祖，先用木勺盛酒醋，取石块烧红，放在酒醋内，各房打酒，扫除邪秽，谓之打醋弹。”高国藩先生进一步指出：“‘打醋弹’是古代为敦煌民众所创造的我国西北地区的卫生民俗，也是驱鬼逐役神秘民俗进一步衍化……”[14]

注释

[1] 康保成：《傩戏艺术源流》，广东高等教育出版社 2005 年版，第 19 页。

[2]（南朝·宋）范晔：《后汉书》，中华书局 2007 年版，第 931 页。

[3] 谭蝉雪：《岁末驱傩》，《西北民族研究》1990 年第 2 期。

[4] 季羡林：《敦煌学大辞典》，上海辞书出版社 1998 年版，第 436 页。

[5] 曲六乙、钱茀：《东方傩文化概论》，山西教育出版社 2006 年版，第 21—22 页。

[6] 荣新江：《曹议金征甘州回鹘史事表微》，《敦煌研究》1991 年第 2 期。

[7] 邓文宽：《张淮深平定甘州回鹘史事钩沉》，《北京大学学报》1986 年第 5 期。

[8] 李正宇：《敦煌傩散论》，《敦煌研究》1993 年第 2 期。

[9] 黄征：《敦煌愿文研究述要》，《艺术百家》2009 年第 2 期。

[10] 黄征、吴伟：《敦煌愿文集》，岳麓书社 1995 年版，第 27 页。

[11]（南朝·宋）范晔：《后汉书》，中华书局 2007 年版，第 931 页。

[12]（后晋）刘昫：《旧唐书》，中华书局 1975 年版，第 1877 页。

[13] 吴尔泰、吴炼：《“儿郎伟”与“军傩”及其他》，《江西社会科学》1995 年第 5 期。

[14] 高国藩：《敦煌俗文化学》，上海三联书店 1999 年版，第 184 页。

参考文献

1. 康保成：《傩戏艺术源流》，广东高等教育出版社 2005 年版。

2.（南朝·宋）范晔：《后汉书》，中华书局 2007 年版。

3. 谭蝉雪：《岁末驱傩》，《西北民族研究》1990 年第 2 期。

4. 季羡林：《敦煌学大辞典》，上海辞书出版社 1998 年版。

5. 曲六乙、钱茀：《东方傩文化概论》，山西教育出版社 2006 年版。

6. 荣新江：《曹议金征甘州回鹘史事表微》，《敦煌研究》1991 年第 2 期。

7. 邓文宽：《张淮深平定甘州回鹘史事钩沉》，《北京大学学报》1986 年第 5 期。
8. 李正宇：《敦煌傩散论》，《敦煌研究》1993 年第 2 期。
9. 黄征：《敦煌愿文研究述要》，《艺术百家》2009 年第 2 期。
10. 黄征、吴伟：《敦煌愿文集》，岳麓书社 1995 年版。
11.（后晋）刘昫：《旧唐书》，中华书局 1975 年版。
12. 吴尔泰、吴炼：《“儿郎伟”与“军傩”及其他》，《江西社会科学》1995 年第 5 期。
13. 高国藩：《敦煌俗文化学》，上海三联书店 1999 年版。

永靖“七月跳会”渊源浅论

胡颖 胡毅

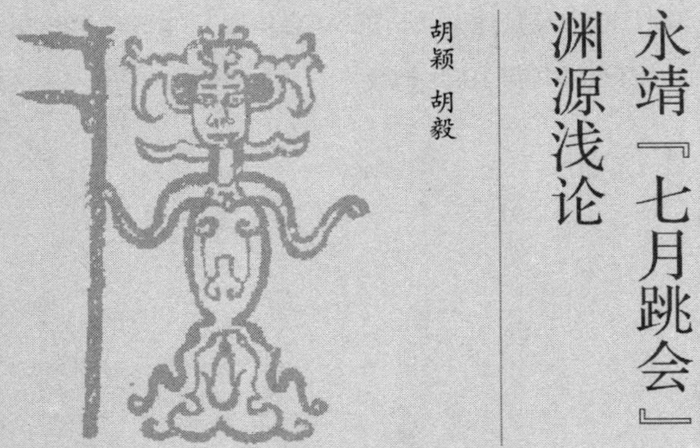

地处甘肃临夏回族自治州北部的永靖县，具有丰厚的傩文化传统。近年来，流传在那里的“七月跳会”逐渐引起越来越多学者的关注，2006年永靖县因此被甘肃省民间文艺家协会授予“甘肃傩舞之乡”称号。随着永靖傩舞步入世人的目光，一些理论性的研究课题也应运而生，摆在了学者面前。2007年，著名学者曲六乙在视察完永靖傩舞戏表演之后说，永靖“七月跳会”值得研究，尤其是关于它的渊源，它与甘肃或国内其他地区傩之间的关系……本文欲就永靖七月跳会的历史渊源等问题尝试作一探讨，由于资料匮乏，尤其是永靖之外的活态信息掌握有限，其间一定存在许多不足甚至错误，恳请方家指正，如能因此起到抛砖引玉，为至今仍显颇为寂寥的永靖傩文化研究增加一丝涟漪，正是本文的写作初衷。

永靖民间的《跳会禀说词》[1]可以作为永靖“七月跳会”来源的一种重要依据。这篇《说词》从民间视角讲述了开天辟地以来永靖历史上发生的一些重大事件，有些内容直接提供了永靖傩文化产生的信息：“……唐宋元朝以后，清朝以前，明代时间，刘都督射猎，遗留了哈拉（乡傩）会事。因为贼盗劫掠，出没无定，无可事则旗帜伞帮，团结跳会，和合人心；有事时，则干戈齐杨，耀武扬威，守望相助的意思。这哈拉（乡傩）会事，一年一遍，一年一换，遂成了老君的铁帽，流长源远。”对照正史，《说词》中的“刘都督”当指刘钊。明嘉靖《河州志·卷二》[2]记载：“刘钊，滁州全椒人。历升右军都督府同知。永乐五年，镇守河州。号令严明，番夷畏服。在镇三十余年，居民安堵。创修之工居多，后莫能及。”刘钊于明代永乐年间在带军驻守永靖，历时三十余年，不仅戍边保民，而且注重发展生产，功绩卓著，尤其是为了防御“贼盗劫掠”和镇抚番夷，给当地带来了“七月跳会”这种带有浓烈傩文化意味的民俗活动，并一直流传至今。据新修《永靖县志》载，今天永靖岘塬乡的刘姓家族，祖先正是滁州全椒人明永乐时右军都督府同知镇守河州的刘钊，其后裔于明嘉靖四十四年（1566年）迁居永靖白塔寺川刘马家寨，1968年因刘家峡水库蓄水，将刘马家寨的刘姓人家全部迁至岘塬乡。

《跳会禀说词》不仅言明永靖“七月跳会”是明代“刘都督”遗留下来的，同时也进一步说明刘都督带来的傩的种类是军傩——“如今到了某年某月，散了龙袍细衣，某日二位福神迎出庙门，踩了四至，插了干旱。某日某牌的盘龙场上，攒马扎营，鞍马斗将，行起了大会……”这一种类特征也可以从目前永靖“七月跳会”的演出剧目得到证实，现流传下来的常见剧目约二三十种，其中大部分是三国故事和人物的内容，比如《斩貂蝉》、《三英战吕布》、《出五关》、《长坂坡大战》、《华容道释曹》、《川五将》、《山五将》、《单战》、《下西川》等。

根据《跳会禀说词》的内容来推断，永靖“七月跳会”很有可能是历代尤其是明代军队“屯田”制度的产物。

在我国历史上，历代都实行不同规模的屯田制度。这项举措被统治者认为是加强边防、绥靖一方的良策。明代的屯田制度规定戍边屯田的军士必须携带家属前往戍地，使军籍移民的规模扩大，从而形成北方边境地区庞大的移民社会。这些移民常常将原居地的语言、民俗、服装、生活习惯等带往戍地，这就是为什么两个相距遥远的地域存在相同或相似的某种文化现象的原因。

顺着这条思路，我们联想到永靖“七月跳会”的产生既然与刘钊驻守屯兵有关，那么它与刘钊的家乡安徽所存有的傩文化形态会不会是一脉相通或者有所联系呢？很可惜，安徽省现在流传下来的傩文化影响较大、较原始的贵池傩属典型的民间傩，除个别细节外，整体风格与永靖“七月跳会”这种军傩形态相去甚远。

但是，如果我们沿着移民屯田这条线索继续追索下去，从屯兵移民的迁徙路线来溯源，便会有一些新的发现。从安徽向南走，到了云贵地区，贵州安顺地戏与永靖“七月跳会”即有很多相似之处。永靖县傩文化研究的先行者石林生先生在 2005 年“中国江西国际傩文化艺术周”观看完贵州安顺地区蔡官屯农民的地戏表演之后，就发出了其与永靖“七月跳会”服饰有着“惊人的一致性”的感叹。蔡官屯地戏正是安顺地戏的典型代表之一，曾代表中国出访欧洲，反响强烈。

下面，我们把安顺地戏与永靖“七月跳会”做具体的比较。除上述所说的服装有惊人的相似以外，永靖“七月跳会”与贵州安顺东部地戏还有诸多相似之处。首先，贵州安顺地戏也是典型的军傩，其中几乎没有文戏，剧目内容涵盖了自《封神》以来，列国、楚汉、三国、隋唐、宋金元等历代军事题材。代表性的有：《三国》、《说岳》、《封神》、《东周列国志》、《楚汉相争》、《大反山东》、《沈应龙征西》、《五虎平南》、《精忠传》、《薛刚反唐》、《薛仁贵征东》等。有学者对安顺地戏的演出状态进行过调查，发现演出频率最高的前十位剧目是：《三国演义》、《薛丁山征西》、《反山东》、《四马投唐》、《三下河东》、《五虎平南》、《杨家将》、《薛仁贵征东》、《五虎平西》、《说岳》。可见《三国》题材是地戏最为喜闻乐见的剧目，也是安顺地戏的主体内容。安顺地区詹家屯《三国》神头曾建章曾说：“老辈人讲，我们曾、詹两姓跳《三国》已有十六代了，主要让儿孙不忘记祖先的光荣，不忘掉武艺以防祸乱。”而永靖“七月跳会”如前所述，大部分剧目也是三国戏。这就是说，两者在剧目内容上十分相似。

其次，安顺地戏的面具与“七月跳会”面具包含的类别也大致相同，都有武将、少将、女将、动物、世俗人物等，其中武将一般豹眼环睁，眼球夸张、暴突，具威慑力；少将与女将面具相像，如果不是头盔或帽翅的不同，几乎看不出二者的面相差别，他（她）们眼眉细长，表情温和；安顺地戏和永靖“七月跳会”都有一组丰富多彩的动物世界面具，如虎、牛等。除此以外，它们都有一类笑容可掬、和蔼可亲的面具，如老汉、老母、笑和尚等。再次，永靖“七月跳会”和安顺地戏的音乐、表演均包含“帮”、“打”、“唱”三部分，“帮”即一人表演他人（或众人）帮唱（有时似唱似念），“打”即伴奏乐器主要是一锣一鼓等打击乐；唱词以七字句为主。此外，从表演场地看，永靖地区是在平坦的田野上表演，也是一种“地戏”；所敬之神都有二郎神、哪吒。总之，从形式到内容，永靖“七月跳会”和安顺地戏存在诸多的相同之处。

此外，从发生学的角度也能看出两地傩文化的相同之处。贵州安顺地戏亦缘于屯田戍边的“移民政策”。按照一般的说法，安顺人是从南京、安徽、江西、浙江、湖南等省迁入的。朱元璋建立明王朝以后，国事初定，为巩固西南边陲，于洪武十四年派永川侯傅友德、永昌侯兰玉、西平侯沐英率 30 万人马远征云南。大军到达贵州后，大本营就设在安顺（安顺旧州阼陇大寨的雷打坡上就有傅大将军的衣冠冢）。云南平定后，为防止乱事再起，明王朝就地屯田养兵，并陆续将驻屯军士的家属和部分移民“填南”，从江西、安徽、河南等地迁徙来黔，以屯军驻地建村设寨，平时务农，战时用兵。当时，军队的驻防地称为“屯”，移民的居住地称为“堡”，他们的后裔就叫做“屯堡人”。《安顺府志》、《平安县志》都有“调北征南”、“调北填南”这方面的记载。明代军队一边打仗，一边种田，选择强壮农民农闲时习练武事，免征田赋，驻屯军中的军傩演出就产生并逐渐盛行起来。正如《安顺续修府志》所载：“黔中人民，多来自外省，当草莱开辟之后，人民多习于安逸。积之既久，武事渐废。然四顾环境，尚多苗蛮杂居其中，识者忧之，于是乃有跳神之举……盖借农隙之际，演习武事，亦存有寓兵于农之深意也。”

事实上，“安顺地戏”是一个较大的傩文化概念，其范围超越了安顺地界，其间也因地域的不同特别是来源地的不同存在着一些差异。具体到前面所说到的地处安顺以东包括蔡官屯在内的许多地区，其流存的军傩形态相对安顺以西就有区别（所以准确地说，永靖“七月跳会”与安顺以东的地戏存在相同之处）。按移民屯田的线索来深究，相对前面提到的江西、河南等地，我们认为安顺以东的屯堡人与安徽的渊源更深。首先，《平坝县志》[3] 载：“朱元璋从安徽凤阳起兵，凤阳人从军者特多，此项屯军又多为凤阳籍。”《清镇县志》[4] 载，清镇县城为明武略将军焦琼所建，而焦姓家族的家谱也表明焦氏祖籍为安徽凤阳。洪武十四年调北征南的大军中有朱元璋的义子西平侯沐英，所率亦朱元璋嫡系部队，因此在安顺以东的安顺、平坝、清镇等地留下了大量安徽人。600 多年过去了，这些地方屯堡民居的建筑、服饰以及娱乐方式等依然沿袭着明代的文化习俗。当地人至今仍然穿着明代服饰，《安顺府志・民风》记：“屯军堡子，皆奉洪武调北征南。妇人以银索绾发髻，分三绺，长簪大环，皆凤阳汉装也。妇女的服装多以青、蓝色为主，样式为宽袍窄袖并且不加花边。据当地的老人讲，屯堡妇女的服饰是传承了明太祖朱元璋夫人“马大脚”的服饰。俗称“凤阳汉装”。这些服饰从安徽传来，如今在安徽当地早已失传，但是在屯堡却完好地保存下来了。这种衣服如今已经成为屯堡的一种标志。在封建礼教的阴霾笼罩中国大地的时候，女人以“三寸金莲”为美，而屯堡人却大反礼俗，女人从不裹脚，从当地流行的传说看，这也与朱元璋的夫人马皇后是“大脚”有关。其次，安顺以东的许多“屯堡人”均指认“汪公”为自己的先祖而加以供奉，而明朝时期是汪公信仰在安徽最热烈、汪公庙宇建得最多的时候。汪公名汪华，安徽歙县休宁人，生于陈后主至德四年（公元 586 年），从小在新安长大，及长创业于金陵。隋时为徽州地方官，唐高祖武德四年（公元 621 年）九月率部归唐，受封为越国公。后随唐太宗李世民征战有功，封九宫太守。贞观二十三年（公元 649 年）三月病逝于陕西长安。朝廷追封为徽州府越国公忠烈汪王。应家乡父老臣民的要求，于唐高宗永徽四年（公元 653 年）遗骸发回歙州，葬于城北七里的岚山上。最后，以安顺蔡官屯为例，当地人均指称自己为“南京人”，从明代的行政区划看，明代南京即南直隶，地跨淮北、淮南、江南三个地区。治所南京，今江苏南京。下辖应天、凤阳、淮安、扬州、苏州、松江、常州、镇江、庐州、安庆、太平、池州、宁国、徽州等府，很大一部分辖地在今安徽境内。

而永靖人民也表现出较浓厚的“安徽情结”。除了在《跳会禀说词》中歌颂刘钊外，在永靖县西山红泉乡朱家庙供奉着常山盖国大王之神像，牌位左右分别书有：辅佐明朝，保镇洪武。车家庙也有“敕令当境本方土主盖国大王”之神像。当地传说这位大王专司云雨，能保风调雨顺、国泰民安。这位常山盖国大王正是明朝开国元勋常遇春，字伯仁，元朝至顺元年（1330 年）出生在安徽怀远县。1352 年，23 岁的常遇春，投身于反元建明的大业，屡建奇功，明朝建立后，南征北伐，为扫除元军余孽，立下了汗马功劳。此外，永靖“七月跳会”神祇之一的“金花娘娘”亦见于安徽（比如池州傩戏“请阳神”）、江西等地的现象也说明了这些地域之间傩文化的关联。

至此，我们可以解释永靖“七月跳会”与贵州安顺蔡官屯地区的地戏为什么会有那么多的相似之处了。同时，我们也可以得出这样的结论：永靖“七月跳会”与贵州安顺地戏（具体应该是安顺东部）都来自安徽，前者由安徽全椒人刘钊于永乐年间带入，后者是明朝洪武时期朱元璋的“调北征南”行动的产物。两地从类别上说，都属于军傩。

对于两地傩文化在具体形态上的差别，我们可以理解为异地文化与当地民俗融合的结果。拿两地供奉神灵来说，根据永靖《跳会禀说词》的说法，当地很早就有了自己特有的神灵崇拜：“姜子牙上奉了天命，在封神台前，有功者赏功，有劳者赏劳，分毫细明，才有了二位福神的妙像了。东周以降，嬴秦绝灭，到了汉宣帝的时候，赵充国造了浮桥，通了西域，治了屯田，养兵才有了河州北乡（按：指永靖），川牌地方二位福神的庙宇一座了。”刘钊将军傩传到永靖后，与当地的神佛崇拜相结合，产生了不同于发源地的一组神祇。这种变化也符合军傩的产生、发展规律。军傩不同于民间傩，它流行于军队，往往随军队的迁移在异地生根结果，比如贵州的傩文化形态，从地方史料看，就有一个发展、变化过程，今天所能见到的最早的资料是明·嘉靖年间《贵州通志》卷三“除夕逐除，俗于是夕具牲礼，扎草缸，列纸马，陈火炬，家长督之，遍各房室驱呼怒吼，如斥遣状，谓之逐鬼，即古傩意也。”——当时的傩文化尚不见南征军习武征伐仪礼与当地民俗相融合的迹象。到了清康熙十四年(1673年)，这一现象已根植民间，《贵州通志》卷二十九，有一段很具体的描绘：“土人所在多有，盖历代乏移民。在广顺、新天者(寨)与军民通婚姻，岁时礼节皆同。男子间贸易，妇人力耕作，种植时，用歌相答，哀怨殊可听。岁首则近山魈，还村屯为傩，男子装饰如社火，击鼓以唱神歌，所至之家饮食之……”康熙三十一年《贵州通志》卷三十，刊印了一件《土人跳鬼之图》，图后附有一段文字，画面上的地戏场面，与今天的安顺地戏演出几乎一样。同理，如果追根溯源，永靖“七月跳会”该是安徽民间傩与军傩及永靖当地民俗共同作用的结果。[5]

最后，提出两个悬而未决的问题供学人探讨。第一，在比较永靖“七月跳会”与贵州安顺以东的地戏时，我们也发现了这样的现象，两地傩文化虽然存在很多相像之处，但从整体讲，贵州安顺地戏无论就剧目的数量、单剧的演出时间、剧情的结构、角色的数目，都较永靖“七月跳会”复杂。即便是相同的剧目也是如此，比如两地都有《三英战吕布》(一名《大战虎牢关》)，贵州地戏中人物数量是永靖的两倍、故事情节更是较永靖“七月跳会”丰富、曲折。事实上，从宏观上看，永靖“七月跳会”属于名副其实的傩舞，而贵州安顺地戏大多数是傩戏。按照傩文化发展的一般规律，是否能得出“七月跳会”保留有比安顺地戏更为原始的衣钵的结论？第二，青海民和一带的傩文化在很多地方与永靖非常相像，而且民和就流行着有关两地傩之渊源的传说(比如民和的《会手舞》传说来自永靖)。清宣统《甘肃新通志·职官志》[6]在“西宁府贵德厅名宦”中载：“刘钊，河州人(作者按：应为安徽全椒人)，正统中为都督，奉命整饬贵德，抚有积石关番人七十二族。开设诸屯，垦辟田土，立茶马司一千七百匹，诸番皆悦，於是官厩充实，沿途广设番驿，与河州消息相通，经营守御，皆钊之力。”这样看来，青海民和等地的傩文化是否也与刘钊有关？如果成立，那么以明代安徽等江淮一带为中心，我们可以清晰地画出一条军傩传播流布的线路图，也会因此解决一些诸如两地相距遥遥，为何却有着类似的傩文化或其他风俗的问题。上述问题，还有待于进一步研究和探讨。

注释

[1] 石林生：《甘肃永靖傩舞戏》，贵州民族出版社 2005 年版，第 17 页。

[2]（明）吴祯著，马志勇校：《河州志校刊》，甘肃文化出版社 2004 年版，第 74 页。

[3][4] 沈福馨：《汪公、五显崇拜及安顺地戏的两大流派》，收入《中国傩》，湖南师范大学出版社 1994 年版，第 190 页。

[5] 庹修明：《中国军傩——贵州地戏》，《民族艺术研究》2001 年第 4 期。

[6]（清）升允等修：《甘肃新通志》，宣统本，第 43 页。

参考文献

1. 石林生：《甘肃永靖傩舞戏》，贵州民族出版社 2005 年版。

2. 张子伟主编：《中国傩》，湖南师范大学出版社 1994 年版。

羌姆与傩之关系综述

胡颖

甘肃夏河县拉卜楞寺“七月法会”中的“哈钦木”是一种典型的寺院傩。这种宗教假面乐舞一般被称为“羌姆”，它广泛存在于我国西藏、青海、甘肃、四川和云南等信仰藏传佛教的藏族聚居区的大小寺院中。汉语将之译为跳神、跳鬼、跳布扎、打鬼、法舞、神舞、金刚神舞、金刚驱魔神舞等。

“羌姆”（或跳神）起源于8世纪中叶，按藏传佛教的说法，吐蕃藏王赤松德赞迎请印度密宗大师莲花生入藏传教，并倡建藏族历史第一座佛、法、僧齐全的佛教寺院桑耶寺时，莲花生大师为调伏恶魔鬼神，应用一种特殊的法术舞蹈——金刚法舞来征服鬼魔，顺利建成桑耶寺。又在隆重竣工典礼和大盛佛寺“开光”庆典时，大师跳起神舞神佛显身降灵。这种象征佛法形象的金刚法舞，经过后世藏传佛教大师们的相继改进和规范，又作为宗教仪轨，世代传承，这便是流传在各地藏传佛教寺院的法舞——跳神。

流传在藏区各大寺院的“羌姆”，其演出程序及内容大同小异：表演之前要诵经，表演时所有演员都要戴上各种面具，手持刀、剑、戟、铃、钵等各种法器，身着色彩各异的不同法衣。只是表演时大部分寺院都没有歌唱，是哑剧式的系列舞蹈，这一点与拉卜楞寺有说有唱的“哈钦木”不同。

跳神与汉族中原地区傩的关系，很早就引起了文人、学者的注意：

清李若虚《西招杂诗》之六：“万口喧腾响法螺，沙门梵面舞婆娑。十年又踏毡乡路，梵呗声中看大傩。”[1]李若虚曾随军入藏，这首诗写的便是入藏时看到的西藏僧侣的法事活动，作者根据直观感受将其与中原地区的傩联系起来。

清富察敦崇《燕京岁时记》记载了北京喇嘛寺的羌姆：

“打鬼，本西域佛法，并非怪异，即古者九门观傩之遗风，亦所以禳除不祥也。每至打鬼，各喇嘛僧等扮演诸天神将以驱逐邪魔，都人观者甚众，有万家空巷之风。朝廷重佛法，特遣一散秩大臣以临之，亦圣人朝服阼阶之命意。”[2]将羌姆与“九门观傩”、“圣人朝服阼阶”（《论语》中有“乡人傩，朝服而立于阼阶”）之“命意”联系起来，认为羌姆与傩是一回事。

进入当代，在傩文化最终成为一门学问并堂而皇之地走向科学研究殿堂后，学者们就羌姆与傩的关系问题，见仁见智，陆续发表了系列文章，从不同角度探讨了对二者的认识，无论结论如何，都对傩文化的研究及推广起到了不小的推波助澜的作用。

著名的傩文化研究学者曲六乙先生通过系统的考察，明确地将羌姆等跳神活动划归为傩的一种类型——“寺院傩”。他在“中国各民族傩戏的分类、特征及其‘活化石’价值”一文中阐述了傩戏的分类，并进一步在“建立傩戏学引言”一文中指出：“我国的傩和傩戏，可以分为宫廷傩、民间傩、军傩和寺院傩四种……藏族聚居区大寺院的跳鬼（藏语叫‘羌姆’），包括北京雍和宫的正月跳鬼，属寺院傩。”[3]

陈跃红、徐新建、钱荫榆等《中国傩文化》[4]在“傩的分类”一节中也认为：“寺院傩则是将傩中所内含的‘宗教’因素抽离出来加以强化，使傩服务于寺院，并同与之结合的寺院固有宗教内容相互渗透而逐渐独立成为某种特殊的类型……在佛教文化中，寺院傩体现得最突出的应数藏地佛教里的‘羌姆’法事和汉地佛教里的‘目连戏’扮演了。”又在“傩文化对本土佛教的改造”一节中进一步阐述：“所谓‘寺院傩’，主要指藏族聚居区大寺院里的祭祀跳鬼活动，在藏语叫‘羌姆’。在黑龙江省嫩江流域的蒙古族傩舞，则叫‘查玛’。”

而庹修明的《中国傩文化述论》则从源头、形态等方面具体阐释了这种寺院傩的特殊性质，指出：“西藏神舞、藏戏（部分剧种）是寺院傩现存形态中的代表，是佛教文化本土化的重要组成部分。神舞又叫‘跳神’或‘跳鬼’，藏语叫‘羌姆’，意为金刚神舞，国外习惯称它为‘西藏的宗教舞蹈’。西藏神舞就其本质来说就是一种以驱鬼逐疫为中心内容的傩舞。藏文中虽没有‘傩’这个概念，但藏区的巫卜咒术和宗教祭仪十分发达，而且历史悠久。上古时期，藏族的先民信仰原始宗教苯教，相信万物有灵，崇拜自然神和动物神。‘苯波’是藏族是巫师，神与人的桥梁和中介，主持各种祭祀和施展巫术。

“‘羌姆’是一种原始的、宗教的祭祀仪式，一种传统的驱傩活动。作为‘羌姆’主体部分的众神群体舞蹈，在佛教密宗信徒眼中，是一种‘能行乎阴阳而通乎鬼神’的神秘巫仪和咒术。‘羌姆’作为一种寺院祭祀仪式，它的演出对象是神灵鬼怪，其外化形态是形形色色的面具，而不是人。‘羌姆’就其历史发展来看，是源于印度佛教密宗所吸收的婆罗门教、印度教和印度人原始礼仪和源于西藏本土苯教所吸收的藏人原始巫术、占卜、神谕的结合产物。这样就使‘羌姆’这种藏区寺院傩产生了与内地各民族、各地区的傩不相同的地方的、民族的特殊色彩。”[5]

这里，庹修明先生从本质及表现形式方面探讨了羌姆与傩的关系，他认为羌姆本质上是一种类型的傩，只是表现形态与形成动机方面有其自身的体系和特殊性。庹先生的看法与曲六乙等人殊途同归，从不同角度、不同细节认同了羌姆是傩之一种类型的认识。只是庹先生说“藏戏（部分剧种）是寺院傩现存形态中的代表”似欠妥，笔者认为藏戏是中国戏剧的剧种之一，它的产生晚于羌姆，应该是在羌姆与其他艺术形态的基础上形成的，无论从功能上还是表现形式上，它与羌姆都有所不同。

但也有学者反对将“羌姆”等跳神活动划归于傩文化范畴。

康保成在《羌姆角色扮演的象征意义及其与藏戏的关系》[6]中表明了自己

的立场，他说："羌姆虽然也是一种戴面具驱逐邪魔的舞蹈形式，但却与汉族的傩有着明显区别，而是藏传佛教（密教）与苯教斗争的产物。"康保成实际上从两个方面论述了二者的不同。首先，从来源考察，他认为羌姆起源于西藏当地的苯教，"这是一种类似于巫、萨满的原始宗教，在佛教传入西藏之前，苯教巫师戴面具跳神，是羌姆的渊源。但是，自印度莲花生大师到西藏传教以来，佛教对苯教进行了摧枯拉朽式的扫荡和彻头彻尾的改造。在《莲花生大师传》中，苯教的神一一拜伏在佛教门下，成为佛教的护法神；而莲花生大师所创立的金刚舞，虽然对苯教跳神的因素有所汲取，但其主体却是印度金刚乘（即佛教密宗）的金刚舞。""金刚舞是一种将偶像崇拜与佛教的哲学追求紧密结合的成熟的宗教仪式。""而傩舞的前身，无论是宫廷傩礼或乡人傩仪，原本都是驱鬼巫术的一种，它的产生要远远早于佛教密宗，但却一直未能形成成熟的宗教仪式。"其次，从角色扮演的象征意义出发，康保成强调羌姆与傩的动机和目的不尽相同，"羌姆虽然也有禳灾驱邪的宗旨，但这里（指的是甘南拉卜楞寺"九月禳灾舞"）的邪魔主要指的是破坏、扰乱佛法的外道，是心灵之魔；驱邪的最终目的，是宣扬灵魂的转世与超度。这与汉族的傩仪差别极大。"最后康保成从金刚舞与羌姆在汉地的流传情况说明了羌姆被误认为傩的一种类型的原因，"无论是唐以前的金刚舞或清代的'跳布扎'，都是佛教密宗的仪式舞蹈，蕴涵有特殊的宗旨和教义。然而，由于汉籍多称羌姆为'打鬼'，就使本来就难以理解的密宗奥义更容易被忽视，因而将羌姆等同或类同于傩的观点，也就大行其道了。""流传于藏蒙地区的宗教舞蹈羌姆——金刚舞，是佛教战胜苯教的产物，具有十分特殊的宗教象征意义，与汉族地区以驱鬼为基本目的的傩舞有着本质区别。金刚舞早在唐以前已传入汉族地区，金刚的面具曾被借来驱傩，故羌姆的特殊涵义经常被忽略。"

韩国学者姜春爱在《藏传佛教桑耶羌姆考察报告》[7] 中也提出疑问："一般学者往往把羌姆当做驱鬼酬神的巫术仪式活动，把羌姆当成'寺院傩'。那么，藏满蒙等族的跳神皆称之为寺院傩吗？"并在对桑耶寺羌姆实地考察的基础上指出："研究傩学的有一些学者往往把藏传佛教的羌姆套上傩的概念加以理解，其基本原因是根据狰狞可怖的面具造型及羌姆中的砍杀'灵嘎'"的仪式。从这两点出发，又与苯教相联系。但他们对苯教的理解尚不够完善，即简单地认为苯教是一种巫教，并进而推论其与萨满教的联系。这种研究方法太偏颇，忽略了举行羌姆的地方是藏传佛教密宗寺院，从参加羌姆仪式活动者来看，佛教与苯教之间当有过相当激烈的斗争，尽管不排除二者间的互相影响，但不能忽略主体是藏传佛教密宗。另外值得注意的是，西藏每个寺庙的羌姆，均各有其产生和发展过程，在尚未进行详细的比较之前，我们不能笼统地把藏传佛教的羌姆，甚至雍和宫的跳布扎当成傩仪或傩戏而作出轻率的结论。

还有一种观点也比较有代表性，比如凡建秋《巫傩与羌姆比较研究》[8]认为：“巫傩主要为我国南方的一种传统宗教文化，羌姆则是我国北方的宗教文化的产物，虽基于共同的观念基础——万物有灵，但是由于南北的地域人文等的差异，形成了不同的各自特色的宗教神舞。”并从含义、起源、哲学内涵、仪式、面具及相关神话传说等方面对巫傩文化与羌姆文化进行了比较。该文在概念的界定上有些不准确，但作者对两者关系的观点还是明确的，即将其作为并列的、而不是从属的关系来比较，并不认为羌姆是巫傩的一种。同时，他的“巫傩主要为我国南方的一种传统宗教文化”之认识也有失偏颇。

上述反对将羌姆等同于傩的系列文章，笔者以为以康保成先生的论述最有代表性，兹就此发表一点自己的观点。对于康保成先生所说的羌姆与傩角色扮演的象征意义不同，实际上是说明二者的动机和目的不同。笔者认为，二者的动机与目的是包含与被包含的关系。考察不同地域的傩文化形态，我们发现驱傩所驱赶的邪魔范围、种类相当广泛，且包括有形的和无形的，外部的（自然界）和内部的（人自身的各种疾病）等，举例来说，驱傩活动之“驱鬼逐疫”，即将祛除人之疾病也作为驱傩的一项内容，而疾病也有可能由“心灵之魔”所致，所驱对象是“心魔”与否不应该是羌姆与傩的本质区别。再比如南方多雨地区可能驱傩的对象是“涝”，而北方却会是“旱”，曾经学者们将雩祭（即祈雨）这种形式划归到傩文化范畴之外，但甘肃永靖的“七月跳会”等仪式说明，祈雨也属于傩文化范畴，因为古人认为天旱少雨是由于一种叫做“旱魃”的妖魔在作怪，赶走它就能天降甘霖。总之，驱傩对象五花八门，因地（人）而异，不应以对象决定归属。

从起源来讲，持反对将羌姆划归到傩文化范畴的学者也承认一个事实，那就是羌姆的起源要晚于傩，这恰恰符合傩文化由单一到多样的发展规律。傩文化的发端应该在远古时期，是基于古人万物有灵的原始思维，然后随着历史的发展，逐渐有了宫廷傩、军傩、乡人傩乃至于宗教性更强的寺院傩。如果按照康保成先生的观点，军傩也该被排除在傩文化范畴之外。

事实上，从羌姆与傩的起源及形态的比较（此项工作学者研究成果颇丰，尤以曲六乙先生的《东方傩文化概论》为详，兹不赘述）上，我们可以得出这样的结论：傩是体现着人类原始思维的一个大的文化概念，它的核心是“驱”——驱赶当时困扰人类的各种灾害，（而灾害的内容随着历史的进程而有所变化，比如当人类掌握了更多的生产、自然知识，战胜了某种灾难后，关于这种灾难的傩仪可能就会逐渐淡化甚至消失）在傩文化的思维模式指导下，逐渐产生了包括寺院傩、宫廷傩、乡人傩、军傩等不同类型的傩，继而又有了比仪式更为简便的傩俗信仰等。总之，傩的久远历史及精神特质决定了后世以驱鬼逐疫为目的的祭祀仪式可能都是傩家族的子孙。

注释

[1] 赵宗福选注：《历代咏藏诗选》，西藏人民出版社 1987 年版，第 148 页。

[2]（清）潘荣陛、富察敦崇：《帝京岁时纪胜 燕京岁时记》，北京古籍出版社 1981 年版，第 49 页。

[3] 曲六乙：《傩戏·少数民族戏剧及其他》，中国戏剧出版社 1990 年版，第 18 页。

[4] 陈跃红、徐新建、钱荫榆等：《中国傩文化》，新华出版社 1991 年版，第 25、26、85 页。

[5] 庹修明：《中国傩文化述论》，《民族艺术》1997 年第 1 期。

[6] 康保成：《羌姆角色扮演的象征意义及其与藏戏的关系》，《民族艺术》2003 年第 4 期。

[7] 姜春爱：《藏传佛教桑耶羌姆考察报告》，《戏剧》1996 年第 1 期。

[8] 凡建秋：《巫傩与羌姆比较研究》，《宜宾学院学报》2003 年第 5 期。

附录：傩俗拾掇

（一）静宁、庄浪搬山戏

搬山戏源于巫舞，专为祈雨、驱邪而演，曾流布于静宁、庄浪一带。据20世纪九十年代初笔者在静宁搞戏曲、民俗田野调查时，当地的老人讲，此戏演出时间间距较大，有“三十六年一小搬，七十二年一大搬”的说法，演出前先有道人念经，阴阳做法等内容，然后演戏，戏的内容为目连救母的故事，剧词由活动主持人据佛经、宝卷等编好，交给演员念唱。每次演出长达八天；演出具体内容大部分已很难说清，仅知最后一场最具特色，剧中人物有目连舅王惶惶（一说王活活）与其妻和阎君、小鬼，因王惶惶勾引目连母亲食荤，触怒天庭，阎君派小鬼抓王惶惶夫妇，上刀山、下油锅，后处死。演出时王惶惶夫妇躲入台下观众中，小鬼执皮鞭、铁链在观众群中到处捕捉，气氛十分热烈。搬山戏在进入民国年间后，在山大沟深的农村，还可偶见演出。但今再未见演出，但是如果结合青海、陕西目连戏和江西、湖南、贵州、四川等地的目连戏研究，具有很高的艺术价值。

（据王登渤撰写的《中国戏曲志·甘肃卷》有关条目。）

*

（二）兰州西固的军傩

各种资料证明，兰州西固区过去有军傩、乡人傩。据当地六七十岁的老年人回忆，当年此地过春节时社火特别盛行，其中有许多反映军队出征的骑兵队列，这些骑兵队列，先是骑真马、戴面具，非常威武。之后变成用纸糊的假马代替真马。在骑兵队伍中，有各种英雄人物、神怪、将领，他们都在姜子牙封神后受其统帅，专为百姓除害、降魔，有人将之称为“跑马马队”。此外，在乡间也有许多手执羊皮扇鼓、头戴面具的“法师”带领一队人马为民众驱妖降魔、祈福纳吉。他们有时也给村民看病，有时在村民乔迁新居、过寿、得子之时，也会看到“法师”的身影。

（王光谱提供资料。）

*

（三）庆阳“神鞭”

《神鞭》又名《孙武子过沙江》，主要流传在庆阳地区的宁县、西峰市及镇原县，是当地驱邪禳灾活动中由巫师跳的一种舞蹈。据传授此舞的老艺人韩永昌(1903 年生)讲，这个节目清朝同治年间就已在当地流传，它的形成时间应当更早一些。

庆阳民间自古以来有一种习俗，倘若家中有人患病或发生其他灾异，往往请“法官”（巫师）来举行驱邪禳灾活动。“法官”视情况决定法事性质，或“送病”（送病魔），或“关魂”（收魂魄），或“刷扫宅院”（驱扫潜在宅院内的鬼邪）。“法官”在进行上述活动时，都使用某种武器，“麻鞭”便是其中典型的一种。《神鞭》的产生应该与这种习俗有着一定的联系。

《神鞭》有几个特定的人物，有简单的情节，它们来自民间的一段传说。相传春秋战国时期，孙武子辅佐吴王，因吴王弟庆吉图谋不轨，吴王令孙武子领兵征讨，杀了庆吉。庆吉之妻殷夫人，领五百女兵前来报仇，也被孙武子所杀，全军覆没。后五百女兵阴魂不散，在孙武子过沙江时，前来骚扰纠缠，弄得众兵将难以过江。孙武子大怒，用他平常少用的神鞭去打，驱散了女兵阴魂。

《神鞭》就表现这一段情节。上述传说在当地非常流行，至今偏僻山区的乡间“法官”仍以“麻鞭”、“五雷碗”作神器来为乡人安宅除邪。“法官”在表演时，常以“放火”衬托恐怖气氛。“放火”时将炒熟的荞面放在麻秆上，点后浓烟弥漫，劈啦作响，场面激烈。表演时，要求扮演孙武子者鞭打得有力、清脆、准确，指哪打哪。火要放得及时，配合密切。相形之下，动作较少，但技巧性强（指打鞭），有武术与杂技的性质。

（据《中国民族民间舞蹈集成·甘肃卷》整理，中国民族民间舞蹈集成编辑部编，中国 ISBN 中心 1989 年版。）

*

（四）岷县马坞乡“九宫八卦灯会”

岷县马坞乡自古以来就属商埠之地。马坞出土的“西秦会馆”碑文记载，明朝万历十三年（1585 年）陕西药商会首陈良进等人“感于威灵显化，霞光披护”，在马坞灯场村药王（孙思邈）洞前修建“西秦会馆’，在马坞三霄娘娘庙前兴建灯场，引进山西“九曲黄河花灯会”，在每年农历七月十二日至十四日在灯场举行“九宫八卦灯会”（又称“平安灯会”）。这一民俗活动从创始到“文化大革命”前一直举行，“文化大革命”中，灯会停办十年。1978 年以来，灯会得以恢复。“九宫八卦灯会”主要用以祭祀神灵，祈求一年风调雨顺、五谷丰登、生意兴隆、万民平安。灯会活动主要由“湫池取雨”、“水神踩街”、“灯场转灯”、“唱戏娱神”四部分组成。

1. 湫池取雨。每年逢会提前一日（即农历七月十一日），由“水头”（“水神”的替身）带领取雨队伍，在距马坞灯场村约两公里的独岭山下桦树林里“取雨”。独岭山峰峦叠翠，林木茂密，珍禽成群，异兽出没，森林覆盖率高，山泉多从石缝中出，古人认为河源就是雨水之源，故有在水源“取雨”的习俗。“取雨”队伍将一瓷瓶倒悬在水池柳条之上，水头双手合十燃香一支，跪在池边，等待喜鹊或红嘴鸦飞过，当有啼叫之声，就认为是神灵告知雨水取上了，于是随行队伍立即敲锣打鼓，觋公手拿羊皮旋鼓边跳边舞，高唱“雨经”，叩头拜神，动身返回。动身前取水人员个个广头缠黑巾，在黑巾上插小松枝两枝，一枝朝上，一枝朝下，意思是敬天拜地。取水队伍以前有八名水童，年龄都是 15—18 岁的未婚童子，两名手持麻鞭在前开道，六名手持拜水板，遇河叩拜，见庙焚香，以表虔诚。取来的灵水被供奉在灯场村二霄娘娘的庙里，等会事过完就将灵水归还原处。

2. 水神踩街。农历七月十二日，群众抬上大霄、二霄、三霄三位娘娘在距马坞不远的“四棵树”下等候，迎接“水神”，双方相遇，觋公手击旋鼓，跳神祭祀，群众烧香叩头，然后三位娘娘和‘水神”队伍合二为一进行大巡游。前有銮驾，刀、枪、剑、戟、金瓜、月斧、朝天蹬、龙凤彩旗组成的仪仗队，中间是‘水神’和取雨队伍，三位三霄娘的八抬大轿紧随其后。唢呐吹奏，锣鼓喧天，上千人的队伍巡视踩街，踩街路线贯穿全镇的大街小巷。其时家家门前都要摆上供桌，上供香蜡、鲜花、食品。待踩街的队伍到门前时燃放鞭炮接神，并给踩街的队伍分送食品，挂红，给赏钱。游完全镇的大街小巷后，取雨队伍、三霄娘娘便进入九宫八卦灯阵，开始转阵。

3. 灯场转灯。灯场设在二霄娘娘庙前，每逢会期，灯场用木料搭建松花彩门，用 361 根灯杆，上摊 361 盏花灯，然后按一定的行走路线摆成九宫八卦灯仪。布阵花灯每行 19 盏共 19 行，共计 361 盏，象征一年 360 天，灯距相距 6 尺共 18 行，边长正好是 108 尺，象征着 36 天罡星、72 地煞星。

包藏天地，包罗万象。九宫启八卦：八卦为乾、坤、震、巽、坎、离、艮、兑，象征着天、地、雷、风、水、火、山、泽八种自然现象，加上中央，合为九宫。转法是围绕在灯杆上缠绕的绳索路线行进，不许越绳乱走，一直走才能转出古阵，名曰“富贵不断头”。从农历七月十二到七月十四日，三天三夜连转六场古阵，同时伴随唱大戏。一到夜晚，点燃九宫八卦神灯，整个灯场花灯齐明，灯火辉煌，流光溢彩。转灯时伴随着唢呐声、锣鼓声。

“九宫八卦灯会”在明万历年间由驻马坞的陕西药商会首陈良进等人从山西引进，然后由其嫡系子孙世代相传，因家谱散失，现今马坞乡湫水沟的陈进录、陈凤娃是陈良进的多少代子孙不好计算，但会事的操办一直由陈姓人掌管，亲自布阵，领阵转阵，传承的脉络十分清楚。

（据甘肃省文化厅、甘肃省非物质文化遗产保护中心编《甘肃省级非物质文化遗产项目文图录》2009 年版整理。）

*

（五）永昌县卍字灯会

卍形字灯会分布在永昌娼县红山窑乡毛卜喇村据《永昌县志》记载，毛卜喇“ 卍 ”字灯会是明代洪武三年(1370 年)甘肃永昌毛卜喇人从京城引进的，至今已有七百多年的历史。“ 卍 ”字灯会的习俗是闹三年歇一年。“ 卍 ”字灯会所用图谱，由毛卜喇李家世代相传。后受战争等因素影响，“卍”字灯会才趋于衰落，1958 年应焦家庄邀请举办了一次，1978 年毛卜喇村恢复了“ 卍 ”字灯会。1979 年、1991 年、2007 年举办了毛卜喇的“ 卍 ”字灯会。

永昌县红山窑乡毛卜喇“ 卍 ”字灯会属岁时节令。灯会定于每年正月十三至十六共 4 天，闹灯时选一大空场，按灯谱栽杆横竖各 19 排，每排 19 杆，间距一般为 5 米，呈正方形，杆高 2 米，共 365 根。在主场正中竖一主杆，高 8—10 米，上挂大型花灯，分为七层，代表北斗七星诸神，中间为五层，由五种颜色组成，象征五谷丰登，下层为六角形，代表南斗六星，象征六畜兴旺。所挂花灯，由当地村民自制，每户 1—3 盏，象征着家家吉祥如意，四季平安。其余杆上挂 360 个小型花灯，象征农历三百六十天，杆间按图谱用绳子联结，灯绳象征着长命百岁，年年有余。观灯者只能按规定路线行进，左旋右转，盘旋迷宫，趣味无穷，按顺序顺利转出，象征着一年四季天天平安，日日顺利。在进出口扎一彩门彩灯屏障，彩龙门从正月十三日开始为上元一品，象征着天官赐福，紫微大帝；十四日为中元二品，象征着地官赦罪，清虚大帝；十五日为三元三品，象征着水官解厄，洞阴大帝；正月十六，天下太平，象征百病不生。灯场对面设有 12 生肖灯，象征着观灯者吉祥如意。生肖灯后设置“鳌山”也叫“灯山”，从正月十三到十六日，每天一字，分别为“荣”、“华”、“富”、“贵”，用 360 盏花灯组成。闹灯时还有秧歌队每人手拿一盏 1.5 米高花灯，顺道盘舞，并表演老牛推车、雄狮舞、旱船、龙舞、熊舞、节子舞等，边舞边唱，热闹异常。

“卍”字灯会的传承主要采取师传的形式，代表性传承人有陈永清、李国禄、李发仁、李玉白。

（据甘肃省文化厅、甘肃省非物质文化遗产保护中心编《甘肃省级非物质文化遗产项目文图录》2009 年版整理。）

*

（六）秦安县郑川乡王新村戏鳌

鳌是神话传说中一种善良、驯顺、象征吉祥的动物，民间传说认为谁若碰见鳌，即可避灾免祸、逢凶化吉、遇难成祥。在秦安县郑川乡王新村，每逢春节期间，戏鳌表演都要随社火走村串街，为民众消灾祈福。戏鳌由三人表演：一人扮月礼和尚，另两人执一头“鳌”，一人舞鳌头，一人耍鳌尾。戏鳌的内容是说月礼和尚因受坏心禅师的虐待，悲愤出奔，在痛饮美酒之后沿海边茫然而行。因醉睏难支，在一块大青石边酣然大睡，这时有一鳌出水逗醒了他，月礼和尚欣遇吉祥之兽，喜出望外，即和鳌相互逗乐，最后设法用酒灌醉了鳌，骑上鳌到极乐世界去了。表演时月礼和尚戴笑和尚大头面具，穿灰色道袍，深蓝色中式裤，系深蓝色绸腰带，脚穿长筒白布袜，黑色双梁牛鼻鞋；舞鳌人穿浅色底画红、蓝色鳞纹的连袜布裤。

据王新村老艺人王子祥（1933 年生）、秋仲山（1928 年生）讲：明末清初这个村有个姓何的人，经常在外跑单帮（贩货），有次夜晚独宿在一座古庙中，看到壁画中有鳌的故事，使他受到启发，回家后便创造出这个舞蹈。戏鳌融合了面具舞、狮子舞及戏曲表演的某些特点，表现了月礼和尚和鳌的戏耍逗趣，具有浓郁的神话色彩，生动活泼，饶有风趣，表演粗中有细、神态逼真、深受群众欢迎。

（据《中国民族民间舞蹈集成·甘肃卷》整理，中国民族民间舞蹈集成编辑部编，中国 ISBN 中心 1989 年版。）

*

（七）正宁“嚷院”等傩俗

嚷院：当地把贺新居，称为“嚷院”。“嚷院”含有众人踩踏院落，驱邪镇宅，大家同喜同乐，集福纳祥两层意思。

有人迁入新居，首先要做的就是为禳院做准备，然后择定吉日，告知村邻亲友，届时“嚷院”。“嚷院”这天中午前后，村邻亲友或带上写有“瑞气盈门”、“福地祥天”、“世代永昌”、“春风绣户”、“金玉满堂”、“福禄祯祥”、“福地杰人”、“长发其祥”等吉利话的牌匾；或带上写有“栋起祥云连北斗，堂开瑞气焕春光”、“新屋落成千般喜，全家和睦万事兴”、“宏图大展兴隆宅，泰运临富裕家”、“时泰年丰新屋起，人杰地灵伟业开”等联语的中堂贺联；或带上现金或实物作为贺礼。三五成群，陆陆续续来到主人家，主人面笑容，彬彬有礼，临门迎客，应接不暇；看座、敬烟、倒茶，并为客人准备家宴。客人们在吸烟饮茶，稍事歇息之后，便在主人陪同下到各房（窑）里、院落里边转边看，恭喜贺喜，赞不绝口，尽说些恭维、吉利的话。有些有文化、能说会道的人还编些顺口溜，讨主人欢，逗大家乐。诸如："这个地方有脉气，藏龙卧虎好风水"；"人财两旺好运来，福寿双全数第一。""这个地方修得好，门庭向阳春不老。金银满箱粮满囤，日子越过越红火。""好人住进新地方，从此发财有指望；五谷丰登牛羊壮，一年更比一年强。"之类。

晌午时候，农家席场便摆上了桌面，主人亲自布让敬酒。酒过数巡，菜上几道，全场开始猜拳行令，开怀畅饮，直至酒足饭饱，"嚷院"客人才相继与主人告别离去。

在庄前屋后和院落的树木栽植品种上有许多讲究。只是"十里不同风，五里不同俗"，做法不一：一种是"前椿后槐，中间夹个榆材"，榆树所结荚果称"榆钱"，与"余钱"谐音，即钱财；槐树所荚果多子，与"怀子"谐音，栽槐树以求后辈人丁兴旺；另一种是"前槐枣，后杏榆"。意思是栽了槐树、枣树，娶的媳妇能早怀孕，早生贵子；栽杏树和榆树是因为杏、榆与"剩余"谐音，以求连年有余，辈辈发财。

（据王长生：《正宁风俗》，甘肃人民出版社 2003 年版。）

*

（八）天祝春节祈愿大法会"跳禅"、桑吉曼拉节采药和游山盛会、祭俄博风俗

桑吉曼拉节：农历五月初五的桑吉曼拉节，是采药和游山盛会。据说这天早晨，天上的药神洒下圣水妙药，沐浴各种药材和花叶。如果采了这天的药，病人吃了会迅速康复。这天清晨，人们带上饮具和各种食品，三五成群，上山入林、采药摘花，有的在河边和湖边尽情玩乐。如果没有亲人在场，还唱情歌，痛饮美酒，直到天黑。

（《天祝史话》，甘肃文化出版社 2007 年版，第 182 页。）

春节祈愿大法会，藏语叫毛兰木钦毛，俗称观经。从正月初四开始寺内僧人念经，十四日跳神，本地叫跳禅，是一种宗教法舞。清圣祖康熙五十七年(1718年)，在塔尔寺第二十任法台洛桑东珠时，七世达赖授意创立跳法舞制度，同时赐予文武护面具39副，以及舞衣、法器等。从此，逐步建立了跳神院——谦巴扎仓。天祝华热寺院也受此影响，先后建立了跳神制度。每年农历正月十四日、四月十五日、六月七日举行法王舞会（金刚怖畏护法舞）。六月八日、九月二十三日举行马首金刚护法舞会。

关于跳法舞的来历，据说是佛教徒们为修习正法，消除院内、外、密三方面邪见的逆缘，消灭危害佛教和佛教徒的邪魔歪道，通过跳护法舞来禳解。先出场的是四个“岗日”，即骷髅舞，使人们明白生死无常的道理。接着是四个较高大的阿扎拉—尼泊尔人，表现出不能从苦中解脱出来的舞姿。四鹿表示一切生物居住的地方，都是空旷之野，喻示万事皆空的宗教理论。四个死神舞表示人世间的一切都是苦的，并逐次进入轮回。僧人和六个小沙弥以佛教施主的姿态出现后，做虔诚顶礼状。尔后是大护法或马首金刚为首与五个保护神及四个夜叉分别表演，表示禳解。还有小鹿舞，表示从罪恶中解脱出来，终于修成正果的舞姿。法舞结尾是群舞，表示永得人身安全快乐之后，继续为众生谋利，吉祥圆满。跳神舞的乐器主要是长柄大藏鼓、大藏钹、唢呐、长号，主要用鼓点的节奏伴舞。

（《天祝史话》，甘肃文化出版社2007年版，第183页。）

祭俄博：俄博是蒙古语，也作敖包，藏语为“拉布才”。一般建在山顶，也有建在平滩的。其形共有两种，一种是插杆（箭）俄博；另一种是堆石俄博，藏语叫“道奔”。从宗教角度来说，其作用是镇邪显威，保卫本土人民平安吉祥，牛羊兴旺，五谷丰登，不受自然灾害的侵袭，不受鬼怪邪气的危害。具体来说，插杆俄博，是让卜者看好地形，然后请有法力的本教师或寺院喇嘛装宝瓶（藏语叫文巴），其内装有各种败毒之药品、经卷或咒语等。最后，经过念经赞诵，聚集整个部落众人煨桑火（藏族人每家每户院中都有煨桑炉。每当初一、十五必燃起桑火，其上置炒面、红枣、核桃、酥油等物，最后脱帽，泼洒净水，这叫文桑火；武桑火是炒面中加山羊肉、油块，煨桑后吹白海螺，藏语叫“东”，声音低沉、悲切、肃穆。）下埋。埋好后，在其上栽嘛尼旗杆，围以木制架，插上俄博杆。俄博杆一般是小松树刮去树皮，将其根砍成三棱，并染成红色，还要以红色染成螺旋状条纹，染至三分之一后，再从顶端的三分之一往上又染螺旋状条纹，顶端是尖的，也要染成红色。再扎上三五处白羊毛或经幡，一般插杆用三至七根，要单数。

堆石俄博俗称石头俄博，是用石头垒起来的，里面也有宝瓶和刻有经文的石块，过路人只要添上三块石头或者转三圈后即可。这种石头俄博多建在山丫豁者。

祭俄博每年基本上是两次。一次是春节凌晨，另一次是赛马会期间祭山神时。

此外，在藏区到处可以看见在院中，门上、房后、山上立有两三丈高的嘛尼旗杆，藏语叫“嘛尼达什觉”，白布条旗上印有“豆格尔”、“什加召”等藏文经文，被认为可以保护该户人家平安。

有的地方，在山顶或平坦处建有“奔康”，意为十万佛房，是五六尺高、宽四尺的小房。四面有小窗。里面埋以宝瓶，内装红泥在模子里做的宝塔形、有宗教图案的泥塑佛像，藏语叫“擦擦”，最小的仅核桃大。如果家中有病人，便请来寺院僧人（俗称阿卡）念经。有平安经、招财经、避邪经等。人死要念超度经。

藏区一般人家常见的宗教用品有嘛尼珠串，由 108 颗珠子组成，最优的为沉香木制成，老人们都有一串，有时间便数起来，平时挂在脖子上或套在手腕上。转经筒（藏语叫嘛尼夸尔罗）也是普遍宗教器具，里面装有经文，转一圈等于念了一遍经文。转经筒有长柄和短柄两种。有的地方把这种嘛尼轮建在水边或山上，用水或风的力量推其转动。普通人都在胸前挂一个“嘎吾”，即护身符，也有的脖颈系一条红布条，谓之：“香达尔”，一般由活佛、寺院赐给，都有辟邪、保佑平安之意。

（《天祝史话》，甘肃文化出版社 2007 年版。）